古代歷史文化研究輯刊

十九編

王明蓀 主編

第18冊

明清陝蒙交界地區土地利用的
空間分佈與變化過程(上)

舒時光 著

國家圖書館出版品預行編目資料

明清陝蒙交界地區土地利用的空間分佈與變化過程（上）／舒
時光 著 — 初版 — 新北市：花木蘭文化事業有限公司，2018
〔民 107〕
目 4+226 面；19×26 公分
（古代歷史文化研究輯刊 十九編；第 18 冊）
ISBN 978-986-485-414-1（精裝）
1. 土地利用 2. 明代 3. 清代
618   107002318

ISBN-978-986-485-414-1

古代歷史文化研究輯刊
十九編　第十八冊　　　　　　　ISBN：978-986-485-414-1

明清陝蒙交界地區土地利用的空間分佈與變化過程（上）

作　　者　舒時光
主　　編　王明蓀
總 編 輯　杜潔祥
副總編輯　楊嘉樂
編　　輯　許郁翎、王筑　美術編輯　陳逸婷
出　　版　花木蘭文化事業有限公司
發 行 人　高小娟
聯絡地址　235 新北市中和區中安街七二號十三樓
　　　　　電話：02-2923-1455 ／傳真：02-2923-1452
網　　址　http://www.huamulan.tw 信箱 hml810518@gmail.com
印　　刷　普羅文化出版廣告事業
初　　版　2018 年 3 月
全書字數　418614 字
定　　價　十九編 39 冊（精裝）台幣 100,000 元　　　版權所有·請勿翻印

明清陝蒙交界地區土地利用的
空間分佈與變化過程（上）

舒時光　著

作者簡介

舒時光,男,1980 年 1 月生,湖北武漢人,畢業於北京大學城市與環境學院地理學（歷史地理學）專業,法學學士、史學碩士、理學博士。

主要研究領域:環境變遷、區域歷史地理。已在《科學通報》、《地理研究》、《經濟地理》、《中國歷史地理論叢》、《歷史地理》、《中國農史》等期刊上發表文章十餘篇。

提　　要

陝蒙交界地區是典型的陝北黃土丘陵向毛烏素風沙地過渡帶,屬於中國北方生態過渡帶的中段,也是傳統的農牧交錯地區,分佈著不同時期的長城和古代城堡遺址,文化景觀與自然景觀在空間的分佈上表現出高度的一致性,是開展歷史時期人類活動對地表生態系統影響研究的典型地區。

明代,該地區設立了延綏重鎮,列爲「九邊」之一,先後埋立了禁止百姓外出墾殖的界石、修築了 70 多個城堡和長達 3000 多明里的南北兩道長城（南爲「二邊」長城,北爲「大邊」長城）,逐步建立了完備的軍事防禦體系。同時,明朝在該地區安排屯墾、水利、草場等以保障軍需供應。清初,該地區設立了「禁留地」,企圖隔絕蒙漢交往;至康熙末年始允許漢民進入蒙地開墾「夥盤地」,隨之設立「黑界地」限制漢民向北開墾。但是,私墾的趨勢無法阻擋,至清末貽穀放墾最終確立了陝蒙交界土地利用的格局。所以,研究明清陝蒙交界地區的土地利用問題,可以反映出該地區 500 多年人與環境之間的互動關係,意義十分重大。

本文主要採取歷史地理學的傳統文獻法和實地考察等方法,圍繞「土地利用空間分佈和變化過程」這一核心問題,從復原延綏鎮界石、「二邊」長城、「大邊」長城、「黑界地」、「夥盤地」等重要地理座標入手,明確了延綏鎮「大邊」、「二邊」的修築者、修築時間、地點和地理意義。首次較精確地復原了延綏鎮「二邊」長城;首次利用蒙漢檔案、地方志等文獻對清代陝蒙交界地區的「禁留地」、「夥盤地」、「黑界地」、「牌界地」等概念進行了深入地剖析,釐清了這些重要地標之間的相互關係及地理區分。

本文系統復原了明代延綏鎮近邊草場分佈、軍墾分佈、水利建設、沙地分佈情況;通過對清代陝蒙交界地區 2500 餘個村莊的復原,並將蒙漢檔案、地方志有機結合,動態地揭示了夥盤地的北移過程;首次較精確地復原了清代東勝縣,對清末貽穀放墾的地段進行了準確復原,對放墾前後這些地段的土地利用情況進行了較爲深入的研究。

本文最終得出如下結論:明清陝蒙交界地區墾殖活動呈現穩定的「南田北草」總體格局,其中間過渡區域中耕地、沙地、草地等文化景觀、自然景觀呈「插花狀」特徵。其實際分界線極其穩定,以「二邊」爲界限,墾殖重心處於「二邊」以南區域;其制度上的分界線存在一個由界石──「二邊」長城──「大邊」長城──「黑界地」逐漸北移的過程。這種格局產生和發展的原因是既有的惡劣自然環境下,政府與漢民及漢化蒙古之間相互博弈、「理性選擇」的結果,是由特有的地理環境決定並受到當時的政治經濟形勢影響。

明清陝蒙交界地區農墾發展的驅動力:戰亂是制約該地區農業發展的重要因素,而惡劣的自然環境是農業不興的根源。總體而言,明清陝蒙交界地區農業的發展對毛烏素沙地向南擴展影響不大,而自然因素可能是明清毛烏素沙地部份地段向南擴展的決定因素。這一結論證明 500 年來人爲活動對沙漠化的作用相對有限,能夠切實爲當前西部大開發提供環境方面的歷史評估。

本研究得到國家自然科學基金重點課題《基於〈水經注〉的華北地區自然景觀演變過程重建及其人類影響機理研究》（編號：41230634）、國家自然科學基金項目《多源遙感數據與歷史文獻集成的半乾旱地區古長城分布及其環境響應研究》（編號：40871087）資助。

目

次

上　冊

第一章　緒　論 …………………………………………………… 1

　1.1　研究區域概況 ……………………………………………… 1

　　1.1.1　研究區域地理位置與範圍 …………………………… 1

　　1.1.2　研究區域自然地理概況 ……………………………… 2

　　1.1.3　全新世以來研究區域環境演變 ……………………… 14

　　1.1.4　研究區域夏商以來的政區沿革 ……………………… 22

　1.2　研究概述 …………………………………………………… 28

　　1.2.1　二十世紀六七十年代陝蒙交界地區
　　　　　土地利用研究的初步開展 …………………………… 29

　　1.2.2　二十世紀八九十年代陝蒙交界地區
　　　　　土地利用研究的深入發展 …………………………… 31

　　1.2.3　二十一世紀以後陝蒙交界地區土地
　　　　　利用研究方向的分化 ………………………………… 37

　1.3　研究內容、理論、方法及創新 …………………………… 49

　　1.3.1　研究內容 ……………………………………………… 49

　　1.3.2　理論和方法 …………………………………………… 55

　　1.3.3　研究意義及創新點 …………………………………… 66

　　1.3.4　研究思路與文章框架 ………………………………… 71

第二章　明代延綏鎮長城的修築及其意義 ………… 73

2.1 「二邊」長城的督修過程及走向 ………… 74

　　2.1.1 余子俊修邊的時間和進程 ………… 75

　　2.1.2 余子俊只修築了「二邊」一道長城 …… 77

　　2.1.3 「二邊」的走向 ………… 80

2.2 「大邊」的修築過程和後世重修 ………… 85

　　2.2.1 正德二年文貴倡修西路寧塞堡至定邊
　　　　　營「大邊」 ………… 86

　　2.2.2 弘治末年文貴督修東、中路「大邊」 ‥ 91

　　2.2.3 「大邊」長度與文貴修築「大邊」
　　　　　失考的原因 ………… 94

2.3 延綏鎮長城修築的意義 ………… 97

　　2.3.1 長城次第修築直接反映出明西北防邊
　　　　　方略的發展過程 ………… 98

　　2.3.2 延綏鎮長城次第修建間接反映出邊地
　　　　　屯墾力度逐步強化的過程 ………… 100

　　2.3.3 延綏鎮長城是研究當地環境變遷的
　　　　　重要地標 ………… 102

第三章　明代延綏鎮長城沿線屯墾的時空分佈及
　　　　特徵 ………… 107

3.1 洪武至成化初近邊地區的邊墾 ………… 108

　　3.1.1 洪武時期：緩慢恢復 ………… 109

　　3.1.2 永樂至宣德：部份地段初步墾殖 …… 112

　　3.1.3 正統至成化十年：緩慢發展 ………… 115

3.2 成化中至隆慶中近邊地區的邊墾 ………… 116

　　3.2.1 成化中至弘治中：興盛 ………… 117

　　3.2.2 正德至隆慶中：荒廢 ………… 123

3.3 隆慶議和至明末近邊地區的邊墾 ………… 127

　　3.3.1 萬曆時期延綏鎮近邊土地利用情況 ‥‥ 127

　　3.3.2 萬曆年間近邊地區景觀的時空特徵 …… 141

　　3.3.3 萬曆末至崇禎：衰亡 ………… 147

第四章　清代陝蒙沿邊的開墾範圍
　　　　——以黑界地擴展為中心 ………… 151

4.1 黑界地的由來及論爭 ………… 151

　　　4.1.1　黑界地爭議的由來 ·················· 152

　　　4.1.2　關於黑界地的論爭 ·················· 154

　　　4.1.3　黑界地的地理意義 ·················· 155

　　4.2　乾隆八年陝蒙勘界與準格爾黑界地 ·········· 158

　　　4.2.1　乾隆八年陝蒙勘界與黑界地 ·········· 159

　　　4.2.2　準格爾「重定」黑界地事件 ·········· 168

　　4.3　黑界地及相關概念總結 ·················· 178

　　　4.3.1　黑界地的產生時間和過程 ·········· 178

　　　4.3.2　夥盤地與北面10里黑界地共同組成牌
　　　　　　界地 ·························· 194

　　4.4　清道光十八年後黑界地的變遷 ·············· 210

　　　4.4.1　準格爾旗黑界地的變遷 ············ 211

　　　4.4.2　郡王旗黑牌界的變遷 ·············· 214

　　　4.4.3　札薩克旗黑界地的變遷 ············ 219

　　　4.4.4　烏審旗黑牌界地的變遷 ············ 222

　　　4.4.5　鄂托克旗黑界地的變遷 ············ 224

下　冊

第五章　清代陝蒙交界地區土地利用
　　　　——以夥盤地的擴展為中心 ·············· 227

　　5.1　漢族取得夥盤地永佃權 ·················· 230

　　　5.1.1　清初農墾的發展及禁留地的開放 ······· 230

　　　5.1.2　清中期農墾的發展及夥盤地的拓展 ····· 246

　　　5.1.3　清後期榆林農業的發展 ············· 261

　　5.2　陝蒙交界地區夥盤地的拓展 ·············· 262

　　　5.2.1　府谷縣、神木縣夥盤地的擴展 ········ 263

　　　5.2.2　榆林縣、懷遠縣夥盤地的拓展 ········ 274

　　　5.2.3　靖邊縣、定邊縣夥盤地的拓展 ········ 284

　　5.3　貽谷放墾與私墾權屬固定 ················ 296

　　　5.3.1　清末蒙地放墾的背景及範圍 ·········· 296

　　　5.3.2　郡札兩旗放墾及東勝廳的建立 ········ 298

　　　5.3.3　貽谷放墾的意義 ·················· 310

第六章　明清陝蒙交界地區土地利用以及變化的
　　　　驅動因子研究 ······················ 327

6.1 封禁政策與禁留地的設置 ················· 327
　6.1.1 鄂爾多斯部及其內屬化 ·········· 329
　6.1.2 清前期延綏鎮內地化進程 ········ 336
　6.1.3 雙向隔絕政治體制的建立與發展 ······· 342
6.2 歸化城土默特開墾的牽引作用與康熙親征
　　準格爾 ···································· 346
　6.2.1 清初歸化城土默特農墾的發展 ········· 348
　6.2.2 歸化城開墾過程中的原因和啓示 ······ 373
　6.2.3 雍正、乾隆兩朝陝蒙定界的原因 ······ 378
6.3 陝蒙地區土地形式的多樣化是私墾不斷的
　　經濟原因 ································ 386
　6.3.1 地權理論與分割所有制 ··········· 386
　6.3.2 榆林府地權的禁錮 ·············· 390
　6.3.3 盟旗土地的分割所有制 ··········· 404
6.4 環境惡化是夥盤地發展的根本動因 ········· 412
　6.4.1 清前期人口消耗與恢復 ··········· 413
　6.4.2 清中後期人口的增長 ············· 415
　6.4.3 陝北沿線自然環境的惡化是出邊耕種
　　　　的根本原因 ···················· 420

第七章 結 論 ································· 439
7.1 「南田北草」土地利用時空格局的形成及
　　發展 ···································· 439
7.2 開墾主體「理性選擇」是時空特徵產生的
　　原因 ···································· 441
7.3 自然原因是明清時期毛烏素沙地南侵的
　　決定性因素 ······························ 443

參考文獻 ····································· 445
後 記 ····································· 469

第一章 緒 論

1.1 研究區域概況

1.1.1 研究區域地理位置與範圍

　　本文以明代延綏鎮「大邊」、「二邊」長城為重要參考地標，所選的研究區域，位於黃河「几」字灣的內側，陝西、內蒙古的交界處，37°N～39°N、107°20′E～111°E 之間。包括現今陝北榆林市府谷、神木、榆陽、橫山、靖邊、定邊六縣（區）的西部、北部及佳縣的西北境、內蒙古準格爾旗西南部、伊金霍洛旗和烏審旗東南部、鄂托克前旗南部。東界陝西府谷縣、內蒙古準格爾旗、山西河曲縣三省交界處；西界陝西、甘肅、寧夏三省交界處；北至長城以北，南界明正統年間「界石」一線（大略相當於今府谷、神木縣轄境內原明代清水營等十堡所在鄉鎮的南界，今榆陽、橫山、靖邊、定邊四縣與東、南面縣市的分界線），如圖所示（圖 1-1）。重點研究該區域明清時期土地利用的空間分佈與變化過程，尋找並量化人文因子、自然因子在明清毛烏素沙地南緣地區局部拓展的權重。

　　這一區域正當毛烏素沙漠的東南緣，我國北方沙漠─黃土邊界帶的關鍵位置上，同時也處於東亞季風的尾閭，生態系統脆弱，對人類活動和氣候變化極其敏感。從明代開始，這一地區人類活動的規模和程度都大大加強。由於其特殊的軍事地位，明清時期受到統治者的特別重視，保留了大量的歷史文獻，對於該區域的開發進程和環境變遷有著較為翔實的記載。

這兩方面因素綜合，使這一區域成為了研究明清以來區域人地關係天然的實驗室。

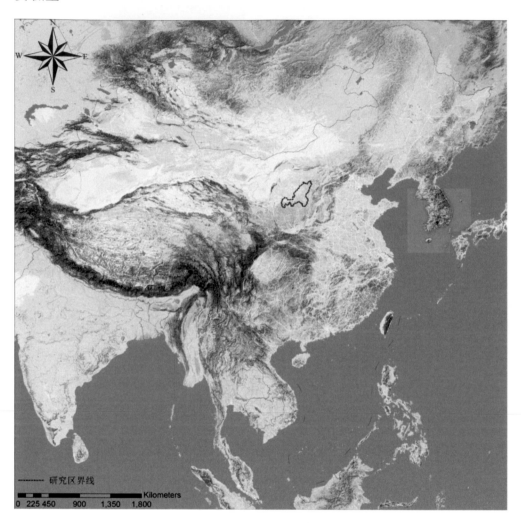

圖 1-1　研究區域的位置

1.1.2　研究區域自然地理概況〔註1〕

1、地質構造

　　研究區域在地質構造單元上屬於鄂爾多斯地臺向斜之陝北臺凹。陝北臺凹處於鄂爾多斯地臺向斜的中南部，研究區域則處於陝北臺凹的中北部偏

〔註1〕　本小節部份圖由北京大學博士王洪波和張翼飛繪製並提供，特此說明。

東。作爲陝北地貌構造背景的鄂爾多斯地臺向斜及其邊緣地帶是一個由六盤山、賀蘭山、大青山、呂梁山與秦嶺所環繞的近似長方形的地區，在地質構造上是一個比較穩定的地塊，是華北斷塊地臺上相對穩定性最大的部份，在地質歷史時期中沒有產生強烈的褶皺，沒有火成岩的侵入，地殼的垂直差異運動不顯著，而且新構造運動以緩慢的大面積上升爲主，地層平鋪，使這一區域表現出高原形態。

鄂爾多斯地臺在早古生代時（距今 5.7 億年～4.09 億年），長期處於海侵狀態，自早古生代末期加里東運動〔註2〕開始抬升成陸地。石炭紀（距今約 3.55 億年～2.95 億年）後期，海水又從西方侵入，沉積了海相地層。二疊紀（距今約 2.95 億年～2.5 億年）後期海西運動發生〔註3〕，地臺向斜三面抬升，中部沉陷爲內陸盆地，形成一套內陸盆地沉積物。至此，再未受到海侵。中生代（距今約 2.5 億年～6500 萬年）是以砂岩和葉岩爲主的陸相沉積。第三紀時期（距今 6500 萬年～260 萬年），氣候炎熱潮濕，植物茂盛，類似亞熱帶氣候，內陸盆地布滿湖泊、沼澤。沉積物受強氧化作用，形成紅色黏土及白色沙質黏土層。第三紀上新世（距今 530 萬年開始～180 萬年）末，發生了喜馬拉雅運動〔註4〕，鄂爾多斯臺向斜升起成爲高原，此時氣候逐漸變乾，湖沼縮小，沉積了灰色黏土層。至第四紀〔註5〕，氣候愈來愈乾燥，黃土形成。

高原的基底是中生界砂葉岩經長期剝蝕而形成的緩起伏並具有單面山和方山性質殘丘帶的準平原，基岩自東至西依次爲三疊系、侏羅系、白堊系。基底之上覆蓋著上第三系砂岩以及夾礫石透鏡體、黏土團塊和鈣質結核的深桔黃色砂質黏土，內含三趾馬等化石，這就是一般所說的三趾馬紅土。基岩或三趾馬紅土之上有第四系午城黃土及相當厚的離石黃土，此即一般所說的

〔註2〕　加里東運動是古生代早期地殼運動的總稱，亞洲在很多地區發生了褶皺運動。在原來的許多大地槽中，發生了大規模的海水後退，形成眾多高山。

〔註3〕　指晚古生代造山運動，海西運動使我國的天山、祁連山、南秦嶺、大興安嶺等地槽褶皺回返，形成巨大山系。

〔註4〕　新生代以來的造山運動被黃汲清稱之爲「喜馬拉雅運動」（Himalayaorogeny）。這一造山運動因首先在喜馬拉雅山區確定而得名，這一運動對亞洲地理環境產生重大影響。在這一運動中，中國東西地勢高差增大，季風環流加強，自然地理環境發生明顯的區域分異，青藏隆起爲世界最高的高原，西北地區因內陸性不斷增強而處於乾旱環境，東部成爲濕潤季風區。

〔註5〕　新生代最新的一個紀，包括更新世和全新世。其下限年代多採用距今 260 萬年。第四紀期間生物界已進化到現代面貌，靈長目中完成了從猿到人的進化。

老黃土。晚更新世後，華北大陸性氣候加強，在乾燥的氣候條件下，產生馬蘭黃土堆積，即新黃土。在榆林橫山、神木一帶，特別是沿榆溪河、無定河上游之間，新黃土直接覆蓋於基岩之上，也有覆於老黃土之上的。

地層由東向西逐漸由老變新。所見最老地層為奧陶系，僅見於東北部。大部地區為中生代沉積岩系。岩層傾向大致向西，部份地區岩層稍有偏南或偏北現象。岩層傾角一般較小，多不超過 5°，府谷一帶岩層傾角稍大，但一般不超過 10°，愈向西去岩層傾角越小，有的接近水平。很少見有地層褶皺現象，僅在府谷和白於山地區有輕微的地層波折。第三系地層不整合或假整合於中生代地層之上。基岩出露主要見於深切河谷及受到強烈侵蝕剝蝕的東部黃河沿岸地區。

2、地形地勢

研究區地勢大致從西向東，從西北向東南傾斜。西部定邊縣南的魏梁海拔 1907 米，為全區最高處；東南部最低點在無定河匯入黃河的河口處，海拔585 米。本區東南部大多海拔 1000～1200 米，西北部多為 1200～1500 米。西北部和西南部，地勢較高，地形起伏較大，相對高差由數十至百餘米不等，中部為地勢較高、起伏和緩的高原，東南部河流谷地面積比例增大，海拔較低，地勢較為平坦。較大河流均發源於西部白於山地或北部風沙丘陵地區，流向東南或東部注入黃河。

研究區內主要山地是西南部的白於山，為厚層黃土覆蓋的梁狀山地，主樑東西斷續延伸，長約 100 公里，平均海拔 1600～1800 米，梁頂面較和緩，是研究區域海拔最高的地區，也是無定河、洛河、清澗河、延河、大理河的源地。橫山位於橫山縣城以東，為白於山東段向東北方向延伸部份。東北部為被窟野河、禿尾河、孤山川、清水川、皇甫川及其支溝切割破碎的黃土梁峁丘陵，平均海拔 1100～1300 米。

研究區域地形地勢圖如圖 1-2 所示：

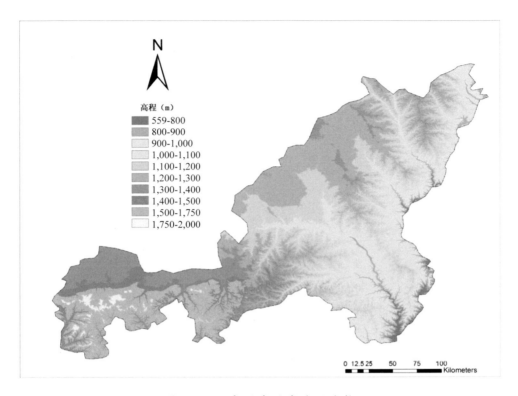

圖 1-2　研究區域區域地形地勢

3、地貌分區

　　研究區域內的地貌大致可分為北部風沙地貌區、東部丘陵溝壑地貌區和西部黃土中山地貌區三大部份。其中，黃土中山地貌區和黃土低山丘陵約占全區總面積的二分之一，風沙區約占二分之一。黃土丘陵溝壑和風沙，是本區地貌的突出特點，如圖 1-3 所示。

（1）北部風沙地貌區

　　主要分佈在大柳塔——神木——高家堡——榆林——魚河鎮——橫山縣城——楊橋畔鎮——靖邊縣城——梁鎮——定邊縣城南—紅柳溝鎮聯線以西、以北的廣大地區，橫跨研究區內所有 6 個區縣，地理上屬於毛烏素沙地的南緣。

　　沙地在榆林以西主要順東西向梁地排列，形成伸入伊盟境內的沙丘密集的大沙帶，沙帶在黑河左岸大海子一帶寬約 15 公里，無定河右岸寬 10 至數十公里。由於白於山地和無定河谷地對向東南移動的沙粒有阻擋作用，所以無定河干流南岸風沙分佈較少。榆林、府谷一帶，長城外不定形片沙、沙堆

和沙丘大片分佈，局部地方的流沙推向谷坡，長城內多為薄層沙、河岸沙及內沙。長城沿線沙丘多為有沙漠灌叢生長的半固定沙丘，如定邊以西以北基岩裸露的剝蝕高原上就有半固定性的白刺沙堆或棘豆沙堆。

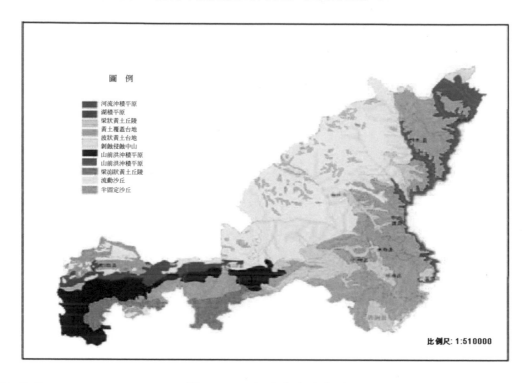

圖 1-3　研究區域地貌分區

　　本區總的地貌特點是：①水網稀少，地面起伏較小，相對高差一般 30～50 米，很少超過百米，海拔 1000～1350 米。②地面組成物質多為第四系鬆散的沙粒、亞黏土、沙質黃土，基岩僅在局部河谷地段出露。③地表形態以固定、半固定的各種沙丘、沙灘、沙地、湖盆灘地為主。

　　（2）西部黃土中山地貌區

　　主要分佈在靖邊、定邊兩縣風沙區以南，無定河、洛河、延河上源地區。主要特點：①地表為厚層黃土及更新世洪積、沖積沉積物覆蓋，基底為白堊系砂葉岩，出露較少；②地勢較高，一般梁頂面海拔 1500～1800 米，有的達1900 米。河谷、塬地底部海拔 1450～1600 米，相對切割深度 150～300 米。③現代地貌作用以流水的面侵蝕為主，其次有邊坡重力侵蝕、溝谷侵蝕及風蝕。④以長梁、塬地溝壑、殘原地貌為主。

（3）東部丘陵溝壑地貌區

主要分佈在風沙區和白於山梁原溝壑區以東。該地貌類型也是在整個陝北高原最具代表性的，基本上由黃土原、梁、峁及溝壑組成。原是黃土高原經過現代溝谷分割後存留下來的高原面，是侵蝕輕微而平坦的黃土平臺，高原面保留較完整的部份。原面平均坡度多在 5°以內，邊緣坡度較大。梁、峁則是黃土原經溝壑分割破碎而發展起來的黃土丘陵，或是與黃土堆積前的古丘陵地形有繼承關係。其中，梁多分佈於黃土原周圍，成長條狀，所以稱梁狀丘陵。梁的脊線起伏較小，但橫斷面呈明顯的穹狀，坡度達 20°左右。梁坡坡形隨其所在部位而有所不同，溝頭部位附近的梁坡多為凹形斜坡，梁嘴部位附近為凸形斜坡。峁是孤立分散的黃土丘陵，平面圖上呈圓穹狀。峁坡均成凸形斜坡，坡度也可達到 20°左右。峁的生成與梁一樣，但小型的峁常常是因為梁受溝谷分割而成。若干連接在一起的峁，稱為峁梁；有時峁成為黃土梁的局部組成體，稱為梁峁。一般來說，梁和峁通常是互相聯結在一起的，所以在陝北常用黃土丘陵來概括。溝壑大都是流水集中進行線狀侵蝕的結果，而溝頭和溝坡的滑塌、瀉溜也大大加速了溝壑的發展過程。

本區主要特點是：①組成本區地貌骨架的基底岩層主要為中生界砂葉岩，東部黃河沿岸有少量古生界地層出露。②梁峁起伏，溝壑縱橫，地面支離破碎。③現代地貌作用過程以流水侵蝕為主，潛蝕、溶蝕、重力侵蝕普遍存在，接近風沙區亦有風蝕。

4、氣候特點

（1）氣候概況

如前所述，研究區位於東亞季風的尾閭地帶，屬溫帶乾旱、半乾旱的大陸性季風氣候，其季風環流的影響強度因季節變化而不同。冬季受到來自高緯度地區的蒙古—西伯利亞反氣旋的控制，盛行西北季風，寒冷乾燥；夏季主要受到北太平洋副熱帶高壓和印度洋低壓共同控制，在東南季風和西南季風暖濕氣流的影響下，降水集中，常形成暴雨；春秋季節則受到兩個氣團的拉鋸作用的影響，秋季多晴好大氣或出現綿綿秋雨，春季多大風。在全國氣候區劃上屬於蒙中區（中溫帶亞乾旱）和晉陝甘區（暖溫帶亞濕潤）的交界地帶。

由於研究區域偏居內陸，距海較遠，雖然仍具有東亞季風氣候的性質和

特點，但氣候的大陸性卻較東南沿海一帶深刻，大陸度≥60，與東部各省同緯度地方相比，一般表現爲氣候偏冷，偏旱，變化比較劇烈。

地貌條件在研究區氣候形成過程中也起著重要作用，最顯著的有三點：首先，地貌的複雜性導致氣候的複雜性。長城沿線流沙的存在，改變了當地輻射和水分條件，使氣候的大陸性增強。其次，由於海拔較高，地勢起伏大，導致了梁、原、峁、溝小氣候因地而異，環境的隱域性增強。第三，由於部份區域切割顯著，起伏大，加之植被條件差，有利於夏季熱力對流的發展，所以多雷暴雨及冰雹。

從溫度上來看，研究區域年平均溫度在 6.0～9.0℃之間，最冷月爲 1 月份，平均溫度爲－8.5～－10℃；極端最低溫甚至曾經達到－31℃；最熱月出現在 7 月，均溫在 20～24℃之間，極端最高溫曾達到過 43～45℃。10℃以上的積溫在 2700～3000℃之間，自西北向東南逐步增加。日照時數和輻射量則表現出相反的變化趨勢。全年以偏北風爲主，春季風速最大，爲 2.5～3.2 米／秒，往往伴隨揚沙天氣。

從降水看，本區降水量較小，年平均降水量在 500 毫米以下，我國重要地理分界線——400mm 等降水量線即從本區穿過，大致上與明長城相重合。定邊一帶降水量尤少，甚至不及 350 毫米。降水量小的原因主要有兩點：首先，陝北一帶南有北山，東有山西高原南北向山列屏阻，對東南濕熱氣流的推進有一定影響，致使降水較少。其次，東南濕熱氣流到達長城沿線時，因一挫再挫，產生降水的必要條件——水汽含量已然不足，再加上大片沙地對水分循環的影響，更使得這裡成爲平均降水量稀少的地方。

由於季風季候的不穩定性，這一區域又是水旱災害的多發地帶。根據對明代歷史記錄的分析，明代這一區域共發生洪澇災害 118 次，平均每 2.34 年發生一次，且洪澇災害具有明顯的季節差異，多集中在夏秋季的 7、8、9 三個月中。此外，由於地處毛烏素沙漠東南緣與陝北黃土高原北緣的交接地帶，區域內多是梁峁起伏、溝壑縱橫、風沙灘地地貌，地表植被稀少，水土流失嚴重，所以同樣的降雨量在該地區較易造成局部洪澇災害的發生。旱災也具有明顯的季節性特徵，由於春季風大，氣溫回升快，蒸發強烈，夏季氣溫高，農作物需水量大，故以春旱和夏旱爲最多，是對本區域農業生產危害最大的自然災害，特別是持續多年的嚴重旱災，更是對本區域經濟社會產生了深遠的影響。

（2）氣候分區

以年均氣溫、最冷月均溫、≥10℃積溫、年平均降水量和乾燥度為主要指標，將可將本研究區域劃分成三個主要氣候區。

① 長城沿線溫帶寒冷半乾旱氣候區

本區北為省界，南界基本上與年平均氣溫 8～9℃線，1 月平均氣溫-8℃線，≥10℃積溫 3200℃線，年平均降水量 450 毫米線以及年乾燥度 1.80 等值線相符合，包括府谷、神木、榆林、橫山、定邊、靖邊長城沿線及其以北地區，是我國溫帶大陸性季風氣候的一部份。由於年平均氣溫在 8℃以下，最冷月均溫在－10℃以下，三邊一帶最熱月平均氣溫只有 22℃，冬長 6～7 個月，日溫≥10℃日數近 150 天，日溫≤－5℃期在 20 天以上，極端最低氣溫每年平均一般達－28～－32℃，年平均氣溫溫差達 30℃以上，土壤凍結期達 5 個月，平均霜期 6～7 個月，年平均降水量 340～470 毫米，降水與蒸發之比為 1：4。所以，在陝西的水平地帶性分異中是平均氣溫最低、降水總量最少的區域，具有寒冷和半乾旱的特點。

這裡日照充足，年日照 2500～2900 小時，是陝西日照時數最多的地區，是農牧業增產的一個有利條件。由於乾旱少雨，成為全省重春旱春夏連旱區的一部份，在降水常年虧缺的情況下，小旱每年都有，中旱兩年一次，大旱 5～10 年一遇。這裡也是陝西多雹地區之一，以春雹為主，榆林、神木等地平均最多雹日達 7 天以上，與延安以北的無定河流域共同組成全省雹害最嚴重的地區。大風為害顯著，橫山、定邊、靖邊一帶年大風日數在 20 天以上，是全省大風日數最多的地方。

② 陝北高原暖溫帶冷溫半乾旱氣候區

本區北界長城沿線溫帶寒冷半乾旱氣候區，南界大體上與年平均氣溫 11℃線，1 月平均氣溫－4℃線，≥10℃積溫 3900℃線，年平均降水量 600 毫米線及年乾燥度 1.25 線相符合，包括北山以北，長城沿線以南的廣大地區。當地年平均氣溫 7.8～9.6℃，最冷月均溫－5.4～－8.1℃，冬長 5～7 個月，大寒期比其以北地區平均少 10～15 天，平均氣溫年較差比長城沿線低 3～4℃最熱月均溫除西部山地外，一般均達 22℃以上，炎熱期約 15 天。≥5℃積溫 3800～4200℃，≥10℃積溫 3200～3900℃。土壤凍結期平均比長城沿線一帶少 1～2 個月，年平均降水量比長城沿線一帶平均多 100～160 毫米，由此可見，

熱量和水分狀況均比長城沿線區優越。但因緯度偏北，海拔較高，所以在氣候的水平地帶分異中溫度低、降水少的特點依然存在。本區春旱、春夏連旱和霜凍對農業生產危害較重，暴雨期一般年達 100～170 天，是暴雨較多的地區之一。春季大風較多，占全年大風日數 50%以上。

③ 鄂爾多斯東南緣乾旱中溫帶氣候區

本區南接長城沿線溫帶寒冷半乾旱氣候區，北至研究區域北界，年降水量在 250～400mm 之間，≥10℃積溫 2700～3000℃，日平均風速≥5 米每秒天數在 40～80 天之間，多大風天氣，降水季節和年際變化明顯。

5、河流水系

（1）河流水系概況

從水系上看，本區內絕大部份屬於外流區，內流或無流區也佔有一定比例。外流區河流最終匯入黃河，主要河流包括皇甫川、清水川、孤山川、石馬川、窟野河、禿尾河、佳蘆河和無定河，流向均大致為北西—南東向。其中以窟野河、禿尾河與無定河最為主要，而在這三條河流中又以無定河的流域面積最大。

各河普遍發育三級階地。無定河中下游除高出河床 0.5～2 米的河漫灘外，一級階地高出河床 5～15 米，分佈廣泛。除個別地段外，其他各處基本上是由河流沖積物組成的堆積階地。階地組成物質為黃土狀黏質砂土，淡黃色，結構疏鬆，無鈣質結核和古土壤層。鎮川堡以下，黏質砂土下有細沙礫石層，鎮川堡以上很少見到礫石層。階地後緣多被坡積物覆蓋。階地高度向下游略有增高趨勢。二級階地高出河床 20～30 米，多為基座階地，基岩高出河床 12～20 米，基座之上為砂礫石層及淡黃色黃土狀黏質砂土，即馬蘭黃土，愈向下游，黃土砂性減弱。響水以上基座低於河床，黏質砂土以下砂礫層中出現泥炭、白堊夾層。三級階地高出河床 50 米以上，多為基岩平臺，其上有淡黃、灰黃、黃褐色黃土，含紅色古土壤層，應為離石黃土和馬蘭黃土。

窟野河、禿尾河也保存有三級階地。一級階地為河流沖積砂、砂質黏土組成的堆積階地，高出河床 1～5 米，分佈廣泛；二級階地為基座階地，高出河床 10～28 米，在局部有殘存；三級階地高出河床 40～50 米，為剝蝕階地，在基岩岩坎上覆蓋了後期的黃土。

（2）各主要河道概況

① 窟野河河道概況

窟野河上源有二，烏蘭木倫河聚伊盟東南部沙漠地區諸水，於神木境內與東北流來的牸牛川合流而成窟野河，在下王家坪以南入黃河，沿河多為侏羅系直羅組及三疊系延長組砂岩及砂質葉岩，下游切入二疊系石千峰組砂葉岩中，岩層多近水平。由於流域內西北部多沙丘和流沙，影響幹流右岸支溝少而短，左岸密而長，表現著不對稱的流域幾何特性。

沙峁頭—沙頭上的一段，岩岸土岸相間，河床為泥沙質及碎礫，以前者為主。河床較平緩，但流路彎曲。段內灘險較多，平均 1.73 公里即有灘險一處。沙頭上—神木段河床性質與前段相似，河道比較寬展，沿岸平地較多，平均 4.82 公里有灘險一處。神木—房子塔段河谷寬廣，岩岸很少。河床以碎礫泥沙為主，平均 10.48 公里有淺灘一處。

② 禿尾河河道概況

禿尾河上源有二，於烏鴉灘匯流後稱禿尾河。清草澗溝至玄路塔段除部份河段外，沿岸多為沙地及黃土，由於兩岸多細沙，河床不定，水流比較分散。玄路塔至腰卜段，以沙岸為主，部份河段切入基岩 40～60 米，一束一放的型態比較明顯。腰卜至河口段兩岸為黃土及三疊系延長組砂岩，以岩岸為主，水流比較集中，曲流也多。灘險中以窩家川及許家畔附近的比較有名。

③ 無定河河道概況

無定河發源於定邊東南長春梁東麓，沿河有長度 5 公里以上的溝道 140 餘條，其中以蘆河、榆溪河、大理河、淮寧河等最重要。

巴圖灣以上的河源段，谷寬十數米至數十米，比降 4.22‰，總落差 414 米，在跌哨溝灣附近切穿白堊系志丹群砂礫岩、砂葉岩，形成高約 20 米的集中跌水。沿河崩塌嚴重。巴圖灣至蘆河口段，河床切入基岩二、三十米，兩岸間斷出露白堊系志丹群，總落差 131 米。蘆河口至魚河堡段除波羅堡一帶谷型開闊，水流分散，沖積平原寬廣外，一般河床比降較大，河床較窄。其中，響水堡以上河流切入侏羅系砂岩，河床多泥沙質。響水堡以下切入侏羅系砂岩 20 餘米，跌降多，水流急。魚河堡至崔家灣段河道較順直，一般的曲度半徑 200～400 米，比降 1.43‰。榆溪河匯入處形成沙洲，沿河有沙丘分佈。崔家灣至河口段寬 100～300 米，流路曲折，彎曲系數為 2.5，灘險幾十處。

谷床皆由三疊系延長組砂岩組成，河道固定，水流較集中。研究區域內的河流水系，如上圖 1-4。

圖 1-4 研究區域內河流水系

6、土壤

（1）研究區域土壤分佈概況

本區域內的地帶性土壤，自西北向東南依次爲半荒漠棕鈣土和灰鈣土、典型草原淡栗鈣土、黃土高原淡黑滬土，黃綿土、灰褐色森林土，其中以淡栗鈣土爲主體，土質普遍偏沙。而由於本區地形複雜，在沙地、灘地、低窪地、水域等隱域地境上，隨著地表堆積物和地下水埋深、水化學等的影響，分佈著多種隱域性的土壤類型，主要有水稻土，鹽漬土和沼澤土。其中水稻土多爲季節性淹沒，剖面上除較爲顯著的淹育層外，下部層次不夠明顯，母質爲黃土和沖積土，鹽基飽和度高。由於受到水拉沙和成土母質的影響，土中含有大量的粗細沙。鹽漬土主要分佈在長城沿線以北、沙丘覆蓋高平原上的小窪地和鹽湖區，以及無定河、榆溪河灌區和沿河一帶，因鹽鹼危害，農作物的產量明顯低於一般農田。沼澤土主要分佈在無定河中游、榆溪河、禿尾河

及其大小支流的河灘地和階地，榆林、神木。靖邊北部的沙灘地分佈也較多。

（2）研究區域土壤分區

按照區域土壤分佈情況，參考氣候和地貌特徵，可以將本研究區域內的土壤分為以下主要分佈區：

① 長城沿線沙土區

與長城沿線風沙區大致重合，相當於全國土壤區劃中鄂爾多斯東部高平原淡栗鈣土省一部份，以新月形沙丘為主，沙丘基本無土壤發育，部份地區有砂土及發育在黃土母質上的輕黑壚土，丘間低地主要為草甸土。鹽漬土、水稻土、沼澤土也有相當面積的分佈。

② 陝北高原北部輕黑壚土及黑壚土區

位於長城沿線沙土區以南，向南可達延安——延川一線，屬於全國土壤區劃中陝北黃土高原丘陵淡黑壚土省的一部份。地帶性土壤為輕黑壚土及黑壚土，作為主要耕作土壤的黃綿土分佈甚廣，在河流谷地內發育著鏽黑壚土，鹽漬土和水稻土則成塊狀零散分佈。

7、現代植被分佈情況

（1）研究區域植被分佈概況

研究區域內植被呈現出荒漠草原一典型草原一森林草原的地帶性變化，其中典型草原帶的範圍佔了總面積的大部份，西北部的荒漠化草原帶範圍和東南部的森林草原帶範圍都很小。典型草原和荒漠草原等地帶性植被類型，主要分佈在未覆沙的硬梁地上，前者主要由長芒草、短花針茅、興安胡枝子、阿爾泰狗哇花、小白篙等旱生植物構成；後者主要由戈壁針茅、沙生針茅、白篙等旱生草本植物和狹葉錦雞兒、貓頭刺、擬芸香、兔唇花、伏地膚、駝絨黎等超旱生的灌木、半灌木等構成。此外在研究區域內還廣泛分佈著各種隱域植被類型，包括沙生植被、草甸植被和鹽生、沼生植被等，其中與各類沙地相伴而生的沙生植被面積最廣大。

（2）研究區域內植被分區

根據植被地帶性的原則，考慮到發生學的觀點、區系成分與全國植被區劃的聯繫，根據植被類型地區間的差異性和相似性，可將本區現代植被劃為以下幾區：

① 長城沿線風沙草原區

本區北起明長城大邊，南止府谷、魚河堡、靖邊一線，是內蒙古風沙草原向南延伸的部份，在氣候上深受沙漠影響，以耐旱、耐寒的幹草原和沙生植物爲主。植被生長趨勢，自北向南，自西向東逐漸變好。按照地表物質分異和種屬區系特徵，又可以分爲東西兩段，東段爲沙荒漠草原，西段爲鹽荒漠草原。東段沙荒漠草原，主要植物以來自內蒙或西北沙漠地帶的沙蒿最爲普遍，沙竹、沙米、沙芥、沙蓬也有一定的數量，是流沙地上植物演替的先鋒植物。西段鹽荒漠草原，佔據長城沿線風沙草原西部的內流區或無流區。流沙上植被成分與東段無太大的差別，在灘地上則分佈有眾多的喜鹽植物，如羊角、羊豆角、鹽蓬、城蓬、醉馬草等。

② 陝北中部草原化森林草原區

本區北接長城沿線風沙草原區，向南可達清澗、安塞、志丹一線，包括無定河中下游、窟野河、禿尾河的中下游地區。以植被的現狀論，是晉西北草原向西延伸的部份。在天然植被遭受嚴重破壞以及半乾旱氣候和強烈水土流失的影響下，除局部地區尙殘存著油松、側柏、虎榛子、黃刺玫、扁核木以外，是一個已經草原化了的地區，以草本植物爲主，而其中佔優勢的，包括長芒草、芨芨草、糙隱子草、隱子草、野古草、甘草，多爲乾草原成分。其中蒿類在荒坡上往往有壓倒性的優勢。

1.1.3 全新世以來研究區域環境演變

全新世（距今 11500 年前至現在）是最年輕的地質時代，對於人類文明的發展具有十分重要的意義。侯仁之先生認爲「若干現代的地形、水文網的變化和動植物的分佈，都與最近地質歷史時代——全新世有著最密切的聯繫；更重要的是，人類社會也是在這一時期內形成的。因此爲了能夠達到改造和利用自然界的目的，來研究認識這一地質年代，是有著很大的科學和實踐意義的。」〔註6〕把歷史地理學的研究向上延伸至全新世，可以與第四紀的學者相結合，塡補了研究自然環境（指地質地理環境）發展過程中的一段空白，使整個自然環境發展史的研究聯貫起來，「這不僅具有重大的哲學意義，而且對於當前改造自然利用自然的實踐也有著重要的指導意義」。

〔註6〕 侯仁之：《歷史地理學理論與實踐》，《北京大學學報》（自然科學版），1979年第 1 期，第 119～123 頁。

1、全新世以來研究區域地層信息

全新世地層分佈廣泛，類型多樣。河谷低階地和河漫灘中有全新統的湖積層和沖積砂礫石層，在沙丘中低窪的灘地和湖沼中，有全新統的湖沼相堆積，而在幾乎所有的地貌單元之上，均覆蓋有全新統的風成堆積，並夾有一層或數層的埋藏古土壤。此外，一些地層中還含有新石器時代的文化堆積。根據其成因、岩性、時代和地貌位置可分爲以下幾種情況：

（1）全新世早中期的湖沼層。主要分佈於鄰近沙區的河流二級階地的頂部以及風沙草灘地的下部，岩性爲灰黃、鏽黃、青灰、深灰色的粉砂及黏土質粉砂，局部可見黑色湖沼相的泥炭或砂炭。其時代的上限爲 6.0kaBP 前後，下限可追溯到晚更新世晚期（13kaBP，論述見下文），而且該層與下伏的晚更新世風水兩相沉積整合接觸。

（2）全新世中晚期沖積層。研究區內各大河流及其支流均有分佈，組成河谷一級階地。一般底部爲砂礫石層，上部爲灰白、灰黃色粗砂、細砂、粉細砂及黏土質粉砂。

（3）全新世風成黃土和風成沙。全新世風成黃土在黃土丘陵區表層均有披覆，並夾有一層或數層黑墟土，但由於風力和流水侵蝕極其嚴重，風蝕臺墩極其普遍，或者埋藏黑墟土層直接出露地表。全新世風成沙構成毛烏素沙區的表層堆積物，岩性以灰黃色的粉細砂和細砂爲主，結構鬆散，其中也夾有一層或數層砂質黑墟土。在黃土丘陵和沙地的過渡地帶，也經常可以看到風成黃土和風成沙的互層。晚全新世風成沙的分佈範圍較廣，純淨的灰黃色細砂沿梁頂或河谷向東南侵襲。

（4）全新世古土壤與黑墟土。多與黃土和沙形成互層，黃土—古土壤互層或者河湖相—風成沙—古土壤互層。古土壤多形成於成壤作用較強，氣候較爲暖濕的時期，指示一定的氣候變化，是研究黃土高原氣候演變的重要指標〔註7〕。

2、全新世以來研究區域氣候變化

如前所述，前人在此區域內已經做過大量有關的工作，對於全新世以來的氣候變化有了一個基本的認識：自全新世以來大致經歷了早全新世冰川消融變暖期（10000～8500aBP），中全新世溫濕大暖期（8500～3000aBP）及晚

〔註7〕 唐克麗等：《黃土高原全新世黃土——古土壤演替及氣候演變的再討論》，《第四紀研究》，2004 年第 2 期，第 129～139 頁。

全新世變冷乾期（3000aBP～至今）這樣一個「三段式」的變化〔註8〕。在大暖期中，最佳暖期為 6500～5500aBP。在以上冷暖分段的基礎上，有若干暖濕和冷乾交替的小波動，全新世黃土層中出現 1～3 條厚度不等的黑壚土帶，即說明了氣候的波動和週期變化。

根據陳渭南先生對研究區域內何家梁剖面和桃包剖面化學元素的分析，該地區在 11～10kaBP、8500～5000aBP、4000～3500aBP、2700～2000aBP 和 1500～1000aBP 氣候相對濕潤，

植被、土壤發育較好，風沙活動受到限制，化學風化作用加強〔註9〕，與渾善達克沙地的氣候變化在尺度上有很好的對應。但是應當注意的是，其氣候適宜只是相對於該階段而言的。

楊志榮通過剖面信息結合地貌、湖泊的演變、樹木年輪等的綜合分析，得出分辨率較高的全新世以來氣溫變化序列（圖1-6）。陳渭南把 Ca 元素作為草原帶的標型元素，把 Na 作為荒漠草原的標型元素，Na2O／Ca0 比值可以作為環境荒漠化程度的指數。以近代地表堆積物指數為基數，得出全新世各時段荒漠化程度的對比參數，即相對乾濕指數（圖1-7）。通過兩圖的對比分析，對於全新世以來的氣候波動有一個較清晰的認識。

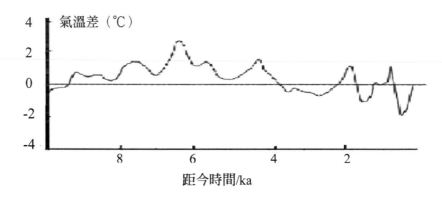

圖 1-5　10ka 以來研究區域內氣溫變化（與 1950～1980 年年均溫對比，據泊江海子剖面等）。

〔註8〕黃賜璿：《毛烏素沙地南緣全新世自然環境》，《地理研究》，1991 年第 2 期，第 52～59 頁。

〔註9〕陳渭南、宋錦熙：《從沉積重礦物與土壤養分特點看毛烏素沙地全新世環境變遷》，《中國沙漠》，1994 年第 3 期，第 1～9 頁；陳渭南、高尚玉等：《毛烏素沙地全新世地層化學元素特點及其古氣候意義》，《中國沙漠》，1994 年第 1 期，第 22～30 頁。

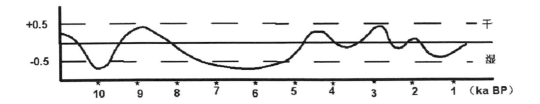

圖 1-6　10ka 以來研究區域內乾濕度的變化（據陳渭南等，1994）。

　　該地區千年和百年尺度上的氣候變化研究也有了一些研究成果，龔高法等人利用歷史文獻記載，結合樹木年輪資料、植物孢粉等信息，對兩千年來鄂爾多斯地區乾濕度的變化進行了復原（圖 1-7）。而根據對泊江海子沉積物的孢粉分析〔註10〕，近 800 年來的氣候變化可以分為三個階段：1175～1400 AD，植被為典型草原，植物群體密度和蓋度都高於現代，氣溫、濕度也比現代略高.這一時期相當於全球「中世紀溫暖期」（Medieval Warm Period）的後半期；1400～1730 AD 泊江海子地區氣候較乾冷，風沙作用增強，氣溫和降水都低於現代。這與祁連山圓柏年輪資料顯示的氣候特徵〔註 11〕相吻合；1730AD 以後，泊江海子地區草原植被又逐漸獲得了發展，氣溫和降水都比前期有所增加。

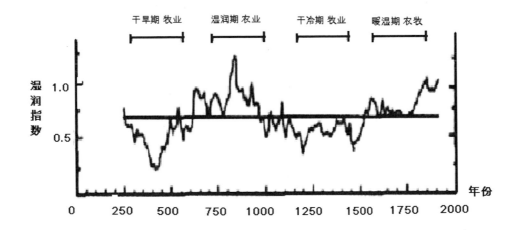

圖 1-7　近 2000 年以來鄂爾多斯地區乾濕度變化（據龔高法，1993 年）。

〔註10〕楊志榮、張海青：《鄂爾多斯泊江海子地區 800 餘年來的氣候與環境變化》,《湖南師範大學學報》（自然科學版），1997 年第 4 期，第 74～81 頁。

〔註11〕卓正大、胡雙熙等：《祁連山地區樹木年輪與我國近千年（1059～1975 年）的氣候變化》,《蘭州大學學報》，1978 第 2 期，第 145～157 頁。

3、全新世以來土壤、地貌、水文演變

全新世土壤、地貌、水文的演變研究還較少，羅凱、安介生對清代鄂爾多斯地區的史料進行了全面的梳理，共整理出大小河流五十條，湖泊三十二處，井泉二十四處，然後與當代的水文資料進行比照分析，將清代這一地區的河湖逐一考訂，在一定程度上復原了清代鄂爾多斯地區水環境的眞實面貌〔註12〕。

2011 年，胡珂、莫多聞發表論文，對薩拉烏蘇河流域歷史時期河流地貌的演化進行了討論〔註13〕，他們認爲薩拉烏蘇河宋（西夏）元時期前後變化較大。唐代中期以前，現在薩拉烏蘇河的深切河谷尚未形成，所在地爲湖沼環境；唐代中後期開始快速下切；宋（西夏）時期下切深度已有數米；明代下切深度可能已近 50m。受薩拉烏蘇河下切影響，研究區宋（西夏）元時期前後環境發生了較大的變化。唐代中期以前，現在的薩拉烏蘇河兩岸區域存在較大面積湖沼；唐代中後期，薩拉烏蘇河兩岸由於河流下切導致湖沼水體外泄而縮小；宋（西夏）元時期，薩拉烏蘇河兩岸地下水因河流下切而降至適宜位置，大量地表出露，發展爲茂盛的草原濕地環境；明代薩拉烏蘇河兩岸地下水位因河流繼續下切而過低，導致草原退化，湖泊乾涸，後期發生沙漠化。

4、全新世以來至明代的植被變遷與人類活動

植被是地區植物群落的總體，是地形、氣候、土壤等因素的綜合產物。全新世以來，由於農業的出現，人類由普遍的依附自然開始變爲逐漸地干預和改造自然界。隨著人類社會生產力水平的不斷提高，對自然界改造的能力和主動性也在不斷增強。作爲生態脆弱地帶，陝蒙邊界植被的變化對人文和自然要素的變化尤爲敏感。在史前時期，氣候對植被的變化起著關鍵的作用，進入歷史時期以後，人類活動在植被變化的影響越來越強烈，植被變遷的速度也越來越快。

考察陝蒙交界地帶全新世以來至明代的植被變遷，大體上可以劃分爲三個時段：新石器時代至先秦爲第一階段，秦代至唐中葉爲第二階段，唐中葉至宋元可作爲第三階段。

〔註12〕 羅凱、安介生：《清代鄂爾多斯地區水文系統初探》，《鄂爾多斯高原及其鄰近區歷史地理研究》，三秦出版社，2008 年，第 274～297 頁。

〔註13〕 胡珂、莫多聞等：《薩拉烏蘇河兩岸宋（西夏）元前後的環境變化與人類活動》，《北京大學學報》（自然科學版），2011 年第 3 期，第 466～474 頁。

（1）新石器至先秦時期——森林或森林草原為主

　　這一階段從新石器時期開始，歷經夏商周三代，至戰國。人類活動多以狩獵畜牧為主，兼有少量的農耕生活，對自然界的影響還很小。特別在距今8000～5000年的全新世大暖期，這一地區氣溫比現在要高出 2℃～4℃，濕潤多雨，卓茂林豐，非常適合人類的居住與農牧業生產。考古遺址的分佈情況也證明了這一點，如圖 1-8 所示。

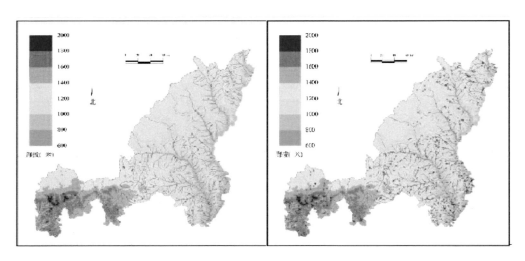

圖 1-8　全新世大暖期陝蒙邊界帶人類活動遺址（左：仰韶時代；右：龍山時代）。

　　到兩周時期，史念海先生認為，黃河流域主要是森林植被，黃河中游西北則是草原植被，而草原地帶中間的山地森林茂盛。陝蒙交界地帶的植被，根據史先生圖示也為森林所覆蓋〔註14〕。黃賜旋對毛烏素沙地東南緣、陝北靖邊縣城北 69 公里處海則灣鄉柳林灣村一丘間河灣處階地剖面進行了取樣，通過孢粉分析、碳十四測年及沉積物綜合分析，指出距今 10000～13000 年前，這裡的古植被是以松蒿為主的疏林灌叢草原，距今 3000～10000 年，雲冷杉花粉逐漸消失，櫟樹花粉出現，水生、濕生植物增多，距今 3000 以後植被則以藜蒿為主的小灌叢草原〔註15〕。那平山的觀點與之類似，認為「約在距今 5000 年前，該地區針闊混交林荒漠化草原環境被以灌木草本沙生植物為主的

〔註14〕史念海：《歷史時期黃河中游的森林》，《黃土高原歷史地理研究》，黃河水利出版社，2002 年，第 433～449 頁。
〔註15〕黃賜璿：《毛烏素沙地南緣全新世自然環境》，《地理研究》，1991 年第 2 期，第 52～59 頁。

荒漠化乾草原環境所代替」，近 1000 年來毛烏素地區荒漠化嚴重〔註16〕。又據中科院西安黃土與第四紀地質研究室對榆林市北部孟家灣一處剖面進行的採樣與孢粉分析、碳十四年齡測定，榆林地區在早全新世為森林草原景象，全新世中期仍為森林草原，晚期則出現了乾旱化的趨勢〔註17〕。

總之，自全新世開始至先秦時期，陝蒙邊界植被以森林草原景觀為主，晚更新世乾冷氣候條件下形成的沙丘已經基本固定，特別在全新世大暖期，由於雨量較豐，河川徑流也較今天充沛，水生濕生植物茂盛。

（2）秦代至唐中葉農牧區的幾次交替

史念海認為，秦漢時期循著秦長城沿線，「越過禿尾河上游，過今榆林、橫山諸縣北，再沿著橫山山脈上去，有一條榆溪塞。所謂榆溪塞乃是種植榆樹，形同一條邊塞。」〔註18〕西漢時期這條榆溪塞再經過培植擴展，散佈於準格爾旗及神木、榆林諸縣之北，其縱橫寬廣程度遠超長城之上。從而認為秦漢時期陝蒙邊界仍為森林植被覆蓋。

然而鄧輝指出，隨著秦漢大一統局面的形成，移民實邊成為這一時期的主要政策，掀起了一個農業開發的高潮。燕、秦、西漢長城的修築，反映出這一地區已經不再是以畜牧業經濟為主了，農業經濟的成分已經佔了主導地位。尤其西漢時期，規模龐大的郡、縣級城市的修築更能夠說明問題〔註19〕。在西漢農業開發的高潮時期，農業已經居於主導地位，居民主要為農民，出現了「人民熾盛，牛馬布野」的繁盛景象。由於人口的增加，樵採、砍伐，使得森林減少，草場縮小，大面積的天然植被被改為人工栽培植被，植被環境已經遠不如先秦時期。

到了東漢時期，南匈奴及其部屬逐漸遷居塞內，末年時黃巾起義爆發，北部農牧交錯帶上的大量郡縣被放棄。漢族與羌胡之間的戰爭使得「百姓南奔」，「塞下皆空」，北部農牧交錯地帶由農民為主的王朝邊郡變成了清一色的「羌胡世界」。根據譚其驤先生的觀點〔註20〕，農業區的範圍被壓縮至陝北高

〔註16〕那平山、王玉魁：《毛烏素沙地生態環境失調的研究》，《中國沙漠》，1997 年第 4 期，第 410～414 頁。

〔註17〕中科院西安黃土與第四紀地質研究室：《黃土高原全新世自然環境與氣候變化的初步研究》（未刊）。

〔註18〕史念海：《歷史時期黃河中游的森林》，《黃土高原歷史地理研究》，第 454～455 頁。

〔註19〕鄧輝：《從自然景觀到人文景觀——燕山以北農牧交錯帶人地關係演變的歷史地理學透視》，商務印書館，2005 年。

〔註20〕譚其驤：《何以黃河在東漢以後會出現一個長期安流的局面》，《學術月刊》，1962 年第 2 期，第 23～33 頁。

原的南緣山脈，以涇水爲界，此線以東以南基本上是農區，以西以北基本上是牧區，這一局面維持了近 250 年，植被得到了部份的恢復。

到魏晉南北朝時期，這一地區的土地覆被再次發生了變化。北魏太武帝在滅掉赫連夏之後於其地置夏州，推廣農業，興修水利，把郡縣的北界推到了今銀川平原、無定河、窟野河、蔚汾河一帶。此後，又歷七八十年經西魏、北周到了隋代，一方面在北魏原來的範圍內增建了眾多郡縣，一方面又向北擴展，在河套地區投立了豐、勝等州。全面突破了漢末形成的農牧分界線，東漢中葉以前在這一帶的政區建置規模，基本上得到了恢復。

唐代中葉以前，國力強盛，安史之亂以前設置的郡縣北界繼續向北拓展，並一度達到了陰山。唐王朝在此大力推行營田和屯田，《新唐書·食貨志》記載，僅受降城周圍便「墾田三千八百餘頃，歲收糜二十萬擔」。後來邊鎮增兵，所需的軍糧增加，再行擴大墾荒。與秦漢不同的是，這一時期由牧向農的轉變是通過游牧民族的漢化完成的。郡縣的增設、農業人口的增加，無疑反映了農業用地的擴大。

（3）唐中葉至宋元時期陝蒙交界地帶生態環境的惡化

根據鈕春燕等的研究，唐朝中葉以後黃土高原氣候發生變化，前半段溫暖濕潤，後半段趨於乾燥〔註 21〕。這對陝蒙交界地帶的植被覆蓋情況肯定會產生影響。加之屯田開墾政策行久生弊，邊將貪酷，士兵逃亡，長期的粗放耕作使得地力減退，屯田越墾越擴大，而收益卻越來越少，於是屯田開始大量荒廢，助長了流沙的肆虐。

今陝蒙邊界在唐代又是安置降附少數民族的場所，從貞觀年間開始，安置的有突厥、丁零、回鶻、党項等族，僅武則天天授三年（692 年）一年就安置党項族 20 萬人於銀、鹽、夏、宥、慶等州，中心即在夏州，今天毛烏素內部的白城子附近。游牧人口的激增同樣對當地的生態環境產生了巨大的破壞作用，由於過度放牧，使得草原沙化、固定、半固定的沙丘活化，夏州附近的沙漠開始迅速擴大。而安史之亂以後，唐王朝對周邊少數民族的控制力大大減弱，鄂爾多斯地區先後成爲突厥、党項、沙陀、契丹等族交戰的場所，無定河一帶更是成爲主戰場。戰爭不僅破壞了農牧業的生產，更破壞了植被。自中唐開始，關於流沙的記載開始逐漸增多起來。

〔註21〕鈕春燕、龔高法：《近兩千年來我國黃土高原濕潤狀況的變遷》，1991 年第 1
　　期，第 85～87 頁。

　　至唐末五代，戰爭對鄂爾多斯地區生態的破壞更加顯著。拓跋族佔據夏、綏、銀、宥等州稱雄一方，在鄂爾多斯西南還有靈武節度使統轄今寧夏靈武、鹽池以及銀川平原，東北部爲天德、振武二節度使，河東還有李克用政權。這些割據勢力相互攻掠不已，反覆在無定河流域爭奪焚掠，對環境破壞極爲嚴重。毛烏素沙地在此時迅速擴張，到北宋初年，夏州已經「深在沙漠」中了。曾經出使過西夏的北宋大臣在筆記及奏摺中都留下了大量關於毛烏素地區流沙的記載。在這些文獻史料中，夏州附近「大沙堆」、「朗沁沙」之類的沙丘名稱比唐時大爲增加。元豐七年（1084 年）呂惠卿在出使西夏后更明確的指出「橫山一帶兩不耕地，無不膏腴，過此即沙磧不毛」，元祐七年（1092年）章楶也說「橫山以北，沙漠隔陷」，這些史料確切的證明了唐代中後期以後今陝蒙交界地帶確實出現了沙漠化的現象。

　　到元代統一中國以後，陝蒙交界帶土地利用方式再次發生變化，鄂爾多斯地區又變成了牧地，元政府在今烏審旗境內安置了 4000 戶牧民專事牧馬，爲國家的十四個大牧場之一；在無定河東北部的黃土丘陵區，農業經濟也有了些許的恢復，然而這時整個地區環境的惡化已經成爲定勢，無法逆轉。從有限的文獻資料看，有元一代陝蒙交界地帶風、旱、霜、雹等自然災害頻繁，也從一定程度上反映了這一地區生態環境的惡化。

1.1.4　研究區域夏商以來的政區沿革

1、明代以前的政區沿革

　　自我國有文字記載之始，陝蒙邊界帶的一些游牧民族部落就出現在各種文獻記載中。商周之際屢見於甲骨文、金文中的包括土方、鬼方、邛方等，而見於《詩經》、《易經》、《尚書》等三代古籍中的游牧民族包括獫鬻、玁狁、鬼方、犬戎等，這些商周時期北方的游牧民族，或多或少都在本區域內有活動。郭沫若認爲，舌方、鬼方居住於今山西陝西北部直到內蒙古地區，其中鬼方是商周之際北方強大的游牧民族〔註22〕。王國維考證鬼方居地「實由宗周之西而包其東北」其核心地帶即爲鄂爾多斯地區，生活時代大約在商代中葉至周初〔註23〕。西周時期提到最多的少數民族爲玁狁、獫鬻，現在多認爲二者實爲一族。這一族群活動於鄂爾多斯及其周邊地區，商末至周初，實力強大，周不能敵。《史記·

〔註22〕郭沫若：《中國史稿》，第 1 冊，人民出版社，1976 年，第 164 頁。
〔註23〕王國維：《觀堂集林》卷 13《鬼方、昆夷、獫狁考》，中華書局，1959 年。

匈奴列傳》、《詩經‧六月》等文獻中有周與玁狁鬥爭的記載，王國維認爲獯鬻、玁狁乃是鬼方的異稱，春秋以後，被人稱之爲犬戎〔註24〕。

春秋時期北方游牧民族普遍的稱謂爲「戎、狄」。戎狄的地望中心就在鄂爾多斯地區，尤其白狄所居，就處於今陝北延水、洛水、無定河流域。進入戰國以後，秦趙魏皆向北方擴展領土，戎狄的勢力北退。趙武靈王率先「變俗胡服，習騎射，北破林胡，樓煩，築長城，自代并陰山下，至高闕爲塞，置雲中、代、雁門等郡」，於公元前306年，拓疆擴土至陰山以南的河套一帶，將收降的林胡、樓煩等游牧民族安置在鄂爾多斯東部。由於農耕民族的進入，到了戰國中晚期，開始形成了北方的農牧交錯帶〔註25〕。這一時期，匈奴開始崛起，成爲了與秦和以後漢朝對抗的主要力量。

秦朝在全國範圍內設置郡縣。今陝蒙邊界正處於上郡與北地郡的交界處。秦始皇三十二年（公元前215年）「使蒙恬將十萬眾北擊胡，悉取河南地。因河爲塞，築四十四縣城臨河，徙謫戍以充之」。次年連接、修繕並擴展原秦趙燕三國北方長城，形成「萬里長城」；又修築了南起甘泉宮（今陝西淳化縣境內），北至九原郡的交通乾道——秦直道，農牧界線大大向北拓展。

秦末匈奴復據河套，恢復故地，勢力向南達到了朝那——膚施一線，陝蒙邊界又爲游牧民族佔據。直至漢武帝時期，西漢奪取河南地，設置了西河、朔方、雲中、北地、五原、上郡共六郡115縣，其中分佈鄂爾多斯及其周邊地區大約有43縣並大量移居漢人。東漢該地區各郡縣轄境略有變動，至黃巾起義，漢庭無暇顧及北方領土，「百姓南奔」，「塞下皆空」，被迫放棄了今河套、陝北、晉西北、河北長城以北的廣大地區，陝蒙交界地區復爲游牧民族佔據。

從東漢末年黃巾起義爆發到隋文帝滅陳的四百餘年間，陝蒙交界地區大多數時間都處於游牧民族的統治下。至公元407年，赫連勃勃建立夏國，並在毛烏素中南部營造都城——統萬城（今靖邊縣紅墩界鄉白城子古城）。425年，北魏在今伊盟北部沿邊一帶設置了沃野等六鎮，太武帝滅夏以後，在今準格爾旗黃河沿岸一帶建立朔州、今鄂托克前旗一帶建立西安郡，毛烏素一帶以統萬鎮爲中心設夏州。

隋初廣設州縣（後改爲郡縣），今陝蒙交界地區主要處於雕陰、朔方、鹽

〔註24〕王國維：《觀堂集林》卷13《鬼方、昆夷、玁狁考》，中華書局，1959年。
〔註25〕鄧輝：《從自然景觀到文化景觀——燕山以北農牧交錯帶人地關係歷演變的歷史地理學透視》，第108頁。

川和榆林等四郡管轄。隋文帝在鄂爾多斯南部築起長城，至今寧夏鹽池與陝西定邊一帶隋長城仍清晰可辨。唐朝將今陝蒙交界地區劃歸關內道的勝州、夏州、銀州、綏州等州管轄，並在周邊地區設置了爲數眾多的羈縻州、都督府，如無定河流域的雲中都督府、明長城沿線的定襄都督府、毛烏素沙地內部的宥州等。唐末農民起義爆發，夏州党項族舉兵勤王，叛亂平定後，党項首領拓跋思恭被任命爲夏綏銀節度使，節鎮號定難軍，領夏綏銀宥四州，基本上將研究區域包括在內。五代時期，党項拓跋部「雖未稱國而王其土」，實際上處於半獨立的狀態，仍統有該區域。

公元 960 年，宋朝建立，夏州党項首領李彝興遣使奉表稱臣，後太平興國七年（公元 982 年），李彝興之孫李繼捧舉族入朝，納夏綏銀宥四州八縣之地。李繼遷不肯放棄夏州領地，出奔地斤澤，經過與宋朝的長期戰爭，重又形成了割據局面。到李元昊時，宋夏之間連年戰爭，陝蒙交界地區成爲宋夏戰爭的主戰場，北宋境內的部份，隸屬於永興軍路管轄，邊境地帶設置了定邊軍、保安軍、綏德軍、普寧軍、保德軍等軍政機構；西夏境內部份隸屬於左廂神勇軍司、嘉寧軍司和祥祐軍司等軍政機構。

金滅北宋以後，西夏疆域趁勢向南擴展，研究區域內的定邊、靖邊、橫山均納入了西夏版圖，屬於金朝的部份則主要隸屬鄜延路管轄，此外東北部尚有一部份歸屬河東北路轄地。1227 年，蒙古滅夏，1234 年又滅金，陝蒙邊界地帶再次統一在一個政權下。1271 年元政府在鄂爾多斯東緣置雲內州、東勝州，歸屬中書省河東山西道宣慰司大同路管轄，將研究區域的東北部包括在內；今烏審旗、鄂托克前旗南部劃歸陝西行省之榆林衛；今烏審旗大部、鄂托克旗西部、杭錦旗南部、東勝市一帶劃爲皇室封地，名察汗腦兒（亦稱察汗淖爾），這兩處包括了研究區域的大部份地區。研究區域的西南部，今定邊一帶則歸屬陝西行省慶陽府管轄。

2、明清以來行政區劃沿革

明中期，陝北地區建立了延綏軍鎮〔註26〕，至清雍正八年（1730 年）設立榆林府，建國後改爲榆林地區，今爲榆林市。在河套內，順治六、七年（1649～1650 年）初設左翼前旗等六旗，乾隆元年（1735 年），從右翼中旗和右翼

〔註26〕 關於明代延綏鎮轄區的探討，參見舒時光、劉德英：《明代延綏鎮、榆林衛轄境考述──兼論河套南部邊界的變化》，《延安大學學報》（社會科學版），2012年第 1 期，第 83～88 頁。

前旗析置右翼前末旗。光緒三十三年（1907 年）將郡、札兩旗放墾地、兩旗及鄂托克旗內的臺站地設爲東勝廳，1912 年改爲東勝縣，今爲東勝區。民國初，靠近陝西的準格爾五旗將長城以北的地段劃歸陝西各縣。1958 年，合札薩克旗、郡王旗及東勝縣部份爲伊金霍洛旗。詳見表 1-1、表 1-2、圖 1-9。

表 1-1　延綏鎮近邊及相鄰地區政區沿革

	明　初	正統、成化期間	清順治至雍正年間	乾隆年間	今建制
府谷縣	設縣，屬葭州	設立皇甫川等五堡	清順治年間,並皇甫川等五堡入府谷縣	廢葭州，屬榆林府	府谷縣，屬榆林市
神木縣	設縣，屬葭州	設立永興等四堡，另神木堡與神木縣城同治	清順治年間,並神木等四堡	廢葭州，又並高家堡，屬榆林府	神木縣，屬榆林市
榆林縣	金元俱爲葭州地，永樂初設置榆林寨，屬綏德衛	屬榆林衛，屬延綏鎮中路參將	雍正八年置榆林府，附郭置榆林縣，並保寧等堡	又並建安堡	榆陽區（榆林縣），屬榆林市
橫山縣	元爲米脂境地,明天順中置懷遠堡	設波羅等五堡，屬延綏鎮中路參將	雍正二年改屬綏德州，九年並懷遠五堡置懷遠縣，改屬榆林府，後改名橫山		橫山縣，屬榆林市
靖邊縣	元、明初屬米脂地	置靖邊塞、鎮靖、龍州堡，嘉靖二十九年置靖羅堡，俱屬延綏鎮西路、靖邊道	清初因之,雍正九年並靖邊等五堡置靖邊縣，屬榆林府。	乾隆八年改屬延安府	靖邊縣,屬榆林市
定邊縣	元、明初屬米脂地，	設定邊、磚井、安邊堡等堡，屬延綏鎮西路，定邊道	清初因之,雍正九年並五堡(其他堡已經廢棄)置定邊縣，屬榆林府	乾隆八年改屬延安府	定邊縣,屬榆林市
榆林府	元、明初爲綏德州地	置榆林衛，兼爲榆林衛衛治和延綏鎮治	雍正二年廢衛併入綏德州，八年改置榆林府，屬陝西布政司，領縣四,附郭榆林縣、懷遠縣、靖邊縣、定邊縣	乾隆八年，定邊、靖邊撥屬延安府，以葭州及神木、府谷二縣屬之	榆林市
佳縣	明初降爲縣,屬綏德州；洪武十三年升爲州，領神木、府谷、吳堡三縣，屬延安府		清初因之,雍正三年升葭州爲陝西直隸州，領縣三	乾隆元年罷直隸，神木、府谷，葭州屬榆林府，吳堡併入綏德州	佳縣,屬榆林市

米脂縣	設縣，屬綏德州		不改		米脂縣，屬榆林市
吳堡	設縣，屬葭州			改屬綏德州	吳堡縣，屬榆林市
綏德縣	設綏德州，屬延安府		雍正三年直隸陝西布政司，領縣二，米脂、清澗、（綏德）	乾隆元年又領吳堡縣，共領縣三，米脂、清澗、吳堡、（綏德）	綏德縣，屬榆林市
延安府	延安府，領綏德州、鄜州（今富縣）、葭州			乾隆八年，定邊、靖邊撥屬延安府	延安市

保安縣：明初至清末一直屬於延安府，至 1936 年，爲紀念劉志丹，改保安縣爲志丹縣，今屬榆林市。

安定縣：明初至清末一直屬於延安府，至 1939 年，爲紀念謝子長改安定縣爲子長縣，今屬延安市。

吳旗縣：1942 年，由靖邊、定邊、志丹（原保安縣）和甘肅慶陽縣的一部份所組成，今屬延安市。

子洲縣：1944 年，由綏德、米脂、清澗、橫山、子長（原安定縣）等縣各劃出一部份地區建立子洲縣，今屬榆林市。

資料來源：嘉慶《延安府志》、光緒《陝西全省輿地圖》、各縣縣志、《陝西地名志》等。

表 1-2　伊克昭盟七旗政區沿革

清初旗分（俗稱）	民國（劃入陝西各縣除外）	今　境
左翼前旗（準格爾旗）	準格爾旗	準格爾旗
	清水河、河曲等廳（縣）部份	托克托、土默特右旗部份
左翼後旗（達拉特旗）	達拉特旗	達拉特旗
	薩拉齊廳部份	
右翼後旗（杭錦旗）	五原等廳部份	巴彥淖爾市部份
	五原等廳部份	
	杭錦旗	杭錦旗
左翼中旗（郡王旗）	東勝縣部份	東勝縣部份
	郡王旗	
右翼前末旗（札薩克旗）	札薩克旗	伊金霍洛旗
	東勝縣部份	
右翼前旗（烏審旗）	烏審旗	烏審旗
	東勝縣部份	
右翼中旗（鄂托克旗）	沃野（陶樂）設治局	寧夏陶樂縣
	鄂托克旗	鄂托克前旗
	桃力民辦事處	鄂托克旗
		烏海市部份

資料來源：《清代藩部要略稿本》、《蒙古游牧記》、《大清一統志》、《東勝地名志》、《伊克昭盟地名志》等。

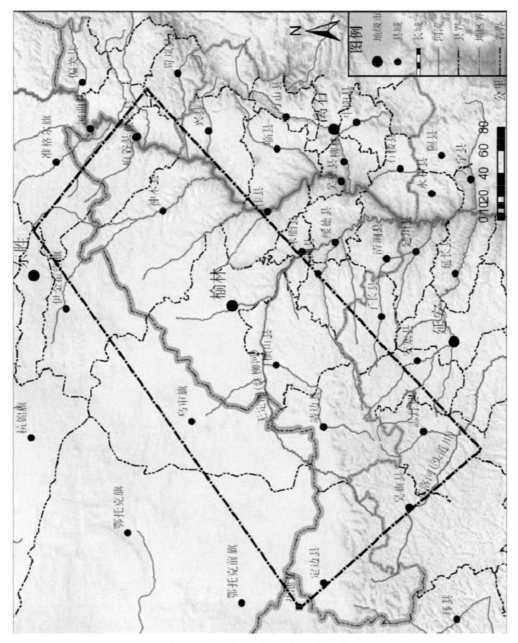

圖 1-9　研究區域及其行政區劃

1.2　研究概述

　　毛烏素沙地及周邊地區的土地利用及環境變遷問題，一直受到學術界的關注。20 世紀 60 年代以侯仁之為代表的歷史地理學者多次在本研究區域及其以北進行實地考察，開創了沙漠歷史地理研究的新方向〔註 27〕。經過五十年來幾代人的不懈努力，取得了豐碩的研究成果，而由這一區域開始的沙漠歷史地理學也成長為具有多學科交叉、多種研究手段並用的「環境變遷」研究方向。對毛烏素沙地與人類的關係，迄今為止，仍存在不同的看法。有些學者認為，由於人類活動的影響，「解放前 250 多年來，沙漠向南擴張了 60 多公里」〔註 28〕；「明代毛烏素沙地的南緣基本上沒有突破長城，（榆林、定邊之間）這一帶沙區的充分發展應是明末以後」〔註 29〕；「毛烏素沙地自漢代以來，嚴重沙漠化土地向西南或東南遷移達 $150\ km^2$」〔註 30〕。而有些學者則認為毛烏素沙地在歷史時期並沒有發生這樣大的變化〔註 31〕，當地環境的變化主要還是自然原因造成的〔註 32〕。鄧輝等人最新研究表明：「明代以來毛烏素沙地的分佈南界，並沒有發生顯著的、大規模的南移現象，毛烏素沙地南部地區流沙分佈的基本格局在過去的 500 年間並沒有變化，僅僅在個別地段出現了局部的、小規模的流沙擴張現象」〔註 33〕。回顧學術史，對本研究意義重大。

　　因為研究區域土地利用問題和環境變遷問題緊密相連，同時現有研究對該區域明清兩代土地利用情況的成果較少，所以筆者一併介紹。

〔註 27〕　鄧輝：《論侯仁之歷史地理學的「環境變遷」思想》，《北京大學學報》（哲學社會科學版），2002 年第 3 期，第 136～142 頁。

〔註 28〕　中國科學院蘭州冰川凍土沙漠研究所：《沙漠治理》，（北京）科學出版社，1976 年。

〔註 29〕　韓昭慶：《明代毛烏素沙地變遷及其與周邊地區墾殖的關係》，《中國社會科學》，2003 年第 5 期，第 201 頁。

〔註 30〕　王乃昂、何彤慧等：《六胡州古城址的發現及其環境意義》，《中國歷史地理論叢》，2006 年第 3 期，第 45～46 頁。

〔註 31〕　趙永復：《歷史上毛烏素沙地的變遷問題》，《歷史地理》，1981 年（創刊號），第 44 頁。

〔註 32〕　Ho P. The myth of desertification at China`s northwestern frontier：the case of Ningxia Province，1929-1958 . Mordern China, 2000, 26(3): 348-395.

〔註 33〕　鄧輝，舒時光等：《明代以來毛烏素沙地流沙分佈南界的變化》，《科學通報》，2007 年第 21 期，第 2556～2563 頁；鄧輝：《人類活動的影響導致了毛烏素沙地向南擴大嗎？》，《陝西師範大學學報》（哲學社會科學版），2007 年第 5 期，第 11～12 頁。

1.2.1　二十世紀六七十年代陝蒙交界地區土地利用研究的初步開展

　　1960 年至 1964 年，侯仁之先生參加了中科院治沙隊組織的在毛烏素沙地、庫布其沙地和寧夏河東沙地進行的自然地理與自然資源調查，他敏銳地察覺到西北乾旱地區「不從歷史地理的角度進行考察研究，有些現象就無法得到解釋」，指出「歷史地理的考察在沙漠化的研究中是不可缺少的一項。」〔註34〕

　　考察結束後，他綴拾旅途見聞，以《沙行小記》、《沙行續記》爲題，發表了在鄂爾多斯沙區的考察見聞，對這一地區廢棄的古城及其所代表的古今環境變化進行了初步分析。這時他已經意識到這些古城周圍的環境已經今非昔比，「……自然條件的變化，看來已是無可爭辯的事實，主要的是怎樣才能把這個變化，弄個明白。」〔註 35〕在野外考察的基礎上，侯先生發表了《從人類活動的遺跡探索寧夏河東沙區的變遷》一文，跳出前人的懷古之情，復原了鐵柱泉城初建時的自然景觀，並對該區域沙漠化的原因進行了探討〔註36〕，成爲沙漠歷史地理學研究的開山之作。在對烏蘭布和沙漠北部漢代墾區遺址進行調查的過程中，侯仁之將文獻考證、野外調查、考古調查和歷史地理學的綜合分析結合在一起，揭示了這一地區環境變遷的過程，初步探討了產生這一變遷的原因，在「經世致用」思想的指導下，他還提出了一個發人深思的問題：「如果他們在這裡被迫撤退了，我們今後在這裡能站住腳嗎？」〔註37〕

　　侯先生一貫強調，只有瞭解地理事物的過去，復原過去不同時代的地理，並將復原的地理聯繫起來進行研究，尋找其發展演變的規律，才能更好的理解今天地理的形成和特點〔註 38〕。在對河東沙區、內蒙古西部烏蘭布和沙漠以及鄂爾多斯高原南部毛烏素沙地進行多次考察後，他將沙漠歷史地理上升

〔註34〕　侯仁之：《歷史地理學的理論與實踐》，《北京大學學報》（自然科學版），1979 年第 1 期，第 119～124 頁。侯先生關於沙漠歷史地理的經典文章大部收錄於《歷史地理學的理論與實踐》（侯仁之主編，上海人民出版社，1979 年）、《中國北方乾旱半乾旱地區歷史時期環境變遷研究文集》（侯仁之、鄧輝主編，北京商務印書館，2006 年）。

〔註35〕　侯仁之：《沙行小記》，《歷史地理學的視野》，北京三聯書店，2009 年。

〔註36〕　侯仁之：《從人類活動的遺跡探索寧夏河東沙區的變遷》，《科學通報》，1964 年第 3 期，第 226～231 頁。

〔註37〕　侯仁之：《烏蘭布和沙漠北部的漢代墾區》，《治沙研究》，1965 年第 7 號。

〔註38〕　侯仁之：《歷史地理學芻議》，《北京大學學報》，1962 年 1 期。

到了理論高度。指出沙漠歷史地理學「研究沙漠在人類歷史時期的變化，特別是由於人類活動所導致的沙漠的變化」，「在一切可能的範圍內，根據實地考察以及文獻資料來研究有關沙漠在歷史時期的形成和變化」。歷史時期流沙的移動和來源，以及沙區水系變化的研究是沙漠歷史地理學的重要任務，野外調查研究是沙漠歷史地理學的重要方法，鼓勵歷史地理工作者「勇敢打破舊傳統，堅決走出小書房，跳出舊書堆，在當前生產任務下，努力開展野外的考察研究工作」。既要研究它的「今天」也要研究它的「昨天」和「前天」，找出其固有規律作為實際行動的指導，為沙漠的利用和改造做出貢獻〔註39〕。

由於文化大革命的影響，沙漠歷史地理的考察工作被迫中斷〔註40〕，其研究也陷入了低潮期。直到1972年侯仁之先生正式遞交了開展歷史地理學研究的意見書，沙漠歷史地理的研究才逐漸開始恢復。1973年，《從紅柳河上的古城廢墟看毛烏素沙漠的變遷》一文發表，在這篇文章中，侯先生論述了沙漠歷史地理研究的意義，他指出沙漠中人類活動遺跡的存在「不但為研究這一地區人類活動的歷史補充了一些確實可靠的物質資料，同時為探索這一地區自然環境的變化提供了十分重要的線索。而這一探索的結果，又是可以直接為當前生產服務的。」文章同時對毛烏素沙地形成時間和流沙的來源提出了疑問，成為研究毛烏素沙地環境變遷的經典文獻〔註41〕。隨後侯仁之又與北京大學考古系俞偉超合作，對烏蘭布和沙漠中的考古發現進行了詳細的梳理，並參考歷史文獻的記載，對烏蘭布和沙漠流沙的來源進行了探究〔註42〕。在對陝北榆林地區進行考察後，侯仁之指出，歷史時期流傳的榆林自建城以來為逃避風沙的危害而三次向南遷移的說法是錯誤的：「540年來，起源於一個普通莊寨的榆林城，雖然經歷了多次的擴建，但並沒有脫離原來的舊址」，破除了人們當時對西北風沙不可抗拒的畏懼心理。並認為，在歷史時期由於不合理土地利用所造成的就地起沙的惡果，在今天是可以避免的，增強了當時人們治理沙漠的信心〔註43〕。

〔註39〕 侯仁之：《歷史地理學在沙漠考察中的任務》，《地理》，1965年第1期。

〔註40〕 侯仁之：《歷史地理學的理論與實踐》，《北京大學學報》（自然科學版），1979第1期。

〔註41〕 侯仁之：《從紅柳河上的古城廢墟看毛烏素沙漠的變遷》，《文物》，1973年第1期。

〔註42〕 侯仁之：《烏蘭布和沙漠的考古發現和地理環境的變遷》，《考古》，1973年第2期。

〔註43〕 侯仁之：《風沙威脅不可怕「榆林三邊」是謠傳》，《文物》，1976年第2期。

1.2.2　二十世紀八九十年代陝蒙交界地區土地利用研究的深入發展

　　文革結束以後，投入沙漠歷史地理研究的學者日益增多，研究區域隨之擴大，傳統熱點地區毛烏素沙地的研究不斷深化，湧現出一大批研究成果。侯仁之對我國西北乾旱區毛烏素沙地、烏蘭布和沙地以及河西走廊的沙漠歷史地理研究進行了概述，提出了在這些地區中沙漠歷史地理所要回答的問題〔註44〕，並身體力行，文革一結束便投入到西北乾旱區歷史地理的考察中〔註45〕，對以後這些地區的研究工作起了指導作用。中國科學院自然地理編委會組織編寫的《歷史自然地理》一書中「歷史時期沙漠變遷」一章，全面總結了七十年代末以前的研究成果，強調了人類活動在歷史時期沙漠變遷中的作用，最早將歷史時期沙漠變遷劃分爲荒漠地帶的沙漠化和荒漠草原、草原地帶的沙漠化〔註46〕。

　　史念海先生的《兩千三百年來鄂爾多斯高原和河套平原農林牧地區的分佈及其變遷》，通過對歷史時期鄂爾多斯高原行政區劃設置的分析，並參考考古學發現和歷史文獻的記載，探討了生產方式的變化對毛烏素沙地及其周邊產生的影響〔註47〕。

　　王北辰對毛烏素沙地南沿歷史時期文化景觀的演化從周秦到清代進行了逐朝代的復原，展示了毛烏素沙地南沿環境變遷的大致過程〔註48〕。隨後通過把梳文獻並參考考古學證據和實地考察，分別對六世紀、九世紀毛烏素及其周邊地區的河流湖泊、城市分佈、流沙分佈範圍做出了初步的復原，繪出了公元六世紀和公元九世紀鄂爾多斯地區自然景觀和人文景觀的復原圖，深

〔註44〕侯仁之：《我國西北風沙區的歷史地理管窺》，《歷史地理學的視野》，北京三聯書店，2009 年。

〔註45〕侯仁之：《歷史地理學的理論與實踐》，《北京大學學報》（自然科學版），1979年第 1 期。

〔註46〕中國科學院中國自然地理編輯委員會：《中國自然地理・歷史自然地理》，北京科學出版社，1982 年。

〔註47〕史念海：《兩千三百年來鄂爾多斯高原和河套平原農林牧地區的分佈及其變遷》，《北京師範大學學報》（哲學社會科學版），1986 年第 6 期。史先生關於沙漠歷史地理的諸文大部收錄於《黃土高原歷史地理研究》一書（河南黃河水利出版社，2001 年）。

〔註48〕王北辰：《毛烏素沙地南沿的歷史演化》，《中國沙漠》，1983 年第 4 期；《公元六世紀鄂爾多斯沙漠圖圖説》，《中國沙漠》，1986 年第 3 期，第 11～21 頁。王先生關於沙漠歷史地理的諸文大部收錄於《王北辰西北歷史地理論文集》一書（北京學苑出版社，2003 年版）。

入了歷史地理學界對於毛烏素沙地環境變遷問題的認識〔註49〕。

張波探討了陝北地區歷史時期由農轉牧的過程及其對周邊環境的影響，提出過度農耕是毛烏素地區耕地沙化的主要原因〔註50〕。周廷儒在其專著中也論述了土地的不合理利用與毛烏素地區草場退化，沙漠化加劇的關係〔註51〕。

馬正林對歷史時期沙漠的擴大與人類活動關係進行了分區域的全面闡述，涉及範圍包括乾旱地區的塔克拉瑪干沙漠、河西走廊，半乾旱地區的科爾沁、毛烏素與烏蘭布和沙漠，認為原有沙漠的擴大和草原的沙漠化都同人類不合理的經濟活動有密切關係〔註52〕。

王守春在1985年對沙漠歷史地理的研究進行了總結，指出對毛烏素沙地形成時代與形成原因的看法是當時存在的主要分歧〔註53〕。隨後，朱士光對毛烏素沙地形成與變遷問題的爭議進行了系統梳理，通過史料分析並參考孢粉研究結果，堅持毛烏素沙地形成於歷史時期、人類活動是其形成主導因素的觀點〔註54〕。他通過對該地區新石器時代遺址的考察指出，儘管該地區在地質時期積累了豐富的沙源，但在全新世中期濕潤的氣候條件下這些沙漠都被茂密的植被覆蓋，沙漠的形成與蔓延是全新世中期以後氣候趨向乾寒以及人類不合理開墾的結果〔註55〕。

陳育寧考察了鄂爾多斯地區自戰國時期到新中國成立後的土地開發過程，指出秦漢、唐朝、清末三次大規模的開墾是造成該地區沙漠化的主因，並指出沙漠化速度在建國後加快，人為因素導致的沙漠化面積不斷擴大〔註56〕。

〔註49〕 王北辰：《公元六世紀鄂爾多斯沙漠圖圖說》，《中國沙漠》，1986年第3期，第29～36頁。

〔註50〕 張波：《陝北高原農牧業消長的歷史過程及有關問題的初步探討》，《中國農業科學》，1982年第6期，第87～93頁。

〔註51〕 周廷儒：《古地理學》，北京師範大學出版社，1982年。

〔註52〕 馬正林：《人類活動與中國沙漠地區的擴大》，《陝西師範大學學報》（哲學社會科學版），1984年第3期，第38～47頁。

〔註53〕 王守春：《歷史時期我國沙漠變遷研究與歷史地理學》，《中國歷史地理論叢》，1985年第2期，第54～65頁；《近年我國沙漠變遷研究簡述》，《地理研究》，1985年第3期，第104、45頁。

〔註54〕 朱士光：《關於毛烏素沙地形成與變遷問題的學術討論》，《西北史地》，1986年第4期，第17～27頁。

〔註55〕 朱士光：《歷史時期農業生態環境變遷初探——以陝蒙晉大三角地區為例》，《地理學與國土研究》，1990年2期，第46～51頁。

〔註56〕 陳育寧：《鄂爾多斯地區沙漠化的形成和發展述論》，《中國社會科學》，1986年第2期，第69～73頁。

王尚義論述了歷史時期鄂爾多斯高原農牧業生產方式的交替變遷，分析了這兩種不同生產方式對當地自然環境的影響〔註57〕。趙江在分析榆林地區沙漠化過程後認為，歷史上沙漠化的發生期往往與歷史上重大事件相關聯，在沙漠化過程中，人為因素在自然因素基礎上起著誘發作用〔註58〕。

復旦大學趙永復在廣泛搜集歷史文獻的基礎上列舉了從北魏到明清時期有關毛烏素地區的「流沙」記載，提出毛烏素沙地主要是自然因素的產物，是第四紀以來就已經存在的自然現象，而不是歷史時期形成的「人造沙漠」〔註59〕。

從上世紀八十年代開始，第四紀學者開始進入歷史時期沙漠變遷的研究中，新的研究方法、研究手段的使用對以往的結論構成了衝擊。史培軍通過對毛烏素沙地區薩拉烏蘇組地層沉積物的分析，認為該區沙丘的沙來源於下部的基岩，人類活動仍然是沙漠化土地擴大的主因〔註60〕。然而此後，第四紀學者的觀點開始發生轉變，董光榮對鄂爾多斯地區古風成沙的分佈進行全面調查後指出，地層中的風成沙質沉積物是表徵沙漠存在最為直接可靠的地質標誌，風成沙的出現證明鄂爾多斯地區的沙漠不是人類歷史時期才有的，而是在地質時期早已斷續存在〔註61〕。在對毛烏素地區薩拉烏蘇組地層沉積相進行反演後，他認為毛烏素沙漠在地質時期就已出現，並經歷了流沙形成、擴展和固定縮小的多個旋回，人類歷史時期的沙漠化只是其長期演變序列中的一個新近階段，不合理的人類活動對沙漠化有影響，但自然環境的作用是第一位的〔註62〕。沙漠化主要與氣候有關，氣候變干時沙漠化就發展，氣候暖濕時期沙漠化逆轉，人類活動只能起到加速、加劇或延緩、減弱的作

〔註57〕王尚義：《歷史時期鄂爾多斯高原農牧業的交替及其對自然環境的影響》，《歷史地理》，1987第5輯。

〔註58〕趙江：《榆林縣土地沙化的歷史演變》，《中國水土保持》，1987年第7期，第50～64頁。

〔註59〕趙永復：《歷史上毛烏素沙地的變遷問題》，《歷史地理》，1981年創刊號。

〔註60〕史培軍：《南毛烏素沙帶的形成與利用》，《內蒙古師院學報》（自然科學版），1981年第2期，第107～111頁。

〔註61〕董光榮、李保生等：《鄂爾多斯高原的第四紀古風成沙》，《地理學報》，1983年第4期，第341～347頁；《鄂爾多斯高原第四紀古風成沙的發現及其意義》，《科學通報》，1983年第16期，第998～1000頁。

〔註62〕董光榮、李保生等：《由薩拉烏蘇和地層看晚更新世以來毛烏素沙漠的變遷》，《中國沙漠》，1983年第2期，第9～14頁。

用〔註63〕。隨後，他將這些觀點進行了系統的梳理，對毛烏素沙漠形成時代、形成原因及形成以來所經歷的環境變遷進行了詳細的闡述〔註64〕。高尚玉等人通過薩拉烏蘇河地區地層中碳酸鈣與易溶鹽含量的變化推測了本地區晚更新世以來的三個大小不同乾濕變化週期，指出歷次氣候波動始終介於半乾旱半濕潤之間〔註65〕。對薩拉烏蘇河第四紀地層中化學元素遷移與聚集的分析也得到了類似的結論〔註66〕。通過對榆林地區古風成沙地層中化學含量變化的分析，高尚玉指出，榆林地區自第四紀以來經歷了十六個濕熱——乾冷變化的氣候週期，該地區氣候總的變化趨勢似乎是越來越趨於乾冷〔註67〕。李保生通過對榆林地區第四紀地層刨面的粒度分析也證明鄂爾多斯風成沙積起碼在第四紀初期已經存在，並經歷了多次沙漠化和逆沙漠化的過程，該地區氣候變化總體趨於乾冷〔註68〕。隨後吳正等人通過沉積物分析、動物化石及古人類化石鑒定、孢粉分析等手段，論述了晚更新世以來氣候變化與鄂爾多斯地區沙漠化的對應關係，指出在全國乾旱、半乾旱區範圍內沙漠的變遷和沙漠化的形成，在時間上是可以對比的，基本上是同步的，再次強調了人類過度經濟活動對沙漠化只起到了誘發和促進作用，自然環境的變化是沙漠化的主因〔註69〕。

九十年代以後，第四紀學者的研究成為環境變遷研究的主要力量。黃賜璿根據毛烏素沙地南緣柳樹灣剖面的孢粉分析，揭示了該地區全新世以來的植物群落演變。他指出，以大約距今四千年為界，伴隨著氣候由乾旱偏濕向乾旱的轉化，植被由疏樹草原變為乾草原，現今沙地是全新世自然環境演變

〔註63〕 董光榮、申建友等：《氣候變化與沙漠化關係的研究》，《乾旱區資源與環境》，1988 年第 4 期，第 41～48 頁。

〔註64〕 董光榮、高尚玉等：《毛烏素沙漠的形成、演變和成因問題》，《中國科學（B輯）》，1989 年第 7 期，第 634～642 頁。

〔註65〕 高尚玉、董光榮等：《薩拉烏蘇河地區地層中 CaCO3 和易溶鹽含量變化與氣候環境乾旱區》，《資源與環境》，1988 年第 4 期，第 41～48 頁。

〔註66〕 高尚玉、董光榮等：《薩拉烏蘇河第四紀地層中化學元素的遷移和聚集與古氣候的關係》，《地球化學》，1985 年第 3 期，第 269～276 頁。

〔註67〕 高尚玉、董光榮等：《陝西榆林地區古風成沙地層中化學元素含量的變化與氣候環境》，《中國沙漠》，1985 年第 3 期，第 25～30 頁。

〔註68〕 李保生、董光榮等：《陝西北部榆林第四紀地層剖面的粒度分析與討論》，《地理學報》，1988 年第 2 期，第 127～133 頁。

〔註69〕 吳正、董光榮等：《從晚更新世以來我國沙漠的變遷看乾旱區沙漠化問題》，《華南師範大學學報》（自然科學版），1987 年第 2 期，第 72～77 頁。

的必然結果，而近 1000 年來的人類活動則加劇了沙漠化的進程〔註70〕。那平山的觀點與之類似，認爲「約在距今 5000 年前，該地區針闊混交林荒漠化草原環境被以灌木草本沙生植物爲主的荒漠化乾草原環境所代替」，近 1000 年來毛烏素地區荒漠化嚴重。她還論述了地下水與毛烏素地區環境失調的關係，提出地下水量減少、水位下降、水質惡化是環境變遷主導因子的這一新看法〔註71〕。

　　董玉祥在對我國沙漠化研究進行回顧總結後，提出了沙漠化成因的另一見解：歷史時期沙漠化並未隨著人類活動增強而增強，而是與氣候變化對應良好，往往是氣候乾旱造成社會經濟的不穩定，從而導致環境破壞〔註72〕。高尚玉等人認爲，毛烏素沙地在最近一萬年的發展過程中曾經歷了六個縮小、固定的階段。其中出現在氣候適宜期的三個階段，毛烏素沙地大部份甚至全部固定成壤，現今沙漠的發展始於 1100aB.P.，與本區自九世紀以後乾旱年份不斷增加的情況相對應〔註73〕。陳渭南運用孢粉組合對全新世以來毛烏素沙地的環境演變進行了更爲詳細的重建，論述了植被變化與氣候變化的對應關係以及植被變化的準週期性特點〔註74〕。隨後，他又從全新世沉積物重礦物組合及古土壤養分特點進行分析，得到了與孢粉組合分析相類似的結論〔註75〕，並根據全新世地層化學元素遷移和聚集特點進行了進一步的論證〔註76〕。

　　董光榮在八十年代研究工作的基礎上開始探討影響氣候變化的東亞季風的變遷。他將全新世以來夏季風的變遷劃分爲三個階段：早全新世夏季風逐步增強階段、中全新世夏季風鼎盛階段、晚全新世夏季風衰弱階段。夏季風爲主時

〔註70〕黃賜璿：《毛烏素沙地南緣全新世自然環境》，《地理研究》，1991 年第 2 期，第 482～486 頁。

〔註71〕那平山、王玉魁等：《毛烏素沙地生態環境失調的研究》，《中國沙漠》，1997 年第 4 期，第 410～414 頁。

〔註72〕董玉祥、劉毅華：《我國沙漠化研究的回顧與展望》，《地理研究》，1993 年第 2 期，第 94～102 頁。

〔註73〕高尚玉、陳渭南等：《全新世中國季風區西北緣沙漠演化初步研究》，《中國科學（B 輯）》，1993 年第 2 期。

〔註74〕陳渭南、高尚玉等：《毛烏素沙地全新世孢粉組合與氣候變遷》，《中國歷史地理論叢》，1993 年第 1 期，第 39～54 頁。

〔註75〕陳渭南、宋錦熙等：《從沉積重礦物與土壤養分特點看毛烏素沙地全新世環境變遷》，《中國沙漠》，1994 年第 3 期，第 1～9 頁。

〔註76〕陳渭南、高尚玉等：《毛烏素沙地全新世地層化學元素特點及其古氣候意義》，《中國沙漠》，1994 年第 1 期，第 22～30 頁。

沙丘固定，沙漠縮小，沙漠化逆轉；冬季風爲主時恰好相反。夏季風與冬季風的轉換具有快速、跳躍的特點〔註77〕。在對末次間冰期以來沙漠——黃土邊界帶的移動進行考察後，他認爲全新世大暖期400mm等降水量線約在今天200mm等降水量線位置，鄂爾多斯高原的沙地大部份已被固定〔註78〕。

也是這一時期開始，董光榮對我國半乾旱半濕潤地區沙漠化成因的觀點發生轉變，強調了人類活動與自然因素在沙漠化過程中的相互影響、相互反饋關係。並認爲我國半乾旱半濕潤地區的沙漠化成因在不同時期是有差異的，全新世之前主要受氣候變化控制，近一萬年來人類活動已有越來越大的影響，但仍然受不同時間尺度氣候變化的主宰，20 世紀以來的沙漠化主要由人類不合理的經濟活動引起〔註79〕。孫繼敏將毛烏素沙地環境變遷的研究縮短到了 2000B.P.，在對歷史時期溫度、濕度曲線與毛烏素地區的開發情況進行對比後指出：如果氣候因素對沙漠化的發生起主導作用，則會與史料記載產生矛盾。毛烏素沙地現今流沙分佈範圍與目前的氣候條件是不適宜的，流沙的大面積出現並非氣候發展的「頂級產物」，而是近兩千年來，尤其是近代以來人類強烈活動的結果。「歷史時期毛烏素地區沙漠化主要由人類活動引起，氣候波動僅爲次要因素。」重新強調了人類活動在沙漠化中的主導作用。另外他還對毛烏素沙地的沙源問題進行了討論，認爲薩拉烏蘇組的古風成砂並非毛烏素唯一沙源，還有相當一部份來源於黑壚土之下的古風成砂〔註80〕。隨後又將毛烏素沙地環境變遷研究時段向前追溯到 50 萬年，通過古風成砂、黃土、古土壤的交替出現，論證了 50 萬年以來毛烏素沙地曾 13 次大規模南侵，毛烏素沙地雖然至少 50 萬年前就已出現，但並非從其出現之初就持續至今，現代流沙主要是歷史時期不合理的土地利用破壞表層全新世土壤使末次盛冰期古沙丘活化而來〔註81〕。在這些研究工作的基礎上，孫繼敏加強了對

〔註77〕董光榮、王貴勇等：《末次間冰期以來我國東部沙區的古季風變遷》，《中國科學（D 輯）》，1996 年第 5 期，第 437～444 頁。

〔註78〕董光榮、靳鶴齡：《末次間冰期以來沙漠——黃土邊界帶移動與氣候變化》，《第四紀研究》，1997 年第 4 期，第 158～167 頁。

〔註79〕董光榮、靳鶴齡等：《中國北方半乾旱和半濕潤地區沙漠化的成因》，《第四紀研究》，1998 年第 2 期，第 136～144 頁。

〔註80〕孫繼敏、丁仲禮等：《2000aB.P.毛烏素地區的沙漠化問題》，《乾旱區地理》，1995 年第 1 期，第 36～42 頁。

〔註81〕孫繼敏、劉東生等：《五十萬年來毛烏素沙漠的變遷》，《第四紀研究》，1996 年第 4 期，第 359～367 頁。

沙漠——黃土邊界帶的研究，對環境演變機制進行了探討：他認為，沙漠黃土邊界帶古風成砂與黃土、古土壤疊覆出現的特點，是東亞季風環流變遷的體現，並最終直接受控於北極冰蓋的變化。歷史時期沙漠化與第四紀地質時期沙漠變遷是兩個不同時間尺度上的問題，第四紀地質時期沙漠變遷明顯受氣候振盪控制，近兩千年來沙漠化則主要由人類活動引起，已不具備明顯的氣候指示意義〔註82〕。他認為，當荒漠擴大到一定規模時，會對氣候產生反饋作用，2300 年來旱災發生的頻率與氣溫變化並不吻合，而旱災高頻期卻與農墾高峰期有良好的對應關係，進一步論證了人類活動對歷史時期沙漠化的主導作用〔註83〕。

　　總之，這一時期研究的重點主要集中在對本研究區域內沙地形成原因、形成時間、歷史時期沙漠化問題的討論上。經過八九十年代的爭論，越來越多的學者開始支持這樣一種觀點，即人類活動在自然環境變化基礎上的疊加作用，是引起研究區域內環境變遷的主要原因。這也為進入新世紀以後本區域內環境變遷研究的進一步深入奠定了基礎。

1.2.3　二十一世紀以後陝蒙交界地區土地利用研究方向的分化

　　進入二十一世紀以後，對於本區域環境變遷的研究呈現出兩個主要的方向。部份學者在前一階段的基礎上，繼續對研究區域內歷史時期的環境進行復原工作。與前一階段相對比，這一時期所採用的技術手段更加先進、研究方法更加多樣，而更顯著的變化則在於對地理學原理、理論的深刻理解與運用。另外一派學者轉向對人類活動、區域開發過程的探討，對於區域開發機制、土地開墾過程和強度進行了細緻的研究。尤其是明代以來的土地利用與土地覆被變化。由於明清時代這一區域積累了大量的歷史文獻資料，且人類活動強度顯著加強，又距離現代較近，能與現代土地利用狀況相銜接，成為重點研究時段。

　　前一個研究領域——歷史時期環境的復原，仍包括歷史地理學者和第四紀學者兩種角度的研究方法，而難能可貴的是這兩種研究方法在這一時期開始出

〔註82〕孫繼敏、丁仲禮等：《50萬年以來沙漠——黃土邊界帶的環境演變》，《乾旱區地理》，1955年第4期，第1～9頁。孫繼敏、丁仲禮等：《末次間冰期以來沙漠——黃土邊界帶的環境演變》，《第四紀研究》，1995年第2期，第117～122頁。
〔註83〕孫繼敏、丁仲禮：《中國東部沙區的荒漠化過程與起因》，《第四紀研究》，1998年第2期，第156～164頁。

現融合的趨勢。歷史地理學者的研究成果中，鄧輝等人著力較深〔註84〕，他們通過大比例尺航空遙感影像判讀、歷史文獻分析，結合實地考察，對建城初期統萬城周圍的生態環境進行了復原。他們認為，從區域分異的角度分析，關於統萬城生態環境看似矛盾的記載其實是合理的，歷史時期毛烏素沙地南緣地帶性生態環境格局基本與今天相差不多，但早期隱域性局部生態環境要好於現在，統萬城周圍生態環境的惡化，主要是由於人類過度使用當地土地資源而造成的〔註85〕。在利用彩紅外航空影像對統萬城進行研究的過程中，他們根據航空影像的判讀指出，在內城的北部與西部均有古河道的遺跡，同時根據文獻的記載，十六國時期統萬城人口密度遠高於現在，這也證明了當時良好的生態環境〔註86〕。

隨後，鄧輝等又以明代「大邊」「二邊」長城及沿線營堡為參照，系統搜集和分析了明清史料，復原了明清時期毛烏素流沙分佈的南界，並將其與遙感影像反映的現代流沙分佈南界進行了對比，結果顯示近五百年來毛烏素沙地並沒有大規模的向東南或西南擴展，其南緣流沙—黃土分佈格局基本穩定。人類不合理的經濟活動導致毛烏素內部流沙比例有較大的增加，但這種變化不同於地帶性的、大規模的沙漠擴展現象〔註87〕。

王乃昂在考察古城址的過程中，在多處城址的城牆中發現了「夯層沙」，反映出建城時期當地已有流動沙丘或固定、半固定沙丘的廣泛存在。他認為古城的大量修築主要出於軍事戰略的需要，並不能證明「水草豐茂」的環境〔註88〕。王尚義、董靖寶也以統萬城為時空座標，闡述了其興廢的原因。他們認為，統萬城在北魏時期被選作都城，首先是處於軍事目的。而統萬城的興廢，也主要取決於人為軍事原因。統萬城僅偏居毛烏素一隅，它的興廢不能代表

〔註84〕 鄧輝對沙漠歷史地理的主要論著收錄於《從自然景觀到文化景觀——燕山以北農牧交錯地帶人地關係演變的歷史地理學透視》（鄧輝等著，北京商務印刷館，2005年版）、《中國北方乾旱半乾旱地區歷史時期環境變遷研究文集》（侯仁之、鄧輝主編，北京商務印書館，2006年版）。

〔註85〕 鄧輝、夏正楷：《從統萬城的興廢看人類活動對生態環境脆弱地區的影響》，《中國歷史地理論叢》，2001年第2輯，第104～113頁。

〔註86〕 鄧輝、夏正楷：《利用彩紅外航空影像對統萬城的再研究》，《考古》，2003年第1期，第70～77頁。

〔註87〕 鄧輝、舒時光等：《明代以來毛烏素沙地流沙分佈南界的變化》，《科學通報》，2007年第21期，第2556～2563頁。

〔註88〕 王乃昂、黃銀洲等：《鄂爾多斯高原古城夯層沙的環境解釋》，《地理學報》，2006年第9期，第937～945頁。

整個毛烏素沙地的環境變遷〔註 89〕。趙淑珍、牛俊傑通過考證史料認爲，毛烏素沙地在北魏時期已經存在，而且其範圍與現在基本相同，對大規模農墾形成「人造沙漠」觀點提出了質疑〔註 90〕。

曹永年則列舉了明代萬曆二年至三十八年（1574～1610 年）關於延綏中路邊牆外沙壅記載的史料，指出明代中後期農墾規模有限，沙壅長城是自然界突變的結果。此外，他還對環境變遷研究中史料的運用提出了自己的看法，認爲史料記載本身往往不具有自然科學數據那樣的精確性，因此在引用時更需要仔細鑒別，包括對時間、地點、過程的審愼推敲，特別要放在當時的社會和政治經濟背景下進行考察〔註 91〕。

何彤慧等人以毛烏素沙地中的古城址爲時空座標，反演了歷史時期地表水的環境變化，發現秦漢以來毛烏素沙地地表水環境呈整體惡化趨勢，漢末至南北朝、元末至明清爲主要惡化階段。地表水的變化過程與氣候變化有一定的對應關係〔註 92〕。

不過，仍有學者堅持認爲人類活動在歷史時期沙漠變遷中起了主導作用。通過對毛烏素沙地東南緣沉積剖面粒度分析並結合歷史文獻，黃銀洲認爲，毛烏素沙地歷史時期環境一直不斷退化，唐中後期和明代後期有兩次明顯沙漠化過程，明後期的沙漠化由人類活動導致，是現代沙地景觀形成的主要原因〔註 93〕。顧琳對榆林城明清時期流沙侵襲的記錄進行了整理分析，發現萬曆年間榆林城已有風沙壅積記錄，同治年間甚至壓壞北城牆，風沙對榆林城的危害越來越嚴重。風沙一方面來自於毛烏素沙地，另一方面則是由於人類強烈活動造成的就地起沙〔註 94〕。艾沖將將毛烏素沙地的環境變遷分爲唐代後期、宋元明時期、明末三個階段，並提出唐代後期過度的畜牧經濟活

〔註 89〕 王尚義、董靖寶：《統萬城的興廢與毛烏素沙地之變遷》，《地理研究》，2001
　　　　　年第 3 期，第 347～353 頁。
〔註 90〕 牛俊傑、趙淑貞：《關於歷史時期鄂爾多斯高原沙漠化問題》，《中國沙漠》，
　　　　　2000 年第 1 期。
〔註 91〕 曹永年：《明萬曆間延綏中路邊牆的沙壅問題——兼談生態環境研究中的史料運
　　　　　用》，《內蒙古師範大學學報》（哲學社會科學版），2004 年第 1 期，第 5～9 頁。
〔註 92〕 何彤慧、王乃昂等：《毛烏素沙地古城反演的地表水環境變化》，《中國沙漠》，
　　　　　2010 年第 3 期，第 471～476 頁。
〔註 93〕 黃銀州、王乃昂等：《毛烏素沙地歷史沙漠化過程與人地關係》，《地理科學》，
　　　　　2009 年第 2 期，第 206～211 頁。
〔註 94〕 顧琳：《明清時期榆林城遭受流沙侵襲的歷史記錄及其原因的初步分析》，《中
　　　　　國歷史地理論叢》，2003 年第 4 輯，第 52～56 頁。

動是導致這一時期沙漠化的重要原因〔註95〕。

　　第四紀學者的研究成果中，高尚玉通過對末次冰期以來以來地層剖面、沉積相的研究，對全新世沙漠演化進行了論述〔註96〕。靳鶴齡等人重建了全新世沙漠——黃土邊界帶的空間格局，指出全新世沙漠——黃土邊界帶具有風成砂——古土壤—黃土沉積序列，證明全新世沙漠經歷多次活化擴大與固定縮小的過程，沙漠——黃土邊界帶發生多次移動，冬夏季風的變遷是其主要驅動因子，人類活動在全新世後期產生顯著影響〔註97〕。隨後，靳鶴齡、董光榮等人對毛烏素滴哨溝灣地層沉積物的物質組成、粒度參數等進行了分析，得到了與之前類似的結論〔註98〕。

　　許清海認為，碳屑濃度的變化反映了人類活動強度的變化；通過孢粉分析和碳屑分析可以證明全新世中期毛烏素沙地曾有針闊混交林的生長，距今2400年前後由於氣候變乾和人類活動的影響，流沙開始活躍起來〔註99〕。曹紅霞對全新世毛烏素沙地粒度特徵進行了時空分異的分析，結果顯示毛烏素沙地粒度從西北向東南逐漸變細，磁化率逐漸增大，表現了沙地由西北向東南的空間演化過程〔註100〕。孫同興等人通過對統萬城地區的孢粉分析認為，統萬城初建時期當地為溫帶疏林幹草原，在公元四至五世紀之後的1600年中，毛烏素沙漠範圍不斷擴大，其南部邊緣甚至向南推進了200km〔註101〕。周亞利等人利用光釋光技術對毛烏素沙地沉積剖面進行了測年，結果顯示歷史時期2.39kaB.P.、0.29kaB.P.毛烏素沙地發生活化擴大，晚第四紀氣候百年或者千年尺度的變化是導致沙漠變遷的主導因素；而0.29kaB.P.沙漠化過程與氣

〔註95〕艾沖：《論毛烏素沙漠的形成與唐代六胡州土地利用的關係》，《陝西師範大學學報（哲學社會科學版）》，2004年第3期，第99～105頁。

〔註96〕高尚玉、王貴勇等：《末次冰期以來中國季風區西北邊緣沙漠化研究》，《第四紀研究》，2001年第1期，第66～71頁。

〔註97〕靳鶴齡、董光榮等：《全新世沙漠——黃土邊界帶空間格局的重建》，《科學通報》，2001年第7期。

〔註98〕靳鶴齡、董光榮等：《滴哨溝灣地層沉積特徵記錄的毛烏素沙漠變遷》，《中國沙漠》，2008年第6期，第1064～1072頁。

〔註99〕許清海、孔昭宸等：《鄂爾多斯東部4000餘年來的環境與人地關係的初步探討》，《第四紀研究》，2002年第2期，第105～112頁。

〔註100〕曹紅霞、張雲翔等：《毛烏素沙地全新世粒度組成特徵及古氣候意義》，《沉積學報》，2003年第3期，第482～486頁。

〔註101〕孫同興、王宇飛等：《陝北統萬城地區歷史自然景觀及毛烏素沙漠遷移速率》，《古地理學報》，2004年第3期，第363～364頁。

候狀況產生矛盾〔註 102〕。魯瑞潔通過毛烏素東南緣沉積剖面的分析，結合 C14
和光釋光測年結果，將全新世以來毛烏素沙地的變遷分爲了三個階段，論述
了各階段的氣候變化及其與沙漠演化的關係〔註 103〕。

　　李智佩等人以毛烏素沙地南緣沙漠黃土地帶爲研究對象，將毛烏素沙地
沙源分爲沙地內部就地起沙、河流河谷就地起沙、風化殘積就地起沙和風沙
侵入四種類型，並指出，風沙侵人沙漠化是在就地起沙的基礎上形成的〔註
104〕。隨後他們對全新世氣候變化與中國北方沙漠化的關係進行了討論，指出
全新世以來北方地區沙漠化的擴大過程與全球氣候變化主要事件相一致，十
年尺度上的氣候變化在生態環境脆弱的敏感地帶對沙漠化起著控制作用〔註
105〕。楊林海、周傑對歷史時期氣候變化與人類活動對沙漠化的影響進行了對
比，指出歷史時期毛烏素沙地的沙漠化呈現逐漸加速趨勢，唐代以前的沙漠
化主要受氣候變化的控制，之後人類活動的影響越來越明顯〔註 106〕。王訓明、
李吉均等人的研究結果則有所不同，通過對近 50 年來北方沙區氣候演變與沙
漠化之間關係的研究，他們認爲，北方乾旱半乾旱地區的沙漠化過程主要受
風沙環境的演變和春季降水量波動的制約，儘管人類活動對沙漠化過程有深
刻影響，但氣候背景仍舊是控制沙漠化的主要過程〔註 107〕。

　　除眾多學術論文外，在這一時期還出現了一批學位論文對毛烏素沙地的
形成演變進行了探討。郝成元的碩士論文〔註 108〕、楊永梅博士論文〔註 109〕

〔註 102〕周亞利、鹿化煜等:《高精度光釋光測年揭示的晚第四紀毛烏素和渾善達克沙
　　　　地沙丘的固定與活化過程》,《中國沙漠》, 2005 年第 3 期, 第 342～350 頁。
〔註 103〕魯瑞潔、王亞軍等:《毛烏素沙地 15ka 以來氣候變化及沙漠演化研究》,《中
　　　　國沙漠》, 2010 年第 2 期, 第 273～277 頁。
〔註 104〕李智佩、岳樂平等:《毛烏素沙地東南部邊緣不同成因類型土地沙漠化的特
　　　　徵》,《地質通報》, 2006 年第 5 期, 第 590～596 頁。
〔註 105〕李智佩、岳樂平等:《全新世氣候變化與中國北方沙漠化》,《西北地質》, 2003
　　　　年第 3 期, 第 1～29 頁。李智佩、岳樂平等:《中國北方沙漠地區全新世氣候
　　　　變化的週期性探討》,《乾旱區地理》, 2007 年第 2 期, 第 170～176 頁。
〔註 106〕楊林海、周傑:《歷史時期氣候變化和人類活動對毛烏素地區沙漠化的影響》,
　　　　《乾旱區資源與環境》, 2008 年第 12 期, 第 128～133 頁。
〔註 107〕王訓明、李吉均等:《近 50a 來中國北方沙區風沙氣候演變與沙漠化響應》,《科
　　　　學通報》, 2007 年第 24 期, 第 2882～2888 頁。
〔註 108〕郝成元:《毛烏素地區沙漠化驅動機制研究》, 山東師範大學碩士論文, 2003
　　　　年。
〔註 109〕楊永梅:《毛烏素沙地沙漠化驅動因素的研究》, 西北農林科技大學博士論文,
　　　　2007 年。

重點論述了毛烏素沙地沙漠化的驅動因素，彭超以毛烏素沙地西南緣統萬城、三岔河古城北大池古城爲研究對象，分析了過渡地帶沙漠化的環境條件和影響沙漠化發展的因子〔註110〕。何彤慧以毛烏素沙地中眾多的古城和人類活動遺跡爲空間座標，通過梳理歷史文獻和考古發現，並借鑑地層學、地名學、環境考古學研究方法，從地表水環境、地表植被、土地退化等方面論述了毛烏素沙地歷史時期環境變遷的特徵，對自然和人文因素在沙地形成中的作用進行了區分和評價〔註111〕。黃銀洲對鄂爾多斯高原近2000年來沙漠化過程與成因進行了探討，認爲鄂爾多斯高原內部古城的存在主要受隱域環境的影響，古城的存在不能代表草原景觀。唐後期、明末是沙漠化發生的主要階段，前者由氣候變化導致，後者則主要受人類強烈活動的影響〔註112〕。

部份考古學者也加入了對這一問題的討論，王煒林從考古學的角度對毛烏素沙地的演化進行了討論，他指出，在當地漢代墓葬中存在大量含沙的情況，說明至少在東漢時期沙漠化已經出現端倪，但這時沙漠化對人類生活影響很小，不爲人們所重視〔註113〕。呼林貴則利用榆林長城沿線的文物考古資料對毛烏素沙地南界的變遷進行了探討〔註114〕。

在陝蒙邊界人類活動強度、土地開墾過程及機制這一研究領域內，韓昭慶以明代河套地區以南長城修築時間及地點爲座標，對明代毛烏素沙地的南界進行了討論。通過對歷史文獻的梳理，她認爲，明代毛烏素沙地的南緣基本沒有突破長城。由於戰爭原因，明代長城沿線的墾殖規模有限，不是流沙形成的主要原因，現在榆林、定邊沙區的發展應該是在明末以後〔註115〕。隨後，韓昭慶對清末鄂爾多斯中南部的放墾範圍進行了初步的復原，認爲這些放墾地帶避開了土質低劣易於沙化的脆弱地帶，對於毛烏素沙漠化的發展影

〔註110〕 彭超：《毛烏素沙地西南緣古城址與環境變遷初步研究》，蘭州大學碩士論文，2007年。

〔註111〕 何彤慧：《毛烏素沙地歷史時期環境變化研究》，蘭州大學博士論文，2008年。

〔註112〕 黃銀洲：《鄂爾多斯高原近2000年沙漠化過程與成因研究》，蘭州大學博士論文，2009年。

〔註113〕 王煒林：《毛烏素沙漠化年代問題之考古學觀察》，《考古與文物》，2002年第5期，第80～85頁。

〔註114〕 呼林貴：《由榆林長城沿線文物考古資料看毛烏素沙漠的變遷》，《中國歷史地理論叢》，2001年增刊。

〔註115〕 韓昭慶：《明代毛烏素沙地的變遷及其與周邊地區墾殖的關係》，《中國社會科學》，2003年第5期，第191～204頁。

響有限〔註 116〕。侯甬堅的觀點與之類似，在對鄂爾多斯自然背景及明清時期土地利用情況進行論述後，他指出，在影響毛烏素沙漠化因素上，自然因素更爲重要。儘管人類利用土地的形式和規模在不斷升級，但仍只是沙漠——草原彼此進退的一種參與力量〔註 117〕。

　　黃銀洲、王乃昂對此則提出了不同的看法，他們認爲明代毛烏素沙地的邊牆已經處於沙地之中，沙地在邊牆修建之初就已經到達了邊牆南面，因此邊牆並不能作爲沙地與非沙地的界限〔註 118〕，明後期的沙漠化由人類活動導致，不合理的人類活動是現代沙地景觀形成的主要原因。

　　陳喜波提出清代內地向長城外的大規模移民、塞外土地的開發以及農業和商業的發展，爲長城沿線地區城鎮的形成提供了物質基礎。因此，伴隨著長城外側的開發，沿長城一線的許多城鎮也開始興起並得到了蓬勃得發展〔註 119〕。筆者在碩士論文《明代陝北長城沿線土地利用的空間分佈與變化特點》〔註 120〕對明代陝北長城沿線、毛烏素沙地南緣的土地利用情況進行了初步研究，得出「氣候變化和戰爭影響一直是制約延綏鎮近邊墾殖的主要因素，二者相比較，戰爭因素的作用更具有決定性」，隨著史料的進一步發掘，這一結論需要進一步深化。

　　王晗以其碩士論文爲基礎，對清代長城以北的夥盤地進行了較深入研究〔註 121〕。他主要依據清代史志，以政策—人—環境相互作用的全程考察爲主

<hr>

〔註 116〕 韓昭慶：《清末西墾對毛烏素沙地的影響》，《地理科學》，2006 年第 6 期，第
　　　　　 728～734 頁；《清末鄂爾多斯高原墾殖範圍的復原及其與毛烏素沙地變遷的
　　　　　 關係》，侯甬堅主編《鄂爾多斯高原及其鄰區歷史地理研究》，西安三秦出版
　　　　　 社，2008 年，第 307～332 頁；《荒漠、水系、三角洲　中國環境史的區域研
　　　　　 究》，上海科學技術文獻出版社，2010 年。

〔註 117〕 侯甬堅：《鄂爾多斯高原自然背景和明清時期的土地利用》，《中國歷史地理論
　　　　　 叢》，2007 年第 4 輯，第 28～39 頁。

〔註 118〕 黃銀洲、王乃昂等：《明代邊牆修築時毛烏素沙地範圍探討》，《乾旱區研究》，
　　　　　 2009 年第 2 期，第 261～266 頁。

〔註 119〕 陳喜波、顏廷真等：《論清代長城沿線外側城鎮的興起》，《北京大學學報》(哲
　　　　　 學社會科學版)，2001 年第 3 期，第 12～18 頁。

〔註 120〕 舒時光：《明代陝北長城沿線土地利用的空間分佈與變化特點》，北京大學碩
　　　　　 士論文，2006 年。

〔註 121〕 王晗：《清代墾殖政策與陝北長城外的生態環境》，《史學月刊》，2004 年第 4
　　　　　 期，第 86～93 頁；《清代陝北長城夥盤地研究》，陝西師範大學碩士論文，2005
　　　　　 年；《清代陝北夥盤地的漸次擴展》，《西北大學學報》，2006 年第 3 期，第 86
　　　　　 ～93 頁；《1644 至 1911 年陝北長城外夥盤地墾殖時空特徵分析——以榆林金

線，通過揭示制度、政策因素作用於環境的途徑和方式，重新審視了這一區域生態環境演變的情況。他認為，制度和政策是對諸人文要素起制約作用的最重要的人文要素。在陝北長城外夥盤地被陸續開發的近兩百年間，清中央和地方兩級政府針對漢民承租蒙民土地從事農牧業生產這一環節，在不同時期制定了不同的墾殖政策，而墾殖政策的調整在清代陝北長城外地區引發了較大的生態環境變化。此外，他還以榆林金雞灘鄉為例，分析了 1644～1911 年陝北長城外夥盤地墾殖的時空特徵，指出清代陝北長城外夥盤地土地墾殖可分為 4 個階段：明末清初的封禁期，康熙三十六年至乾隆六年的招墾期，乾隆七年至光緒二十八年的禁墾期和光緒二十八年至宣統三年的拓墾期。進一步深入分析不同地域土地墾殖的差異性，認為陝北長城外夥盤地在清前期以下濕草灘地、乾灘地為主，中期以下濕草灘地、乾灘地、沙地居多，晚期拓墾期與其他時期相比，則以沙地為主。

張萍從人口、民族、經濟結構入手，探討了邊疆內地化過程中陝北沿邊一系列的社會變動〔註 122〕。她指出：在北部農牧交錯地帶，社會的轉型建立在民族人口、經濟結構以及社會生產方式轉變的基礎之上。同時也對鄂爾多斯南緣自然、人文環境變遷研究提供了社會與經濟的背景分析。

徐冉對伊克昭盟傳統游牧業經濟的衰落和清王朝放墾政策的提出過程進行了梳理〔註 123〕，他將放墾政策的提出過程分為兩階段，前期主要以振興蒙古為目的，主張將蒙地私墾納入國家賦稅體系；後期放墾政策主要集中在擴大財源上，主張在蒙地全面發展農業經濟。傳統游牧經濟的衰落與放墾政策的提出具有密切的關係，一方面游牧經濟的不斷衰退對應到國家政策層面，即為放墾政策的提出，另一方面，放墾政策的提出和變化決定了游牧經濟的最終歸宿。

宋乃平等人依據史料和已有研究成果恢復了鄂爾多斯農牧交錯土地利用格局的演變過程，即清代、民國是一個由自發開墾到政府組織開墾、由漢人租佃開墾到蒙漢共同開墾、由鄂爾多斯周緣向其內部深入的過程。從自然條

雞灘鄉為例》，《乾旱區農業研究》，2006 年第 3 期，第 149～155 頁；《清初興屯墾殖政策與陝北黃土高原的自然環境》，《鄂爾多斯高原及其鄰區歷史地理研究》，第 263～273 頁。

〔註 122〕張萍：《邊疆內地化背景下地域經濟整合與社會變遷——清代陝北長城內外的個案考察》，《民族研究》2009 年第 5 期，第 91～110 頁。

〔註 123〕徐冉：《清代後期伊克昭盟傳統游牧業的衰落和放墾政策的提出》，《鄂爾多斯高原及其鄰近區歷史地理研究》，三秦出版社，2008 年，第 298～306 頁。

件、人口壓力、經濟利益和民族融合等因素的作用探討了鄂爾多斯農牧交錯土地利用格局的演變機理。他們認為，清代氣候進入暖濕期，為土地開墾奠定了條件；生態系統脆弱性又阻礙了過度開墾。無論是民間自發還是政府組織的開墾，都是在追逐利益中促進了土地開發；同時，中央與地方、蒙古人與漢人、豪強與貧民之間的利益爭奪阻礙了開墾進程。蒙漢人口結構改變和開墾中建立的共同利益關係促進了民族融合，其中的彼此接受和排斥，既加強了農業的地位，又鞏固了畜牧業的地位。鄂爾多斯的農牧交錯土地利用格局正是在這些因素的共同驅動和阻礙的平衡中形成和發展的〔註124〕。

賈科利等人則利用遙感與地理信息系統技術對陝北地區現代土地利用變化的環境效益進行了定量化的分析，為考察歷史時期人類活動對陝北生態環境的影響提供了對比〔註125〕。

王建革系統分析了清代農業和商業向蒙古草原的滲透給傳統游牧業帶來的影響，認為在農牧交錯帶，由於農業對定期勞動投入的要求，游牧業移動次數減少，定居加強。由於農業對役畜的要求，畜群中牛馬的比重上升。與此同時，游牧業本身也逐漸走向集約化，實施了打草、建圈等技術措施〔註126〕。此外，他還對以土地佔有權、耕種權為核心的蒙漢關係進行了討論，指出蒙地市場所流通不是土地所有權，而是佔有權和耕種權，且在不同的層次上流通，佔有權的流通限於同旗蒙古人，漢人只可買賣耕種權。租佃糾紛也多源於對佔有權和耕種權利益的爭奪，蒙人一般盡力保持佔有權，並力爭耕種權升值的利益。漢人則盡力保持耕種權利益，並利用各種機會侵吞佔有權。對這二種權力爭奪是清代蒙地民族關係的焦點〔註127〕。

哈斯巴根對十八至二十世紀鄂爾多斯農牧交錯帶移民、社會面貌、土地利用方式的轉變進行了全面的論述〔註128〕。尤其可貴的是，在史料的運用方

〔註124〕宋乃平、張鳳榮：《鄂爾多斯農牧交錯土地利用格局的演變與機理》，《地理學報》，2007年第12期，第1299～1308頁。

〔註125〕賈科利、常慶瑞等：《陝北農牧交錯帶土地利用變化環境效應》，《乾旱區研究》，2009年第2期，第181～186頁。

〔註126〕王建革：《農業滲透與近代蒙古草原游牧業的變化》，《中國經濟史研究》，2002年第2期，第76～86頁。

〔註127〕王建革：《清代蒙地的佔有權、耕種權與蒙漢關係》，《中國經濟史研究》，2003年第3期，第81～91頁。

〔註128〕N・哈斯巴根：《十八至二十世紀前期鄂爾多斯農牧交錯區域研究——以伊克昭盟準格爾旗為中心》，內蒙古大學博士論文，2005年；《鄂爾多斯地區農耕的開端和地域社會變動》，《清史研究》2006年第4期，第1～16頁。

面，哈斯巴根的博士論文利用了前人未曾利用的內蒙古檔案館、內蒙古社科院和鄂爾多斯市檔案館所保存得鄂爾多斯左翼前旗和右翼後旗（杭錦旗）為主的清代伊克昭盟札薩克衙門蒙古文原始檔案。這些文書檔案是研究內蒙古農牧交錯帶歷史不可或缺的「遺留性史料」，詳實地反映了清中、後期漢族移民進入鄂爾多斯地區以後，當地社會、制度方面的一系列變化。

梁冰在《伊克昭盟的土地開墾》一書中，就歷史時期伊盟的農業發展歷程，尤其是清至民國時期的大規模放墾進行了深入的研究，並注意到了農業的開發對當時的社會形態可能造成的影響〔註129〕。在清王朝近三百年的歷史中，對蒙地的墾殖態度，有一個發展變化的過程。清初的嚴格封禁政策是沒有異議的，但其後時馳時禁。對清代蒙古地區墾殖過程的分期學者爭議頗大。況浩林認為應當分為初期的限墾階段、中期的禁墾與部份放墾階段、末期的全面放墾階段〔註130〕。邢亦塵對此有不同意見，他依據清廷的封禁政策，並結合各個歷史時期國內外形勢，認為當分為禁墾、限墾和放墾三時期〔註131〕。

肖瑞玲通過對鄂爾多斯東南緣清代土地開發強度和氣候特點的分析，認為研究區內「風旱同季」的氣候特徵是土地沙化的根本原因，而清統治者墾殖政策的不穩定性、開發利用的不合理性、盲目性、加劇了由於生產力低下、粗放式掠奪經營對脆弱生態的破壞，是這一區域土地沙化的主要驅動因素〔註132〕。在其專著《明清內蒙古西部地區開發與土地沙化》中，對明清時期人類開發演進與土地沙化的關係進行了一定探討，惜史料較單一、論證較簡略〔註133〕。

張秀華對放墾蒙地的歷史背景和放墾目的進行了分析〔註134〕，她認為，清末內憂外患、財政拮据的嚴重危機決定了清末放墾蒙地的實質就是聚斂蒙

〔註129〕梁冰：《伊克昭盟的土地開墾》，內蒙古大學出版社，1991年。以筆者管見，梁冰隨後在地方性文史資料上發表了多篇文章，近年編撰《鄂爾多斯通史稿》（內蒙古大學出版社，2009年版），其史料的運用無出《伊克昭盟的土地開墾》且有「小說化」傾向。

〔註130〕況浩林：《評說清代內蒙古地區墾殖的得失》，《民族研究》，1985年第1期，第46～53頁。

〔註131〕邢亦塵：《關於蒙墾分期問題的思考》，《內蒙古社會科學》，1989年第3期，第57～62頁。

〔註132〕肖瑞玲：《清末放墾與鄂爾多斯東南緣土地沙化問題》，《內蒙古師範大學學報》（哲學社會科學版），2004年第1期，第10～15頁。

〔註133〕肖瑞玲：《明清內蒙古西部地區開發與土地沙化》，中華書局，2006年。

〔註134〕張秀華：《清末放墾蒙地的實質及其對蒙古經濟社會發展的影響》，《吉林大學社會科學學報》，2007年第3期，第81～86頁。

財，以充帑銀。放墾蒙地雖然使蒙古地區的農耕業有了空前的擴展，豐富了蒙古地區的經濟生活，但從總體上來說，導致了嚴重的農牧衝突，激化了民族和階級矛盾，付出了巨大的生態成本，造成了影響深遠的生態環境破壞。因此，清末放墾蒙地對蒙古經濟社會的發展所帶來的主要是負面效應〔註135〕。

　　吳春梅對清末貽谷在內蒙的放墾活動與當地民眾的反映進行了考察，認爲貽谷放墾反映了清廷對內蒙古政策的改變，雖然放墾對促進該地區的發展，鞏固邊疆安全起了一定的作用，然而他以高壓手段強行放墾，卻又導致了蒙漢各階層的反感。從長遠發展看，也對這裡的生態環境產生了一定的負面影響〔註135〕。

　　土地的開發利用，必然涉及到人口的遷入。對於這方面的研究，以孫喆的研究較有代表性。他認爲，清初鄂爾多斯高原主要爲蒙古人佔據，以游牧作爲主要的生產方式，僅有少數漢人零星分佈於南部。從清代中前期開始，隨著禁墾政策的鬆動，這種局面逐漸被打破，內地漢民開始以前所未有的規模越過長城，逐漸向北擴展。

　　趙之恒從清初蒙地大批流民出現的原因及清政府對他們的政策及實施過程著手，對清廷的移民政策變化進行了梳理：早期禁止內地民人開墾蒙地，而迫使流民盡快回歸故土；但到清末，清王朝國勢日蹙，不得不一改封禁政策爲移民實邊政策，鼓勵漢民前往蒙地開墾〔註136〕。在對乾隆朝至道光朝百餘年間內蒙古西部地區的土地開墾情況進行考察後，他指出，儘管這一階段清廷的禁墾令不斷，但由於清朝無法克服和解決的社會矛盾，湧入蒙古地區的流民潮與蒙地開墾種植這兩大社會問題始終無法解除，它的直接後果則是促使當地的農業以前所未有的規模發展起來〔註137〕。

　　王衛東對綏遠各個地區（包括歸化城土默特及綏東地區、鄂爾多斯地區等）移民人口、定居、經濟（土地關係等）、社會結構、風俗習慣的變遷進行了更加深入的探討〔註138〕。其中用2萬字左右探討了鄂爾多斯地區的移民情況，但由於沒有利用當地蒙古文檔案資料，出現不足甚至錯誤之處也是明顯的。

〔註135〕吳春梅：《貽谷與內蒙古墾務》，《民族研究》，2000年第4期，第64～69頁。
〔註136〕趙之恒：《清末內蒙古西部地區的放墾及其對生態環境的影響》，《內蒙古師範大學學報》（哲學社會科學版），2004年第4期，第5～10頁。
〔註137〕趙之恒：《清中葉的人口增長與內蒙古西部的違禁開發》，《內蒙古師範大學學報》（哲學社會科學版）2006年第3期，第5～9頁
〔註138〕王衛東：《1648～1937年綏遠地區移民與社會變遷研究》，《復旦大學》，2001年。

　　王玉海的《發展與變革——清代內蒙古東部由牧向農的轉型》〔註139〕是從區域史的角度研究移民史的第一部專著。其文利用檔案、調查報告等各種資料，對內蒙古東部哲里木、卓索圖、昭烏達三盟農墾和土地、階級關係進行了較好的實證研究和理論探討。

　　閆天靈從漢族移民和當地蒙古族關係互動的角度研究了內蒙古地區的近代社會變遷〔註140〕，尤其史料的挖掘和社會調查方法的運用上成為其研究的一大亮點。他將正史、實錄、奏議、方志等傳統史料和近代的調查報告、遊記、筆記、報刊資料進行了結合，使相關的研究上了一個新的臺階。

　　總之，梳理陝蒙交界地帶五十年來的研究，六七十年代為問題的發現與提出階段，以侯仁之為代表的老一代歷史地理學家，通過實地勘察，揭示了這一地區古今環境的巨大變遷，開創了沙漠歷史地理研究這一新的研究領域。八十到九十年代，眾多的歷史地理和第四紀學者加入到了這一領域的研究中，並在歷史時期沙漠化問題上達成了一定共識，即人類活動在自然環境變化基礎上的疊加作用，是引起研究區域內環境變遷的主要原因；進入二十一世紀以後，對這一區域環境變遷的研究更加細緻深入，除原有歷史時期環境變遷這一研究方向外，部份學者還將注意力轉向了探索人類活動、區域開發過程、強度、驅動力這一領域。

　　前人豐富的研究成果為該地區的繼續研究奠定了較堅實的基礎。從環境變遷、明清兩代土地利用角度而言，以往研究仍有如下幾個方面有待加強：第一，史料的挖掘。現有文獻對陝蒙交界地區的研究主要利用政書、地方志，而對明清實錄等第一手史料的系統耙梳、漢蒙文檔案的整體利用的研究很少。但該地區現存政書、地方志中記載本身存在矛盾，所以基於此得出的結論往往具有片面性。耙梳實錄、時人奏摺，挖掘蒙漢文檔案，使本課題的深入成為可能。第二，從區域歷史地理的角度的系統研究較少。陝蒙交界地區明清以來的研究相對薄弱。現有研究中，因行文篇幅和研究重點等原因，對明代該區域的系統研究較少，而清代除王晗等人對夥盤地歷史地理進行系統研究、哈斯巴根從民族專門史角度主要對準格爾一旗進

〔註139〕王玉海：《發展與變革——清代內蒙古東部由牧向農的轉型》，內蒙古大學出版社，2000年。

〔註140〕閆天靈：《塞外移民與近代內蒙古社會變遷研究》，南京大學博士論文，2002年。後更名《漢族移民與近代內蒙古社會變遷研究》出版（民族出版社，2004年）。

行研究外，大量論著集中在清末放墾階段政治史、民族史研究方面。同時，現有研究往往將陝北漢族群體或鄂爾多斯蒙古群體兩個方面、兩個地區割裂開來，很少將兩個群體結合，從政治、經濟、文化等方面進行對比研究。而這些都爲本文研究提供了一定空間。第三，理論和研究方法問題。熟練地運用區域社會史研究方法和移民史研究理論解決相關問題也有深入的餘地。本文將從以上三個方面予以重點強化並在此基礎上，注重該地區明清區域環境變化與因果現象的規律性總結，並努力量化人文因子、自然因子在明清毛烏素沙地南緣地區局部拓展的權重，使整個研究更爲科學、更加嚴謹。

1.3 研究內容、理論、方法及創新

1.3.1 研究內容

1、研究內容

《明代陝北長城沿線土地利用的空間分佈與變化特點》初步對明代陝蒙交界地區的土地利用格局及其變化特徵進行了研究，初步得出「氣候變化和戰爭影響一直是制約延綏鎮近邊墾殖的主要因素，二者相比較，戰爭因素的作用更具有決定性」，隨著史料的進一步發掘和實地考察的深入，史料運用、論證方式以及上述結論需要進一步深化，亟需對清代該地區的相關問題進行補充性研究。尤其是最近發表的《明代以來毛烏素沙地流沙分佈南界的變化》一文認爲：近 500 年來，毛烏素沙地南緣流沙分佈的基本格局儘管沒有多大變化，但是存在三個局部的流沙擴展地帶（圖 1-10 中 A，B，C 三處）。認爲這些局部的流沙擴展現象，對當地自然環境仍然產生了嚴重的後果，提出在以後的研究中，需要對三個區域出現的這種現象予以重視，並辨識產生這種現象的自然和人文驅動因子。這給筆者的研究提出了指明了方向，也提出了新的任務。

爲了進一步正確回答上述問題，本研究選擇了分佈在毛烏素沙地南緣的明長城及沿線營堡遺存、明清兩代出現的「界石」、「二邊」、「大邊」、「牌界地」、「黑界地」、「夥盤地」爲地理參照物，在系統收集和分析歷史文獻的基礎上，結合野外實地調查，通過復原明清毛烏素沙地南緣地帶的景觀分佈，重點分析三個局部流沙南移擴展區域由明至清的變化特點和驅動因子，爲進一步深入探討當地環境變遷的驅動力問題提供參照基礎。

2、地理參照系及相關概念說明

本文出現的地理參照系，由東南至西北平行排列，略說明（見圖 1-11）：

（1）「界石」：明正統時期埋設的，至明末未加改變，目的是防止百姓越界進入沿邊及河套耕種，引發邊釁。其一線大略位於今陝西府谷、神木二縣內原清水營等 10 堡所在鄉鎮與相鄰南側鄉鎮的分界線，清代榆林、懷遠（今橫山）、靖邊、定邊四縣與腹裏州縣的分界線，是軍墾地與民地的分界線。〔註141〕

（2）「二邊」： 明代成化年間由延綏鎮巡撫余子俊督修的，無遺存，位於「界石」和今長城遺址之間。

（3）「大邊」長城：明弘治末至正德初年修築的，後代不斷續修，即現存長城遺址。

「夾道」：「二邊」至「大邊」兩道長城之間區域。

（4）禁留地：清初防止蒙漢接觸，在「大邊」長城外劃定的寬 50 米的區域。至康熙中後期允許開墾，成為「夥盤地」，至此「禁留地」作為地域概念不復存在。

（5）夥盤地：清康熙中後期，民人外出「大邊」耕種蒙地，採取「雁行」方式，春出東歸。民人在「大邊」外耕種時臨時夥聚的地方叫「夥盤地」。夥盤地本是臨時居民點，清末逐漸定居成為村莊，同時也指這些臨時居住點所構成的區域。

狹義的夥盤地即指清廷允許開墾的地域；廣義的夥盤地還包括未經清廷允許的、由私墾所產生的地域，包括蒙旗王公、官員私開的和蒙漢民人私開的區域。本文的夥盤地特指官方允許開墾的夥盤地。

清代，夥盤地不斷平行地向長城外推行，由 20～30 里，繼而到 40～50 里等，至清末的夥盤地的北界大概就是今陝西、內蒙的省界一線。

（6）黑界地：乾隆中期出現的概念。位於夥盤地北面寬 10 里的隔離帶，此區域禁止農耕和放牧。目的是限制漢蒙農牧混合，防止漢族私墾向北推移。一般而言，夥盤地北移後，又按照寬 10 里的標準重新劃定。夥盤地由蒙官看守並設置「堆子」等標識。

（7）牌界地：一般而言，夥盤地和黑界地共同組成牌界地。在牌界地北側設立「牌界」、「堆子」等標誌。

〔註141〕舒時光：《明代陝北長城沿線土地利用的空間分佈與變化特點》，第 31～40 頁。其中，靖邊、定邊、吳起縣三縣交界處有所修正。

圖 1-10　現代毛烏素沙地景觀類型與明「大邊」長城及沿線營堡
資料來源：鄧輝等《明代以來毛烏素沙地流沙分佈南界的變化》，《科學通報》，
2007 年 11 月。

　　牌界地分爲「舊牌（界）」和「新牌（界）」。新、舊牌界是個相對概念，重新設定牌界後，那麼之前的牌界便是「舊」的，所以應該分時段分地域，不能一概而論。

　　夥盤地、黑界地和牌界地在清代是相對的、動態的概念，所以無法表現在地圖上，但可用示意圖表現（見圖 1-12）。

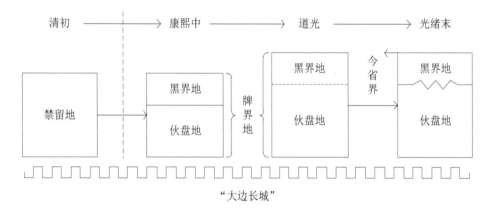

圖 1-12　清代陝北禁留地、夥盤地、黑界地的演變

1.3.2　理論和方法

1、主要研究理論

最近十年來，導師鄧輝教授對克利福德‧達比和卡爾‧索爾的歷史地理學理論進行了系統的介紹〔註 142〕，本文所採用的歷史地理學理論也主要出自這兩個學派。

（1）以達比為代表的區域歷史地理研究

50 年代初，達比發表了《地理與歷史的關係》（On the Relations of Geography and History）〔註 143〕一文，詳細論證了歷史地理學的學科性質及地理學中時間過程研究的重要性。他認為「歷史地理學的材料是歷史的，而研究的方法是地理的，歷史地理學的任務就是重建過去的地理。正像現代地理學研究的是現代時段的地理一樣，歷史地理學研究的是過去一段時間的地理」。

他還認為，研究地理景觀必須要有發生學的思想：首先，現代的地理景觀僅僅是在現在很薄的一個時間層內，而且也正在變成歷史的地理；其次，現代地理景觀的空間特徵不是一下子就形成的，而是經過長期的自然和人類的改造。如果地理學的目的是為了瞭解現代的地理景觀，那麼就不能單憑現在看到的那些東西，而必須追溯到過去的地理景觀。歷史地理學工作者可以採用橫剖面（cross section）的方法，通過一系列橫剖面的復原（reconstruction），來恢復某一地區地理景觀的變化過程，從而為現代地理景觀的特點做出發生學的解釋。

1936 年出版的《1800 年以前的英格蘭歷史地理》（An Historical Geography of England BeforeA. D. 1800）〔註 144〕是一本運用橫剖面法研究區域歷史地理的經典之作。達比的實際工作表明，橫剖面方法是一種比較實用而有效的區域歷史地理研究方法。由於達比成功地運用橫剖面方法進行了英國的區域歷史地理

〔註 142〕 鄧輝：《試論區域歷史地理研究的理論和方法——兼論北方農牧交錯地帶歷史地理的綜合研究》，《北京大學學報》（哲社版），2001 年第 1 期，第 117～123 頁；《卡爾‧索爾的文化生態學理論與實踐》，2003 年第 10 期；《論克利福德‧達比的區域歷史地理學理論與實踐》，《中國歷史地理論叢》，2003 年第 3 期，第 145～152 頁；《區域歷史地理學的經和緯》，《史學月刊》，2004 年第 4 期，第 5～7 頁；《從自然景觀到文化景觀——燕山以北農牧交錯帶人地關係演變的歷史地理學透視》，第 1～32 頁。

〔註 143〕 H‧C Darby: On the Relations of Geography and History. Transations and Paper, Institute of British Geographers, 19, 1953: 3-6.

〔註 144〕 H‧C Darby: An Historical Geography of England BeforeA. D. 1800. Cambridge University Press, 1936.

研究，這種方法在英國歷史地理學界被廣泛採用。本世紀中葉，這一方法被介紹到中國，爲中國的歷史地理學者所普遍接受和採用。

系列橫剖面法雖然在實際工作中取得了很大成功，但同時也存在著一些問題，比如：（1）位於時間序列上的每一個剖面都是靜止的，缺乏動態的表現；（2）剖面與剖面之間的變化被忽視了，沒有反映出剖面之間的連續性，地理景觀連續的變化過程被人爲地切斷了；（3）剖面的選擇往往很難與每個地理要素的變化同步，從而造成那些未發生或很少發生變化的地理要素在各剖面中重複出現；（4）瞬時剖面在實際工作中很難建立，每一個剖面代表的只是一段時間內的，平均狀態。由於受文獻資料的限制，剖面的時間跨度往往很長，剖面最終變成了段塊。

正是由於橫剖面法在研究工作中存在的這些問題，1973 年達比又在新的工作基礎之上，編寫出版了《英格蘭新歷史地理》（A New Historical Geography of England）〔註 145〕。研究的時段有所加長，研究方法上也有不少重大改進。如將整個英格蘭地理景觀的演變過程劃分爲六段，分別建立橫剖面加以復原，作爲比較的標準。又在各剖面前後分別插入六個章節對其間的變化進行說明和解釋，把靜態的剖面描述與動態的過程分析結合到一塊，這樣一種研究和表述方式，無疑比 30 年代所採用的單純橫剖面復原前進了一大步，突出了對變化過程的重視。

（2）以索爾爲代表的區域歷史地理研究

同樣重視地理現象的時間過程研究的另一位代表人物是美國的著名地理學家索爾（Carl O. Sauer）。1941 年索爾發表了題爲《歷史地理學序論》（Forword to Historical Geography）的文章〔註 146〕，旗幟鮮明地強調了地理學中時間過程研究的重要性，批駁了哈特向（Richard Hartshorne）在《地理學的性質》〔註 147〕（The Nature of Geography）一書中將地理學僅僅視爲空間科學，而將時間因素完全排斥的錯誤觀點。

與英國的達比相比較，索爾更注意區域文化景觀的形成與演變的綜合研

〔註 145〕H・C Darby: A New Historical Geography of England. Cambridge, Cambridge University Press, 1973.

〔註 146〕〔美〕C.O.SAUER: Forword to Historical Geography. Land and Life, edit. John Leighly, 5th printing, 1974: 351, 379.

〔註 147〕〔美〕Richard Hartshorne: The Nature of Geography. University of California Publications in Geography, 1989.

究。他認為，文化景觀是文化與自然環境雙重作用的產物，反映了自然與人類社會兩方面的影響，它既建立於自然景觀之上，卻又是不同人類文化集團活動的結果。文化景觀又是一個逐漸形成的過程，在不同的時段和不同的文化集團內，形成不同的文化景觀。每一個文化景觀的發展階段，既是上一個發展階段的結果，又是下一個發展階段的開始和條件。因此，如果不研究文化景觀的發生和變化過程，也就無法理解和研究現代的文化景觀〔註 148〕。這種對文化景觀形成過程的研究，就是所謂的歷史地理學。

索爾在文化景觀的研究中，強調文化傳統、技術手段對文化景觀形成的作用，反對地理環境決定文化景觀的「地理環境決定論」。但他並不簡單地排斥環境因素對文化景觀的影響，他認為地球的表面是文化景觀形成的基礎，氣候、土壤、河流、植被、動物都與人類活動有密切的關係。得益於早年在芝加哥大學受到的良好的自然地理學訓練，使得他可以自如地運用地貌學與植物學的知識去分析人類活動與生態環境的關係。正是由於索爾強調文化景觀與文化、生態環境之間的空間與時間相互關係的分析，他所創立的研究方向又被稱為「文化生態學派」或「伯克利學派」。

與英國歷史地理學者的橫剖面復原方法相比較，索爾代表的美國歷史地理學研究則更注重於對地理景觀時間演變過程的綜合性研究。橫剖面所指示的演變是每一段時間之間的變異，反映的是若干時間段之間的斷續的、間躍的變化歷史（changes between times）。而索爾則強調貫穿整個時間階段的演變過程（changes-through times），他認為過程並不是一個簡單的年表，而是一個有機的前後相接的生長史〔註 149〕。

2、其他理論

本文在分析清代民人私墾的動因時，基於自身學術背景，筆者嘗試採取了一些法學、經濟學和環境科學理論。這些理論主要有：

（1）實證主義法學理論

實證主義法學理論更加關注對法的社會控制的具體考量，強調法的實際運用，從而縮短法律和制度本身的「時滯性」，完成出「紙面的法（制度）」

〔註 148〕C.O.SAUER: The morphologyof landscape. University of California Publications in Geography, 1925: 19-54.
〔註 149〕唐曉峰：《文化與過程——美國歷史地理學特色一瞥》，《當代歐美史學評析——中國留美歷史學者論文集》，北京人民出版社，1990 年。

到「現實的法（制度）」的過渡。中國古代社會控制的二元性，這種社會控制是指「通過社會力量使人們遵從社會規範，維持社會秩序的過程」〔註 150〕，它更多是各種社會集團及成員之間的形成、變革社會秩序的互動過程。圍繞著社會控制，法學界和史學界對中國古代社會控制研究逐步深入。以法社會學（Law and Society）和法現實主義爲代表，它們更關注法的社會控制、調整的實效。法社會學普遍持一種反形式主義（Anti-formalism）的法律觀，強調法並不只是一套純粹形式的、孤立的規則體系，法是由活生生的制度中的活生生的人所進行的一種活動，法律秩序是一種組織和決定的方式，「有用即眞理」。美國現實主義法學的先驅霍姆斯（Oliver Wendell Holmes）提出：「我所說的法律，就是指法院事實上將做什麼的預言，而絕不是其他什麼空話。」法現實主義者認爲，「對爭端的一切合理處理即法律要做的事情。行此行爲的法官、治安官吏、法務職員、獄吏以及律師都是爲法律服務即法律本身。」〔註 151〕尤其是 1996 年蘇力先生的《法治及其本土資源》〔註 152〕一書問世以來，強調對中國傳統習慣、習俗的運作模式和規則進行研究，在中國法學界引發了一場法律現代化與法律本土化的爭論，其實質即法律實證主義和法社會學在中國的理論爭鳴。而研究法治的史學者一般認爲：在國家政治層面，行政權只延伸到縣級，中央與地方的關係是通過官員的任免、法律的遵守和發布行政命令來實施；而縣級以下，主要主要法制、鄉歸民俗等成文或不成文法的實施，由鄉紳、宗族等社會力控制〔註 153〕，強調研究中觀層面上國家和社會的互動〔註 154〕。其中以美國學者黃宗智及其學生爲代表〔註 155〕，他們對清代訴訟檔案的利用，不同於中國大陸以往主要局限於國家典章

〔註 150〕費孝通主編：《社會學概論》，天津人民出版社，1984 年，第 181 頁。

〔註 151〕Karl Llewellyn, The Bramble Bush On Our Law and Its Study, Oceana Publications, 1930, p12.

〔註 152〕蘇力：《法治及其本土資源》，中國政法大學出版社，1996 年。

〔註 153〕參看徐勇：《爲民主尋根——鄉村政治及其路徑》，《中國農村觀察》，2001 年第 5 期，第 8 頁。

〔註 154〕梁衛東：《清末鄂爾多斯基層社會控制研究》，中央民族大學博士論文，2007 年，第 6 頁。

〔註 155〕參見黃宗智的著作：《從訴訟檔案出發：中國的法律、社會與文化》（法律出版社，2009 年）、《清代的法律、社會與文化：民法的表達與實踐》（上海書店出版社，2001 年）等。鄧建鵬將其視爲法學家，筆者認爲其是當然的歷史學家。參見《促動與提醒：美國的中國法制史研究》，《中國社會科學報》，2010 年 5 月 25 日第 10 版。

制度的研究，推動研究對象從紙面上的法向現實中的法轉向。陝蒙交界地區的蒙地開墾可以用夥盤地的範圍和數量表徵，這種蒙墾形態是一種眞實的開墾狀態，能夠融合私墾（蒙漢百姓的私墾和蒙旗貴族的私下放墾）和官墾（朝廷允許的開墾），實際量度開墾的規模和質量。因此，用實證主義法學理論能夠更加清晰地觀察清代政治法律制度在實際中的運用，爲尋找陝蒙交界地區土地利用空間分佈的形成及變化的原因提供視角。

（2）民法「分割所有制」

本文具體採取了民法中的「分割所有制」。物權重要的兩大分類是所有權和用益物權，其中最重要的不動產所有權是土地所有權，最重要的用益物權是土地使用權。清代近三百年中，漢民進入蒙地開墾有一個發展過程〔註156〕。明代，畜牧業是蒙古族極其重要的經濟部門。明代至清初，畜牧業是蒙古族唯一獨立的經濟部門，這一點毋庸置疑。康熙年後，隨著漢族開墾蒙地及蒙人自墾蒙地的深入，農業生產在蒙地生產、生活的比重加劇，甚至有些蒙地完全以農爲生，但是從整體上看，畜牧業在蒙地仍處於一個主要的生產部門。土地是蒙古族的基本生產資料，是畜牧經濟的基礎和最主要的生產要素。因此，圍繞蒙古土地問題展開研究，不僅是歷史地理學的學科特性，更是理解清代陝蒙開墾進程、量化該地環境變遷的著力點。哈爾巴根曾評價到：「清代，鄂爾多斯農牧交錯帶蒙漢關係的焦點是土地問題。」〔註157〕

安齋庫治從地域的角度，將二十世紀四十年代的蒙地土地關係（主要以內蒙古西部地區爲考查對象）劃分爲三大類型，即第一是「總有制」。維持游

〔註156〕傳統的劃分方法是：順治、康熙、雍正三朝爲早期限墾階段；乾隆之後屬於中期禁墾階段；光緒末年是晚期放墾階段；邢亦塵從清墾殖政策著手分爲：禁墾時期 1634～1857 年；限墾時期 1858～1901 年；放墾時期 1902～1911 年；劉龍雨認爲邢亦塵所分的前兩個階段政府政策沒有實質變化，根據清代墾殖的歷史背景和陝蒙交界實際墾殖活動的規模分爲：墾殖規模不大時期 1634～1901 年；墾殖高潮時期 1902～1911 年。筆者認爲邢亦塵三階段的區分著眼於全國，但對陝蒙交界地區不適用；而劉雨龍的劃分顯然沒有注意前兩個階段規模的巨大變化。參見邢亦塵：《關於蒙墾分期問題的思考》，《內蒙古社會科學》，1989 年第 3 期，57～62 頁；劉龍雨：「清代至民國時期鄂爾多斯的墾殖與環境變遷」，西安：西北大學碩士論文，2003 年，6 頁；劉龍雨、呂卓民：《清代鄂爾多斯地區的墾殖活動》，《中國歷史地理論叢》，2006 年 7 月，152～160 頁。

〔註157〕N·哈斯巴根：《18～20 世紀前期鄂爾多斯農牧交錯區域研究——以伊克昭盟準格爾旗爲中心》，內蒙古大學博士論文，第 63 頁。

牧業的錫林郭勒、烏蘭察布等地區占支配地位；第二是「分割所有制」地域。
在移民進出較頻繁、農業相對發達的察哈爾南部、土默特全域和烏蘭察布的
一部份地區占支配地位；第三地域是所謂「單一所有制」。即失去蒙古地主土
地所有權的察哈爾南部等地區。其中，他又將分割所有制分成察哈爾王公牧
場型、土默特戶口地型、河套永租型等三大類型。在準噶爾旗河套地，不光
是土地，農民也依然處於蒙古封建貴族的支配下。「農民的土地保有是在位於
所有和借地中間的過渡形態—永租狀態中凝固著，農民沒有國家發給的承認
其土地所有的部照」。在那裡沒有一片共有的牧地，全部的土地被開墾殆盡，
漢族農民稱這種現象為「有地有主」，沒有所有者、沒有收租者的土地全然不
復存在。河套地土地私有基本上是通過兩個途徑發展起來的：其一，隨著漢
農民的進出和其定居而發展起來的現實的土地所有，即永租權的發展及其鞏
固；其二，特權的、世襲的蒙古貴族寄生地主所有。換言之，特權的、世襲
的蒙古貴族的寄生地主土地所有權也可以叫「上級所有權」，漢農民的永租權
也可以叫「下級所有權」〔註158〕。田山茂從全蒙古的角度探討了生計地、
富分地、差使地、倉租地和官地等。他認為，「蒙古人（團隊或個人）是名
符其實的所有主體的土地。這種土地稱為蒙古原來的土地，未開放地都屬
於這類土地，也就是殘留著土地總有制的土地，還保持著游牧的封建制度
的土地。漢人是名符其實的所有權者的土地。光緒年間正式開放給漢人的
土地，多屬此類。即所謂單一所有制發達的土地，在這類地區，蒙古人的
土地所有權完全消滅，宛如清朝的領土一般。名義上是蒙古人所有而實際
上是漢人使用的土地。可稱為漢人虛擬的土地所有，或分割所有制佔據地
位的地區，畜牧業逐步衰退，農業稱為主要生產方式，農奴封建制度已發
展起來的土地」〔註159〕。

筆者將這種地權理論中的「分割所有制」類型重新細分。以伊克昭盟為
例，蒙旗內部還有不同的土地區分，從整體而言，分為七旗一達爾扈特部，
從每個旗內部考慮，還有不屬於蒙旗札薩克管轄、施行垂直管理的站臺地、
昭廟地等。而蒙旗內部的土地又區分為公有和私有土地，公有土地又分為夥

〔註158〕〔日〕安齋庫吉：《蒙疆における土地分割所有制の一類型——伊克昭盟準噶
爾旗河套地における土地關係の特質》，南滿洲鐵道株式會社調查部，昭和十
七年（1942）。他在《清末綏遠的開墾》一文中也有類似的敘述，後文詳述。
〔註159〕〔日〕田山茂著，潘世憲譯：《清代蒙古社會制度》，商務印刷館，1987年，
第169頁。

盤地、黑界地及「神山、鄂博」等公共牧場和區域；私有土地分爲蒙旗札薩克土地、王公自由土地以及蒙官、蒙古自有的「戶口地」。這樣，私墾最有可能首先從土地權屬不確定的區域，比如旗與旗、旗與臺站直接的交界地帶以及旗內的公共土地上產生。同時，作爲旗公共用地性質的夥盤地，其最大的特點是土地所有權和使用權的分離和變化，這裡面又包含夥盤地土地所有權和使用權各自的發展。研究蒙古土地，並不能局限於土地本身，應該首先抓住蒙古土地的所有制關係，通過土地所有制變遷進而研究土地制度與政治制度、禁墾制度的關係，通過研究對土地的佔有、支配、使用和處分進而研究封建領主和游牧民之間的階級關係，最終發覺陝蒙交界蒙地的開墾動因，再回到對土地本身的研究，量化蒙地開墾對環境施加的壓力，找到當地環境變遷的影響因素。楊強對此進行了精當的概括：「從表面上看，土地所有制是人對物的佔有關係，實質上它是通過人對物的佔有而發生的人與人之間的關係。抓住土地所有權，是理解蒙古族社會所有權關係、支配關係和階級關係，從而理解整個蒙古族社會的鑰匙。」〔註 160〕

清初，朝廷對蒙地實行封禁政策，至康熙年間略有放鬆，清末道光後完全放開，儘管在實際生活中，私墾不斷，但是作爲國家政策——封禁政策的變遷對蒙地開墾的進程的影響不言而喻。從環境變遷的角度考慮，筆者認爲：蒙古土地的權屬變遷無疑成爲陝蒙交界土地蒙墾研究的內軸，它與封禁政策變遷這一外軸一道，成爲研究清代陝濛濛墾的兩大主軸、兩條主線，共同支配並決定著當地蒙墾的進程。

（3）經濟學、環境科學中的「公共資源悲劇」理論

在分析私墾的經濟動因時，筆者還嘗試採取了「公共資源悲劇」理論。該問題是經濟學中的經典問題。公共資源悲劇最初由哈定（Garrit Hadin）提出。哈定 1968 年在《科學》雜誌上發表《公共地悲劇》（The Tragedy of the Commons）〔註 161〕，其描述的 The Tragedy of the Commons，我們可稱爲哈定悲劇。

哈定舉了這樣一個具體事例：一群牧民面對向他們開放的草地，每一個牧民都想多養一頭牛，因爲多養一頭牛增加的收益大於其購養成本，是合算

〔註 160〕楊強：《論蒙古土地所有制》，《西北民族研究》，2010 年第 2 期，第 129～136頁。

〔註 161〕Garrett Hardin：The Tragedy of the Commons. Science, New Series, 1968, 162 (3859): 1243-1248.

的，儘管因平均草量下降，可能使整個牧區的牛的單位收益下降。每個牧民都可能多增加一頭牛，草地將可能被過度放牧，從而不能滿足牛的食量，致使所有牧民的牛均餓死。這就是公共資源的悲劇。

對公共資源的悲劇有許多解決辦法。哈定說，我們可以將之賣掉，使之成為私有財產；可以作為公共財產保留，但准許進入，這種准許可以以多種方式來進行。這些意見均合理，也均有可反駁的地方，「但是我們必須選擇，否則我們就等於認同了公共地的毀滅，我們只能在國家公園裏回憶它們。」對公共資源悲劇的防止有兩種辦法：一是制度上的，即建立中心化的權力機構，無論這種權力機構是公共的還是私人的——私人對公共地的擁有即處置便是在使用權力；第二種便是道德約束，道德約束與非中心化的獎懲聯繫在一起，這種權力機構可以通過牧牛成本控制數量或採取其他辦法控制數量。

「公共資源悲劇」理論對於理解清代陝蒙交界蒙地開墾動力和解決提供了一個嶄新的思路。

3、研究手段與方法

（1）歷史文獻法

這是本文的基本研究方法。筆者花費近七年時間對涉及明、清陝蒙交界地區的軍事、墾殖的文獻做了比較全面的耙梳，這主要包括：

①檔案。《中國明朝檔案總匯・明代檔冊》〔註162〕（第一檔案館、遼寧省檔案館編）、《明清檔案》〔註163〕（中央研究院歷史語言研究所現存，清代內閣大庫原藏）、《中國檔案史料叢編》〔註164〕（第一歷史檔案館編）、《清代奏摺彙編——農業，環境》〔註165〕（中國第一歷史檔案館等編）、《清代土地開墾史資料彙編》〔註166〕（彭雨新編）、《鄂爾多斯左翼中旗（郡王旗）札薩克衙門檔案》

〔註162〕第一檔案館、遼寧省檔案館編：《中國明朝檔案總匯・明代檔冊》，廣西師大出版社，2001年。

〔註163〕張偉仁主編：《明清檔案》，中央研究院歷史語言研究所現存，清代內閣大庫原藏，臺北聯經出版公司。

〔註164〕中國第一歷史檔案館編：《中國檔案史料叢編》，中華書局，1978年後陸續出版。

〔註165〕中國科學院地理科學與資源研究所、中國第一歷史檔案館編：《清代奏摺彙編——農業，環境》，商務印書館，2005年8月。

〔註166〕彭雨新編：《清代土地開墾史資料彙編》，武漢大學出版社，1992年12月。

（1649～1949）（蒙文）〔註167〕、《鄂爾多斯右翼中旗（鄂托克旗）札薩克衙門檔案》（1650～1949）（蒙文）〔註168〕、《鄂爾多斯右翼後旗（杭錦旗）札薩克衙門檔案》（蒙文）〔註169〕、《準格爾衙門檔案譯編》（第1～2輯）〔註170〕（金海等、哈斯巴根編譯）、《伊克昭盟水土保持資料彙編》（蒙文）〔註171〕伊克昭盟檔案館等編）、《綠色檔案・荒漠治理者的足跡》〔註172〕（伊克昭盟檔案館編）、《榆林土地（過接、典當、租種、徵用、兌換）文約》〔註173〕、《民國榆林市賑濟檔案》〔註174〕、《民國榆林縣政府檔案》〔註175〕、《蒙藏委員會檔案》〔註176〕、《吉林農業檔卷》〔註177〕、《中華民國史檔案資料彙編》〔註178〕、《清末內蒙古墾務檔案彙編（綏遠、察哈爾部份）》〔註179〕（內蒙古檔案館編）、《內蒙古中西部墾務志》〔註180〕等。

〔註167〕 《鄂爾多斯左翼中旗（郡王旗）札薩克衙門檔案》（1649～1949），全宗號513，內蒙古檔案館藏。由筆者委託內蒙古大學旅遊學院蒙族學生孟克蘇耗時一年收集所得，孟克蘇初譯，筆者整理。

〔註168〕 《鄂爾多斯右翼中旗（鄂托克旗）札薩克衙門檔案》（1650～1949），全宗號514，內蒙古檔案館藏。孟克蘇漢譯，筆者整理，對無標題檔案加標題。

〔註169〕 《鄂爾多斯右翼後旗（杭錦旗）札薩克衙門檔案》，分為清代和民國兩部份，每部份重新歸類，N・哈斯巴根漢譯並提供。

〔註170〕 金海等編譯：《準格爾旗札薩克衙門檔案譯編》（第一、二緝）（乾隆至同治朝），蒙古人民出版社；光緒朝《準格爾旗札薩克衙門檔案》，由哈斯巴根漢譯並提供。

〔註171〕 伊克昭盟檔案館、伊克昭盟水利水保處：《伊克昭盟水利水土保持資料彙編》第1～8冊，伊克昭盟檔案館藏。該書是對伊盟檔案館館藏杭錦旗蒙文檔案彙編。筆者收集並委託內蒙古大學蒙古學院學生梅花等人耗時半年時間對相關內容進行翻譯，筆者整理。

〔註172〕 伊克昭盟檔案館編：《綠色檔案・荒漠治理者的足跡》（內部發行），2001年5月。該書是對伊盟檔案館藏杭錦旗檔案的選譯（蒙譯漢）。

〔註173〕 《榆林市榆陽區土地（過接、典當、租種、徵用、兌換）文約》（未歸檔），榆林市榆陽區檔案館藏。

〔註174〕 《民國榆林市賑濟檔案》（未歸檔），巴彥淖爾檔案館藏。

〔註175〕 《民國榆林縣政府檔案》，榆林市檔案局所藏檔案，卷宗號64。

〔註176〕 《蒙藏委員會檔案》，原藏中國第二檔案館，內蒙古大學複印本，藏內蒙古大學圖書館。

〔註177〕 馬玉良、王婉玉選編：《吉林農業經濟檔卷》，吉林文史出版社，1990年。

〔註178〕 中國第二歷史檔案館：《中華民國史檔案資料彙編》，江蘇古籍出版社，1998年。

〔註179〕 內蒙古檔案館編：《清末內蒙古墾務檔案彙編（綏遠、察哈爾部份）》，內蒙古出版社，1999年。

〔註180〕 莫久愚：《內蒙古中西部墾務志》，內蒙古大學出版社，2008年。

需要重點說明的是，所有蒙文檔案嚴格按照學術規範轉譯，重點內容經N・哈斯巴根覆核。在使用蒙檔過程中，筆者採取如下辦法：

一是對蒙文檔案中漢譯文明顯的錯誤直接改正。如原漢譯文：準旗「有些旗民二三戶合耕一牛犋地，有些旗民不會耕作，有些旗民當雇工，積攢下錢後購買牛犁逐漸學會耕作」〔註181〕，這裡面除了不符合古代漢語標準外，還有常識性錯誤，雖然譯者想說明這些耕種的蒙古是準旗所屬，但不能用「旗民」這個含有特定意義的名稱。乾隆十九年（1754年），陝西巡撫陳宏謀陳奏榆林民人與鄂爾多斯蒙古合夥種地事宜，乾隆言：「覽奏俱悉，具見一切留心。但鄂爾多斯蒙古乃屬世僕，不應目之曰夷。此皆俗吏刀筆之談。如云夷漢、蒙漢等語，甚屬不經，朕惡觀之。此後但稱蒙古、漢人可。」〔註182〕所以，用「蒙古」代稱蒙古族普通百姓，用「民人」代稱普通漢人即是常識。

二是《準格爾衙門檔案譯編》（第1～2輯）（乾隆至同治朝）之完成係多人臨時編纂，漢譯文水平參差不齊，錯誤百出，內容極為雜亂。有的漢譯文前後兩則甚至同則內容都互相矛盾，有的檔案漢譯文在引述前檔過程中所翻譯內容不同甚至相左，且很多都是選擇性翻譯，必須甄別。

三是《內蒙古中西部墾務志》一書系檔案彙編，但未注明引文。筆者在引用時，相同內容盡量使用《清末內蒙古墾務檔案彙編（綏遠、察哈爾部份）》一書，同時《內蒙古中西部墾務志》按清代、民國，按旗別、事項排列，為引文方便，直接指出所在旗處。

四是由於《準格爾衙門檔案譯編》（第1～2輯）以及《清末內蒙古墾務檔案彙編（綏遠、察哈爾部份）》是按照時間順序排列各檔案，名目清晰，可直接通過時間找到原文，故對於出自該兩書的漢譯文，筆者直接引用檔名、時間並附原蒙文檔案的原始頁碼。如，上頁注解《準格爾旗為呈報所屬蒙古耕種土地事呈神木理事司員衙門、盟長等處文》（道光四年八月初二日 p453～455），表明該引用內容皆出自《準格爾衙門檔案譯編》（第1～2輯）或《清末內蒙古墾務檔案彙編（綏遠、察哈爾部份）》兩書。對非此兩書漢譯蒙文檔案，則嚴格按照蒙文漢譯慣例，轉寫時注明出處。

五是為保持譯文的完整性，在正文中仍直接引用漢譯原文。

〔註181〕《準格爾旗為呈報所屬蒙古耕種土地事呈神木理事司員衙門、盟長等處文》
（道光四年八月初二日 p453～455）。
〔註182〕《清高宗實錄》卷476，乾隆十九年十一月（日期不明）。

　　六是為正確理解譯文內容，並保持內容的連續性和完整性，筆者在注解中注明全部相關檔案，縱然形式上略顯繁複。

　　②正史、實錄、政書、文集等。《明實錄》、《清實錄》、《皇明經世文編》、《皇朝經世文編》、乾隆朝內府抄本《理藩院則例》、康熙、雍正、乾隆、嘉慶四朝《大清會典・理藩院》、光緒《欽定大清會典》、《光緒朝朱批奏摺》（第113～115輯，民族・蒙古族）、《楊一清集》（明，楊一清，中華書局點校版）、《明正統宗》（明，塗山，萬曆刻本）、《籌邊纂議》（明，鄭文彬，萬曆刻本）、《籌邊圖說》（明，佚名）、《名山藏》（明，何遠喬）、《皇明大政紀》（明，雷禮）、《九邊考》（明，魏煥）、《邊政考》（明，張雨）、《九邊圖說》（明，霍冀）、《皇明北虜考》（明，鄭曉）、《伏戎紀事》（明，高拱）、《武備志》（明，茅元儀）、《殊域周諮錄》（明，嚴從簡）、《全邊略紀》（明，方孔炤）、《五邊典則》（明，許日久）、《奉使鄂爾多斯行記》（清，麒慶）、榆塞紀行錄（清，李雲生）、民國《陝綏劃界紀要》（榆陽區檔案館藏）等。其中民國《陝綏劃界紀要》對筆者幫助很大。

　　③地方志。筆者查閱了絕大部份今榆林、延安地區現存不同版本的方志和部份版本的《陝西省志》。有明萬曆《延綏鎮志》、康熙《延綏鎮志》、道光《榆林府志》、雍正《神木縣志》、乾隆《府谷縣志》、道光《神木縣志》、民國《神木鄉土志》、民國《榆林鄉土志》、乾隆《懷遠縣志》、民國《橫山縣志》、乾隆《靖邊縣志》、光緒《靖邊志稿》、嘉慶《定邊縣志》、弘治《延安府志》、嘉慶《延安府志》、嘉慶《葭州志》、道光《重修葭州志》（不分卷）、清末《葭州鄉土志》、乾隆《綏德州直隸州志》、康熙《米脂縣志》。其中，萬曆《延綏鎮志》、弘治《延安府志》、乾隆《綏德州直隸州志》尤為珍貴。

　　另外，清人輯的關於該區域的史料也很多，但筆者使用時，一般只做補充性的說明，起輔助作用。在版本使用上，如果文獻存在著點校版（多是節錄，主要集中在《明代蒙古漢籍史料彙編》一至六輯中），則引用該文獻的點校版，無點校的部份則引用原版。

　　（2）野外考察

　　7年間筆者跟隨導師鄧輝教授近10次赴陝西榆林市、鄂爾多斯市考察，對該地域的自然環境和現存的眾多明代城堡遺址、長城遺址進行了踏勘。使用GPS等設備，對這些遺址的地理位置、相對高度、形狀、規模及遺址周圍的環境進行了多方位的測量，搜集了部份歷史文物，形成了大量的調查資料。

通過考察，筆者對該地區形成了整體印象，瞭解了該地區的自然和人文情況，並在此基礎上，構建了研究框架。

1.3.3 研究意義及創新點

1、研究意義

（1）較系統地對明清陝蒙交界地區作區域歷史地理的研究

區域歷史地理最大特點是選擇一個特定的區域，從人文和自然等方面進行綜合研究，它已經成為歷史地理研究的一個全新領域，並成為歷史地理學發展的新趨勢。筆者認為，當前尤其要踏踏實實地選取某個區域進行人文和自然的研究。只有這樣，才能真正應對經濟、社會等變化對學科發展帶來的挑戰；只有這樣，才能真正抓住「歷史地理學是地理學的分枝」這一學科屬性，避免倒退到「歷史學附庸」這一尷尬局面。

本文是對明清陝蒙交界地區進行了歷史地理學的綜合研究。研究時段限定於「明清」，研究地域限定在「陝蒙交界地區」，根據歷史資料和實地考察的部份成果進行定量研究。研究內容始終圍繞「土地利用和變化」這一核心展開，具體包含政區沿革、長城、界石、瞭望墩、墾殖、水利等人文方面，也包含地形地貌、沙地分佈、草場分佈等自然方面。此前少有人對該地區做過這類的研究，本書可以填補學術研究上的空白。

（2）為新一輪西部大開發提供環境方面的歷史評估

「人地關係是歷史地理學的研究核心，知道人地關係的發展變化是一個動態的過程，其動態性主要體現在時間過程和空間變化上，而歷史地理學就是揭示人地關係動態變化及其規律的學科。」〔註 183〕陝北長城沿線處於陝北黃土高原和內蒙古東南部毛烏素沙地的交界帶，「屬於中國北方生態過渡帶的中段，也是生態環境的敏感帶或緊張帶。由於長期的過墾、過牧，土地沙化、土地承載量下降現象非常突出，是一個人地關係非常緊張的地區。」〔註 184〕所以，研究明清陝蒙交界地區的土地利用問題，分析其演變，可以反映出近500 年來人與環境之間的互動關係，意義十分重大。

〔註 183〕徐象平：《試析歷史地理學在人地關係研究中的時間特徵》，《人文地理》，2005年第 6 期，第 115～118 頁。

〔註 184〕鄧輝：《統萬城與毛烏素沙地歷史時期環境變遷研究評述》，《中國歷史地理論叢》2003 年專輯，第 1～5 頁。

筆者復原明代陝北長城沿線的土地利用格局和變化，動態地反映了明人墾殖活動的有效北界自「界石」到「二邊」長城再到「大邊」長城逐漸北移的過程，靜態地反映出草場、沙地（固定沙丘）、墾殖區域及相關的水利等情況，並對這些要素變化規律進行了探討。對清代蒙墾的動因進行初步分析，最終發現自然因素是明代以來毛烏素沙地向南擴展的主要原因，人爲的墾殖活動只是起次要作用。這一結論說明人爲活動對毛烏素南緣沙漠擴張的作用有限，能夠切實爲當前新一輪西部大開發提供環境方面的歷史評估。

2、創新點

（1）確定了「二邊」、「大邊」、界石、瞭望墩、36 城堡這五種重要地標的具體位置

①系統研究了明延綏鎮「大邊」、「二邊」長城。首次明確了兩道長城的修築人、修築時間、修築地點、長度，及其與今榆林地區長城遺址的關係，評析了明代史料中關於「大邊」、「二邊」長城的各種記載，解決了這一困擾學術界的重大難題。在此基礎上，參考前人研究成果和大比例尺地圖上的長城遺址，首次在 1 比 50 萬地圖上標繪出「大邊」和「二邊」長城的具體位置和走向。

②明確了正統年間界石埋設的具體地點，集中探討了界石的作用和地理意義，同時將其標繪在 1 比 50 萬地圖上。在此過程中，考證出清代府谷、神木、榆林、懷遠、靖邊、定邊 6 縣與南面州縣的分界線，首次具體探討了明延綏鎮近邊從明初至今的建制沿革，爲《中國歷史地圖集・明・陝西一》等地圖修訂提供了一些參考。

③首次較精確地復原了延綏鎮「二邊」長城。利用《九邊圖說》等歷史圖冊，結合各種志書、地形圖，根據城堡、瞭望墩臺的古今地名延承以及河流局部流向，通過實地考察，較精確地復原了「二邊」長城。加之明確了明成化年間僅修築了「二邊」一道長城，這樣基本確定了明前期延綏鎮屯墾的北界，爲學界深入研究明代延綏鎮屯墾奠定了堅實的基礎。

（2）動態地反映出延綏鎮近邊墾殖的發展進程、墾殖規模及變化的時空特點和規律

①系統研究了明代延綏鎮近邊的政治軍事發展情況，揭示了這種發展變化在地理上的規律性，分析了明代不同時期的軍事活動對延綏鎮近邊墾殖的影響。

②通過對軍事防禦體系、界石等參照系的研究，分析延綏鎮近邊墾殖的發展進程、墾殖規模及其變化。

③得出了明代延綏鎮近邊屯墾的時空分佈規律。明代延綏鎮近邊屯墾在空間上，存在一個由腹裏州縣——「界石」——「二邊」——「大邊」逐步北移的過程。明代延綏鎮近邊軍墾在時間上存在以下發展過程：洪武時期緩慢恢復——永樂至宣德時期部份地段初步墾殖——正統至成化十年緩慢發展——成化中至弘治中興盛——正德至隆慶中荒廢——萬曆年間巨大發展——萬曆末至崇禎衰亡。這樣的結論為繼續探討屯墾對毛烏素沙地南緣的影響力度提供了素材。

（3）系統復原了延綏鎮近邊草場分佈、軍墾分佈、水利建設、沙地分佈等土地利用情況和規律

①系統分析延綏鎮近邊 36 城堡草場的數量、分佈範圍、地理特徵以及草場利用效率，並探索草場利用效率低下的原因。根據史料，按照城堡之間、城堡與「大邊」、「二邊」之間的距離，標繪出延綏鎮近邊 36 城堡草場的分佈圖。

②釐清了延綏鎮墾地的種類、名稱、分佈範圍和特點。通過細緻計算，確定了延綏近邊屯地的範圍，認為界石是延綏鎮近邊屯地與民地的分界線，得出了延綏鎮榆林衛的全部屯地以及延安、綏德二衛的近邊屯地全部處於界石北側的結論。計算出近邊 36 城堡周圍的屯地、城堡糜穀地、夾道糜穀地等軍地的具體數目，這些數據可信度很高。得出了萬曆年間，延綏鎮近邊土地利用的格局：界石南面是民地；東路界石外（北）是城堡糜穀地，西路界石外（北）是屯地，再北是城堡糜穀地。在界石和「二邊」之內，有界石迤北新增糧地；各堡的糜穀地外是草場。

③認為影響延綏鎮近邊軍墾的主要因素是：地理條件和戰爭破壞。其中，地理條件是根本原因，在惡劣的自然底本上，近邊軍屯注定無法獲得較大發展；戰爭則是重要影響因素。

（4）首次明確清代陝蒙交界地區的「禁留地」、「黑界地」、「夥盤地」、「牌界地」、「舊牌界」、「新牌界」、「白界地」等概念和分佈區域

①通過對清初封禁政策的系統分析，明確了陝蒙交界「禁留地」劃定的原因，解釋了北離「大邊」長城五十里的原因，即「一日馬力所行的距離」，50 里的標準在整個清初長城外側是個普遍標準。

　　②首次明確了清初陝蒙四次劃界的原因和範圍。使用四次劃界經辦官員的奏摺，對照蒙漢檔案和地方志，明確了四次劃界的原因、範圍，同時對縣志、府志中對劃界不同記載產生的原因進行了分析。這樣，對以往學者基於不同的縣志、府志記載而得出的不同結論進行了更正。同時，也為分析「禁留地」等相關概念奠定了堅實的基礎。

　　③首次明確了「黑界地」等相關概念之間的相互關係及地理區分。通過蒙漢檔案，對照史志記載得出：北距「大邊」50 里禁留地是清初的概念，到康熙三十六年（1697 年）允許在禁留地開墾即允許設置夥盤地後，「禁留地」概念就不再使用；康熙五十八年確定了民人口外（即「大邊」長城外）開墾、「春出冬歸」、口外臨時夥聚的場所──「夥盤地」。夥盤地隨著民人農業的擴展，不斷北移，同時蒙古農業也有所發展，至乾隆中期，為了區分「蒙漢農業」、防止民人越界開墾，開始在夥盤地北側設置了 10 里「黑界地」。這樣由北臨長城 20～50 里（各旗的夥盤地離邊的距離不同）夥盤地、在夥盤地外側的 10 里共同組成了「牌界地」。「白接地」、「白界地」等名稱可能是「牌界地」的音變；「舊（牌界）」、「新（牌界）」是個動態概念，不能一概而論。同時，隨著民人私墾和朝廷允許的墾殖的進行，放墾的地段外重新設置了新的 10 里「黑界地」，沒有放墾的旗的「黑界地」也逐步被私墾吞噬僅餘 1～2 里。乾隆末道光初年，陝蒙交界嚴查「黑界地」開墾，按法定的範圍又重新設置了「黑界地」。在明確「黑界地」等相關概念後，本文研究了清後期清代陝蒙交界「黑界地」的變遷，得出清末貽穀放墾時，除了準格爾旗開墾的地段是「黑界地」外，其他地段的「黑界地」都係誤用，如札薩克旗放墾的「黑界地」實質是「黑界地迤北地」的誤用。從整體上看，清末，黑界地大略位於今陝蒙省界北 10 里、鄂爾多斯境內。

（5）首次對清代陝蒙交界地區的「夥盤地」進行了系統研究，得出了夥盤地北移的時間特徵和空間特徵

　　①根據民國《陝綏劃界紀要》（1921 年），對照古今地圖、地名志等史料，復原陝蒙交界地區近 2500 個清代村莊地名，對陝蒙交界的各旗夥盤地在清代不同時期的變化、分佈範圍進行了細緻研究。這些成果與清代縣志、府志、清末墾務檔案以及民國官方文件和遊記進行對照，全部符合。

　　②利用府志、縣志、民國《陝綏劃界紀要》及清末墾務檔案，分區域對各時期夥盤地發展情況、數量、分佈等進行研究，得出了各旗夥盤地不同階

段的特徵和發展規律。

③將復原出的清代陝蒙交界夥盤地內的村莊全部落在現代地圖上，為進一步量化不同時期農業發展對毛烏素沙地南緣的影響力度奠定了基礎。

④對清末貽谷放墾陝蒙交界地區的地段全部進行了復原，尤其是對新設的東勝縣轄區進行了較高精度的復原。對各個地段放墾前土地使用情況進行了仔細分析，對放墾後丈量的數量及使用情況進行了細緻考察，最終得出：貽谷沒有放墾一塊夥盤地，夥盤地皆處於今天的陝西境內；清末放墾對於毛烏素沙地沙漠化的發展所起的作用有限。

（6）首次從清代陝北和蒙旗農業發展兩個維度，從政治、經濟、 文化、地理等方面尋找夥盤地發展的內在驅動因素

①政治上，清初封禁政策是設置禁留地的重要原因。陝蒙交界地區從清初開始建立起「雙向隔絕」的政治制度尤其是夥盤地內的司法制度，成為清中期私墾發展的重要原因。從禁留地初次開墾時的政治經濟情況看，陝北地區當時處於恢復階段，人口增速不快，荒地較多，沒有外出的動力。開放禁留地緣於歸化城土默特地區農墾發展的牽引作用和康熙兩次親征臨幸歸化城土默特、延綏鎮的不同經歷，具有一定的偶然性。

②經濟上看，歸化城土默特地區農墾發展一直對延綏鎮（榆林府）施加著牽引作用。從明初到道光中後期，延綏鎮（榆林府）一直面臨著復墾的巨大壓力，清廷勸墾政策屢屢失敗。而地權固定是民人口外耕種並不斷向蒙旗私墾的重要原因，有兩種情形：一是處於腹裏州縣、地利條件較好的土地被屯民佔有，民人無法獲得地權，有北出「大邊」長城私墾的壓力和動力；二是處於「大邊」長城的沿邊地區，儘管清初將屯丁改為屯民，但是稅收方式未變、稅收徵稽嚴苛，地權固定，逃避稅賦、多獲收入等驅動他們向北私墾。但是，民人墾殖的土地即夥盤地屬於蒙旗共有性質，隨著徵稽制度和稅收制度逐步固定化，又進一步促使民人、屯民繼續北出「大邊」長城，不斷向蒙旗內部私墾。

③通過耙梳檔案，得出私墾的趨勢和突破口：蒙旗土地權屬複雜，私墾首先發生在權屬不明的地區（旗與旗之間，旗與驛站之間等），然後是旗的共有用地（黑界地，內倉地等），最後才是蒙古私有「戶口地」。

④結合明清延綏鎮屯墾的發展規律及其分佈，初步分析了明清兩代陝北地區土地利用的影響因素：在明清五百年中，氣候偏乾的時期，為防邊需要，

政府對邊疆開墾極爲重視，常在土地開墾中佔據主導地位，然而這種開墾具有很大的不穩定性，極易受戰爭、自然災害的影響而衰落。在氣候相對濕潤時期的開墾則有所不同，更多是一種自發的行爲，受到經濟等因素驅動，開墾的主體從政府變成了農民，開墾範圍更大，對生態環境的影響更爲深遠。戰亂是制約陝蒙交界地區農業發展的重要因素，而惡劣的自然底本是農業不興的根源。總體而言，明清兩代，陝蒙交界地區的農業發展對毛烏素沙地向南擴展影響不大。

1.3.4　研究思路與文章框架

1、研究思路

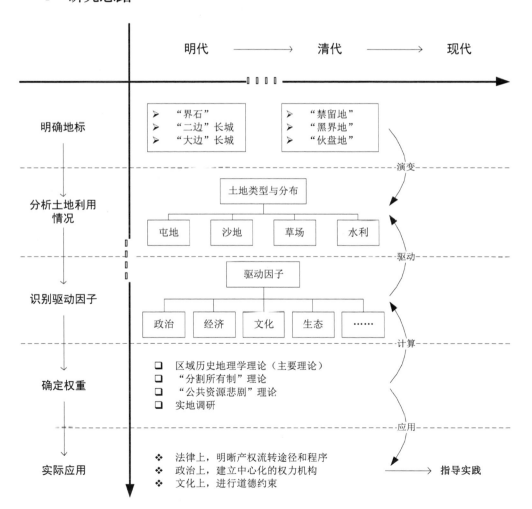

2、文章框架

第一章，緒論。重點介紹研究區域的自然地理和人文概況，提出本文的研究內容、依據的理論、研究方法等。

第二章，延綏鎮長城的修築及其意義。重點對「大邊」、「二邊」兩道長城的修築時間、修築地點以及意義進行介紹，為研究明代延綏鎮土地利用格局確立地標。

第三章，明代延綏鎮土地的利用情況。對整個明代延綏鎮的土地利用格局進行研究，對土地利用的類型、分佈及產生這樣格局的原因進行初步分析。

第四章，清代陝蒙交界土地利用情況──以黑界地的擴展為中心。以清初陝蒙地區四次劃界為基礎，釐清黑界地、夥盤地、牌界地等相關概念，明確黑界地研究的意義，並以黑界地的擴展為中心對清代陝蒙交界土地利用情況進行說明。

第五章，清代陝蒙交界土地利用情況──以夥盤地的擴展為中心。以清代陝蒙交界夥盤地的變遷為中心，分區域、分時段深入研究夥盤地的產生、發展以及演進。

第六章，明清陝蒙交界土地利用的空間分佈與變化過程的驅動因子。從政治、經濟、文化、人口及生產方式等多方面，探索造成明清陝蒙交界地區土地利用格局的人文和自然驅動因子，並對此權重。

第七章，結論。

第二章　明代延綏鎮長城的修築及其意義

　　明代延綏鎮，又稱榆林鎮，爲「九邊」之一。成化七年（1471 年）析延安衛（治今延安市區）、綏德衛（治今綏德縣城）置榆林衛（治今榆林市區）；成化九年，總兵與巡撫由綏德衛（州）城移治榆林衛城，始稱延綏鎮，「鎮名延綏，合延安、綏德而名之也」〔註1〕。爲行文方便，本文統稱延綏鎮，長城遺址沿線稱爲近邊地區。

　　明代延綏鎮所轄長城大體上分爲南、北兩道，北邊一道被稱爲「大邊牆」、「大邊」；南邊一道被稱爲「二道邊」、「二邊」或「鏟削邊」。兩道長城（邊牆）相距 40～60 里（明里），其間的區域通常被稱爲「夾道」。明代延綏鎮下設東、中、西三路參將，分別管轄長城沿線 36 座城堡；「二邊」和「大邊」長城則分段劃歸爲 36 城堡分別管轄和防守。一般而言，每個城堡所管轄的「大邊」和「二邊」的長度大致相當。

　　延綏鎮長城對研究明代西北邊防戰略、邊地衛所土地利用及當地環境變遷問題有著重要意義。但關於其修築者、修築時間、修築過程，長城位置、長度、走向及作用等問題，文獻記載矛盾互現。僅以余子俊督修長城的時間爲例，就有成化七年（1471 年）、八年、九年、十年四種說法〔註2〕，有關學

〔註1〕　〔清〕梁份：《秦邊紀略》卷 5《延綏衛》，民國宋聯奎輯：《關中叢書》，第 7 冊，（西安）陝西通志館排印本，1936 年。

〔註2〕　余子俊督修長城具體時間有成化七年、八年、九年、十年四種說法：①《明史》卷 91《兵志三・邊防條》言「七年，大築邊城」；②明魏煥輯《皇明九邊考》卷 1《鎮戍通考》（嘉靖刻本）言「成化八年奏修」；同書卷 7《榆林考・

者的觀點各異〔註3〕，諸多問題尚未定論。本文將嘗試釐清這些問題，並初步
闡述延綏鎮長城修築的意義。〔註4〕

2.1 「二邊」長城的督修過程及走向

延綏鎮「二邊」是余子俊督修的，關於這一點學者們無異議；但是對於
「二邊」長城具體的修築時間與修築過程，則爭議頗大。筆者以《明實錄》
爲主，輔以《殊域周諮錄》、《全邊略紀》、《五邊典則》〔註5〕等史料，釐清余

經略考》言「八年，榆林修築東、西、中三路牆塹」；萬曆《延綏鎮志》卷3
《紀事》「成化八年」條下「大繕營堡牆塹……築二道邊」；③明許論《九邊
圖論‧榆林》（《四庫禁燬書叢刊》史21冊，據天啓元年刻本）、明張天復《皇
輿考‧九邊》（萬曆十六年刊本）皆言：「成化九年，……余子俊建議（修築）」，
暗含時間爲「成化九年」；④明嚴從簡《殊域周諮錄》卷18《北狄‧韃靼》（點
校版，薄音湖、王雄編校《明代蒙古漢籍史料彙編》第一輯，內蒙古大學出
版社，1994年，據1930年故宮博物院圖書館鉛印本）「成化十年」條、《明通
鑒》卷32「憲宗成化十年閏六月乙巳」條、《明世法錄》（道光《榆林府志》
卷21《兵制》錄）、道光《榆林府志》卷9《紀事志》都講到「成化十年閏六
月」余子俊奏報修邊成果。

〔註3〕　相關研究有：王北辰：《毛烏素沙地南沿的歷史演化》，《中國沙漠》，1983年
第4期；艾沖：《余子俊督修延綏邊牆的幾個問題》，《陝西師範大學學報》，
1986年第1期；吳緝華：《明代西北邊患與榆林發展》，《第二屆國際漢學會議
論文集：明清與近代史組》上冊，臺灣中央研究院，1989年；艾沖：《明代陝
西四鎮長城》，陝西師範大學出版社，1990年。日松本隆晴：《試論余子俊修
築的萬里長城》，南炳文譯，《大同高等專科學校學報》（社科版），1994年第
1期；呂靜主編《榆林長城研究》，三秦出版社，2004年；舒時光：《明代陝
北長城沿線土地利用的空間分佈與變化特點》；鄧輝等：《明代以來毛烏素沙
地流沙分佈南界的變化》等。

〔註4〕　本章主要內容，已發表在如下期刊：①舒時光、鄧輝：《明代延綏鎮長城的修
築及其地理意義》，《中國歷史地理論叢》，2012年10月，第122～134頁。②
舒時光：《文貴修築延綏鎮「大邊」長城及其地理意義》，《歷史地理》，2012
年第1期，第384～396頁。③舒時光、劉德英：《明代延綏鎮、榆林衛轄境
考述——兼論河套南部邊界的變化》，《延安大學學報》（社科版），2012年2
月，第83～88頁。④舒時光：《明朝成化中期余子俊督修延綏鎮「二邊」進
程考》，《延安大學學報》（社科版），2012年6月，第102～109頁。

〔註5〕　〔明〕嚴從簡：《殊域周諮錄》卷18《北狄‧韃靼》；明方孔炤：《全邊略紀》
卷4《陝西延綏略》，（據明崇禎元年刻本）點校版，王雄編校《明代蒙古漢籍
史料彙編》第三輯，內蒙古大學出版社，2006年；〔明〕許日久：《五邊典則》
卷11～18《陝西總》，（據崇禎刻本）點校版，王雄編校《明代蒙古漢籍史料
彙編》第五輯，內蒙古大學出版社，2009年。三書可與《明實錄》互爲勘補。

子俊督修長城的時間、過程，並根據《九邊圖說》〔註6〕等史料，復原「二邊」走向。

2.1.1　余子俊修邊的時間和進程

明正統年間（1436～1449年），蒙古進入河套，至成化年間，常駐河套，侵擾內地。〔註7〕明朝隨之強化邊備，並人舉調兵進攻、搜剿河套，但收效甚微，遂有增衛、移鎮、修邊之議。成化六年（1470年）三月，左都御使王銳最早提議修邊，「榆林一帶營堡，其空隙之地，宜築爲邊牆」〔註8〕。從次年七月兵部奏摺看，此主張獲准實行，「往因巡撫左副都御使王銳建議，欲於川空之處修築高垣，已當取旨，令會議舉行」〔註9〕。七年七月，新任延綏巡撫余子俊首先提出「依山鏟鑿」修邊新方法，並請徵調五萬民夫於次年大規模修邊，「八月興工，九月終止，工役未畢，則待來年」，兵部贊同此修邊新法，卻反對立即徵發民夫，只讓延綏守軍和附近民丁逐步施工，憲宗同意兵部意見〔註10〕。然而，延綏戍軍較少，「不足供役」〔註11〕，修邊進展並不順利。於是，次年三月，余子俊等人第二次奏請徵發民夫，但人數縮減至三萬，「於每年三月、八月各一興工修築，二、三年間必致就緒」，憲宗仍不同意〔註12〕。但是，「搜套、復套」代價巨大，卻收效甚微，「兵雖多，而成功少」〔註13〕。更爲嚴重的是，連年征戰導致沿邊民眾負擔沉重，負責供給延綏軍糧的陝西、山西連年饑荒，已預徵多年，「財力困窮，人思逃竄」，鑒於此，當成化八年九月余子俊第三次奏請徵發運糧民夫五萬、於次年三月、四月間修邊時，「兩月之間，前項鏟削邊山，縱或不能具完，要害去處，已爲有限。……稍待軍民息肩，兵食強富，則大舉可圖」，憲宗態度大變，同意大規模修邊，「修築

〔註6〕　〔明〕霍冀：《九邊圖說・延綏鎮圖說》，隆慶刻本。
〔註7〕　成化中期「二邊」修築以前，延綏鎮的政治、軍事形勢及「二邊」修築的具體時間及進程，詳見：舒時光：《明朝成化中期余子俊督修延綏鎮「二邊」進程考》。
〔註8〕　《明憲宗實錄》卷77，成化六年三月辛卯，（臺灣）中央研究院歷史語言研究所校印本（下同），1962年。
〔註9〕　《明憲宗實錄》卷93，成化七年七月乙亥。
〔註10〕　《明憲宗實錄》卷93，成化七年七月乙亥。
〔註11〕　《明憲宗實錄》卷102，成化八年三月庚申。
〔註12〕　《明憲宗實錄》卷102，成化八年三月庚申。
〔註13〕　《明憲宗實錄》卷104，成化八年五月癸丑。又見《明憲宗實錄》卷102，成化八年三月壬戌。

邊牆乃經久之策，可速令處治」〔註14〕。

余子俊大規模修邊的時間和過程並無直接記載，但可據以下文獻推斷：

成化九年（1473年）六月，巡按御史蘇盛請求暫止秋後修築延綏邊牆，獲准〔註15〕。九月，總兵官劉聚等上奏，主張繼續大規模修邊，「其（延綏）東、西二路，墩臺迤南俱有山險，先已役民五萬鏟削如城，……後因天旱，以巡按御史蘇盛之言而止。然可責近效，又能經久，無如此舉。……從之。」〔註16〕可見，成化九年六月前，余子俊已經修築延綏東、西二路邊牆。同年九月，明軍獲得紅鹽池大捷，蒙古「由是不敢復居河套，其勢頓衰」〔註17〕，這也為繼續修邊創造了條件，修邊工程得以繼續實施。次年（1474年）閏六月，余子俊奏報修築東、中、西三路邊牆的成果：「兵四萬餘人，<u>不三月功成八九</u>，……凡修邊牆東西長一千七百七十里一百二十三步，守護壕牆崖寨八百一十九座，守護壕牆小墩七十八座，邊墩一十五座」〔註18〕，中路邊牆完工。

從余子俊三次請求徵調民夫修邊的奏摺看，修邊時間是某年的三、四月和八、九月，每次工期兩月，不能完工，則待下一個工期。這樣可以不誤農時、節省民力並借役運糧民夫。成化十五年（1479年），余子俊追憶延綏修邊情形，「所起人夫不怕數目過多，但怕服勞過久。」〔註19〕成化二十一年，他更明確指出：「兩月滿日，即可放回；如或緩急，量留過久，照例優恤等項，不使失所……成化十年，臣巡撫延綏時……<u>兩月之間</u>，邊備即成。」〔註20〕可見，成化九年三、四月，東、西二路修邊工程進展順利，兩月役期結束後，沒有「緩急、量留」的情況，按計劃應在秋後八月修築中路邊牆，卻被蘇盛等人諫止，次年三月才又繼續大規模修邊，「兩月之間，邊備即成」，說明中路邊牆完工時間在四月。延綏大規模修邊共耗時不過四個月，「不三月功成八

〔註14〕 《明憲宗實錄》卷108，成化八年九月癸丑。康熙《延綏鎮志》卷6《藝文志‧計慮賊情疏》節錄此疏，可互堪補。

〔註15〕 《明憲宗實錄》卷117，成化九年六月丙寅。

〔註16〕 《明憲宗實錄》卷120，成化九年九月壬子。

〔註17〕 《明憲宗實錄》卷121，成化九年十月壬申。

〔註18〕 《明憲宗實錄》卷130，成化十年閏六月乙巳。

〔註19〕 明余子俊：《余肅敏公奏議‧整飭邊備事》，《天一閣藏明代政書珍本叢刊》第17冊，線裝書局，2010年。此文為寧夏欲築「沿河十八墩」長城（見《明憲宗實錄》卷197，成化十五年十一月丁未）時，余子俊的覆議。

〔註20〕 《明經世文編》卷61《余肅敏公文集‧議軍務事》。

九」即可印證。完成中路長城修築後，余子俊又進行屯地安排等後續事宜，至成化十年閏六月上奏朝廷，這是符合常理的；七月，余子俊報奏「修繕塞垣及區劃屯田等事，俱已完備」〔註21〕，最終正式完成了延綏鎮增築城堡、修築長城、劃定草場、安排屯墾等工作。

　　可見，余子俊督修延綏鎮長城可分爲兩種情形，即「動用延綏鎮戍卒」小規模修邊和「徵調民夫」大規模修邊。延綏鎮東、西兩路邊牆的修築時間爲成化九年三、四月，中路邊牆的修築時間爲成化十年三、四月。

2.1.2　余子俊只修築了「二邊」一道長城

　　余子俊督修的只是「二邊」一道長城還是「大邊」、「二邊」兩道長城，文獻大略有六種說法。〔註22〕其督修長城的長度是多少？因文獻記載出入較大，至今尚未定論。筆者在《明代陝北長城沿線土地利用的空間分佈及變化特徵》中分專章從「修邊的目的和地點、修築邊牆的方法、邊牆周圍

〔註21〕《明憲宗實錄》卷131，成化十年秋七月己未。《余肅敏公經略公牘》（余子俊撰，始刊於成化十一年十一月初一日，《天一閣藏明代政書珍本叢刊》第17冊，線裝書局，2010年）有詳文。

〔註22〕關於「大邊」的修築者，古文獻中有六種說法：①明確說明余子俊（諡肅敏）修築了延綏鎮「二邊」一道長城，文貴修築了「大邊」長城，現存文獻中共三則史料，它們是《明實錄》卷127嘉靖十年閏六月壬辰；《讀史方輿紀要》卷61《陝西十·榆林鎮》摘錄《明實錄》此條；《明實錄》卷130嘉靖十年九月丙子；②余子俊同時修築了「大邊」和「二邊」兩道長城，如張雨《邊政考》卷2《榆林衛·榆林鎮圖》（《續修四庫全書》版）中所繪「大邊」圖上有「肅敏舊邊」字樣、「二邊」圖上有「節濬舊壕」字樣，表明兩道長城皆余子俊修築；張四維《延綏鎮修邊記》（《續修四庫全書》本）；萬曆《延綏鎮志》卷3《紀事》言余子俊築「二道邊」，但同書卷6《河套考》言余子俊築「大邊」，內容前後矛盾，暫歸此類。③僅言及余子俊修築的是「二邊」。如霍冀《九邊圖說·延綏鎮圖說》（隆慶刻本）。④雖言余子俊只修了一道邊，但未明確是哪道邊。如王遜《量復城堡官員疏》（康熙《延綏鎮志·藝文志》錄）余子俊「築邊牆一道」；《明實錄》卷121，成化十年閏六月乙巳，余子俊奏報延綏修邊數。⑤余子俊修延綏鎮「大邊」，秦紘築「二邊」城，如張雨《邊政考·沿革》，萬曆《延綏鎮志》卷6《河套考》摘抄《邊政考》此處，此種說法顯然錯誤。因爲成書較早的魏煥輯《皇明九邊考·鎮戍通考》（嘉靖刻本）明確說明秦弘僅築寧夏邊，未築延綏邊，又上條余子俊奏報修邊數中未言修過寧夏邊牆。⑥余子俊《余肅敏公經略公牘》（《天一閣藏明代政書珍本叢刊》第17冊，線裝書局，2010年》和《楊一清集》（標點版，中華書局，2001年）內容中分別論述了余子俊只修築「二邊」一道邊牆，文貴修築「大邊」，惜利用較少。

的土地利用」三個方面對成化中延綏鎮長城進行了系統研究，得出「余子俊只修築了一道邊牆，即「二邊」長城」。〔註23〕最近出版的《余肅敏公經略公牘》（下文簡稱《公牘》）成文於成化十年（1474 年）七月，是余子俊在邊牆全部完工後軍事布置的榜文，當囊括了王銳、余子俊等多人的修邊成果，更權威和準確。該文內容有力印證了余子俊只修築了「二邊」，而沒有修築「大邊」。

《公牘》在各城堡目下列述：城垣、邊墩及示警制度、瞭望墩及示警制度、邊牆長度、崖寨、小墩及示警制度、川面水口、柴堆數目、傳報本營煙火炮墩、守瞭墩和各種武器配置等。分門別類，十分詳備。以「清水營堡（今府谷清水鄉駐地）」為例，錄之如下：

「城垣：一所。……邊墩：七座。仝家山墩、柴關兒墩、黎元墩、巴州墩、清水川墩、白家梁墩、石家壩墩。……邊牆：彎環長一百二十五里零一十八步。東邊七十一里零一百三十步，居中留暗門一處；西邊五十四里零一十八步，居中留暗門一處。……崖寨、小墩：共六十一座。東邊自天字號起至調字號止，共三十一座；西邊自陽字號起至菜子號止，共三十座。……柴堆：九塘。……傳報本營煙火炮墩：一座。塔兒山墩。……守瞭墩：一座。清水川墩。……鐵炮：一十八個。每墩二個，傳接聲息用。……」

通過對《公牘》各城堡軍事設施的統計和分析，可得到以下結論：

第一，成化年間，延綏鎮僅有一道邊牆即「二邊」長城。「二邊」就近劃歸清水營堡、榆林城等 29 座城堡分段防守，大略以城堡為中心，分東、西兩段列於城堡左右。統計《公牘》各城堡邊牆長度可得出：「二邊」長度共計 2013 明里 195 步（明制一里為 360 步，約為 587.7m，比今里稍長），約今 1183.4 公里。

第二，守護壕牆的「崖寨」和「小墩」是靠近長城的防禦工事。目的是埋伏守衛的士兵，且都有編號。有的城堡附近只修築了「崖寨」，統計其和為 339 座；有的城堡同時修築了「崖寨」和「小墩」，《公牘》中用「崖寨、小墩共×座」來表示，統計其和為 569 座。合計守衛邊牆的「崖寨」和「小墩」總共 908 座。

通過對比：《公牘》中的長城、守護壕牆的「崖寨」和「小墩」分別比成化十年（1474 年）閏六月余子俊奏報多出 243 明里和 11 座，這說明成化中延

〔註23〕 舒時光：《明代陝北長城沿線土地利用的空間分佈與變化特點》，第 16〜20 頁。

綏絕大多數防禦工事是余子俊督修的。

　　第三，「邊墩」是位於城堡以北的墩臺，其名字與後來修築的「大邊」墩臺名多一致。據統計，29 個城堡共有邊墩 141 個。《邊政考》〔註24〕和《九邊圖說》各列舉了延綏鎮「大邊」上約五百個墩臺名（兩書所列的墩臺名字、數量大致相同，各約五百個），其中 114 個與《公牘》中「邊墩」同名。如清水堡的邊墩除「仝家山墩」外，其他 6 座都能找到同名的，且均分佈在「大邊」上，這些名字很多使用至今，如柴關兒墩（今麻鎮柴官岔村）、巴州墩（今麻鎮舊邑州村）等。

　　邊墩是瞭望墩臺的主體。余子俊等人上奏修邊時言，「延綏沿邊地方，自正統初創築榆林城等營堡二十有三，於其北二三十里之外築瞭望墩臺，南二三十里之內植軍民種田界石，⋯⋯依界石一帶山勢，隨其曲折，鏟削如城⋯⋯」〔註25〕。榆林等城堡南北二三十里地方分列界石和瞭望墩臺，余子俊沿界石一帶修築邊牆。在《公牘》中，「邊墩」、「傳報本營煙火炮墩」、「傳報本營煙火炮前去腹裏墩」、「守瞭墩」就是瞭望墩臺。從墩臺配置鐵炮的數量及瞭望墩示警制度容易得出：「崖寨」和「小墩」不是瞭望墩。

　　四種瞭望墩臺在瞭望體系中的示警作用和設置地點是不同的。統計《公牘》得出：延綏鎮「傳報本營煙火炮前去腹裏墩」主要作用是從城堡向內地傳遞敵情，共 26 座。通過對照《邊政考》和《九邊圖說》墩臺的分佈發現，它們全部位於「大邊」之內、且靠近「二邊」，屬瞭望體系最南面。「傳報本營煙火炮墩」是將敵情傳遞到小墩、崖寨和城堡，共 31 座，絕大多數位於「大邊」和「二邊」之間，屬瞭望體系的較南面。「守瞭墩」主要承接邊墩和城堡傳來的敵情，共 21 座，其中 6 座位於「大邊」上，15 座位於「大邊」和「二邊」之間，屬瞭望體系的較北面。141 座「**邊墩**」絕大多數位於「大邊」上，屬於瞭望系統的最北面。可見，從數量和作用來看，邊墩是瞭望體系的主體，而後世「大邊」則直接利用邊墩修築而成。

　　總之，余子俊僅修築了「二邊」一道長城，「二邊」長城長 2013 里 195 步，約當今 1183.4 公里。

〔註24〕〔明〕張雨：《邊政考》卷 2《榆林衛・榆林鎮圖》，續修四庫全書（據明嘉靖刻本）影印本。
〔註25〕《明憲宗實錄》卷 102，成化八年三月庚申，第 1994～1997 頁。

2.1.3 「二邊」的走向

《中國歷史地圖集》〔註 26〕所繪延綏鎮「二邊」多有錯誤，艾沖在《明代陝西四鎮長城》〔註 27〕一書中利用《邊政考》初步復原了「二邊」，亟需完善。下文以《九邊圖說》〔註 28〕為基礎，參照有關鎮志、府志、縣志（堡寨、山川、河流）、光緒《陝西全省輿地圖》〔註 29〕、地形圖，以及《邊政考》、《九邊圖論》所繪「二邊」圖，輔以《中國文物地圖集‧陝西分冊》〔註 30〕考古發現，結合實地考察結果，嘗試復原延綏鎮「二邊」的走向〔註 31〕。（見圖 2-1）。

「二邊」在今府谷縣走向大致為：起自牆頭鄉駐地附近的「築祿臺」（當為明紫城寨，清乾隆時此處有高二丈、長里許牆一道。「大邊」上另有築祿臺墩），沿趙家山山脈西南行，過皇甫鎮韓家梁村與草家梁村（草梁山墩）之間，沿山脈折而西北行，經大、小寬坪村（寬平墩）後西渡皇甫川，至皇甫鎮（皇甫川堡）東面山頭（海拔高程 994 米，清乾隆名高山梁，當時有護城墩一座），繼而過小疙瘩村，沿山勢西南行（此段有約 500 米的遺存，殘高 0.2～0.8 米），渡清水河至西岸清水鎮（駐地為清水營堡）大疙瘩村、三理塔村（三里塔墩）、黑疙瘩村，至木瓜鄉（駐地為木瓜園堡）靳家梁、付家溝、水草灣等村，西過木瓜河至高坪墩、劉家畔、興莊則、田家窖子等村，西渡孤山川至孤山鎮（駐地為孤山堡）楊家梁。然後沿盧溝（新城川河，河南岸有蘆溝墩）南側高山向西延伸，經李家渠、下西山畔、楊家堰等村，過下、中馬銀山，至新民鎮莊則上村折向西南，經木瓜畔、高房溝、郝家山至水口村出縣。

〔註 26〕譚其驤主編：《中國歷史地圖集》第 7 冊《陝西一》，上海地圖出版社，1982年，第 59～60 頁。

〔註 27〕艾沖：《明代陝西四鎮長城》，陝西師範大學出版社，1990 年。

〔註 28〕繪製延綏鎮「二邊」圖的史料有《九邊圖說》、《邊政考》、《九邊圖論》、《皇明九邊考》、《皇輿考‧九邊》等。其中，《九邊圖說》一堡一圖，繪製了「二邊」上及附近墩臺、水道、城堡，最為詳細和準確。《邊政考》多堡一圖且多有錯誤，如將東路皇甫川堡列於「二邊」南，孤山堡、鎮羌堡兩堡列在「二邊」北，與《九邊圖說》正相反，也與萬曆《延綏鎮志》卷 2《錢糧上‧草場》中相應城堡草場分佈的描述相左。其他文獻所載地圖過粗。

〔註 29〕〔清〕魏光燾等輯《陝西全省輿地圖》，《中國方志叢書》61，〔臺北〕成文出版社，1969 年，（據清光緒二十五年石印本）影印本。

〔註 30〕國家文物局主編《中國文物地圖集‧陝西分冊（下）》，西安地圖出版社，1998年，第 619～957 頁。

〔註 31〕因近幾年合鄉並鎮、村莊易屬等原因，下文可能出現鄉鎮、村莊名稱及歸屬上的錯誤。謹此說明。

　　除上文直接位於「二邊」上的墩臺外，分佈在「二邊」附近的一些墩臺和城堡，對判定其位置和走向也起了重要作用。它們是：紅塢墩（今麻鎮紅塢墩村）、塔兒墩（今皇甫鎮石三則附近，清名石山、石山梁）、乾溝墩（今清水鎮下乾溝村）、五里塔墩（今清水鎮五里塔）、孤山墩（疑為清水鎮古疙瘩溝村，清時有孤疙瘩村）、溫家峁墩（今清水鎮溫家峁村）、尖堡寨墩（今海則廟鄉尖堡則村）、野蘆岔墩（今孤山鎮野蘆溝）、鎮羌堡（今新民鎮新民村）。

　　「二邊」在神木縣走向大致為：循永興溝河南山而行，大體經過永興鄉曹莊村、劉山村、楊石畔、賀家峁、耿家峁至神木鎮石堡塢（石部子墩）、王泉莊。在五龍口大橋附近（五里獅子墩）西渡窟野河，經西溝鄉蘆子溝（蘆子灣墩）、滴水崖溝（滴水崖墩）、窩窩溝，折而向南經趙家梁、青楊嶺（在青楊嶺西側尚存墩臺 5 座，呈東北—西南走向）、前塔等村，折東南過解家堡鄉的毛峰則、山峰則，雙寨塢、大墩梁、營盤梁、白孟莊、薛家畔（薛家畔寨）、石窯坪（疑為石壬墩）、墩梁等村，至太和寨鄉的九五會（酒務會）、劉家塔，又過花石崖鎮大莊村，順著山脊西南行，經花高新寨、西山、馬連塔、涼水井等村出神木。

　　明代《九邊圖說》中雖未標注河流名，但畫出長城沿線的河流位置和走向，可根據其與長城的相對位置，判斷「二邊」走向。如永興堡（今永興鄉政府駐地）南有七星廟和永興溝，「二邊」沿永興溝南岸西南行；「二邊」在大柏油河與柏林河交匯處折而西南行。據高家堡（今高家堡鎮駐地）周圍的河流分佈，可以判定「二邊」在虎頭峁（今花石崖鎮虎頭峁）處出神木。另外，大柏油堡（今解家堡鄉大柏村）、劉家梁墩（今解家堡鄉劉家梁村）、柏林堡（今解家堡鄉柏林堡村）、蓮花峰墩（今解家堡鄉境內蓮花墩）、青揚岔墩（今高家堡鎮青陽岔），神零腰峰（據《縣志》當在解家堡鄉王山、寨則梁二村附近），也成為判定的重要依據。

　　「二邊」在榆陽區走向大致為：從安崖鎮蘆家鋪村西北行，經房家東溝、大柏樹梁、後掌溝、張家溝至胡白等村折而西南，經蔡家新莊、松樹峪至雙山鄉五里塌村折而西行至閻山村、金雞梁村。繼而循山梁南行，經舊堡村（舊常樂堡）東山、劉千河鄉峰山、朱家塢、殷家塢、米家塢。沿山梁西南行，經古塔鄉韓家梁、深塢則、張家畔等村，越過陽高山（海拔 1289.9 米），順山脊而下，抵魚河鎮駐地（魚河堡），過無定河，出榆陽區境。河道流向和地名對照是判定此處走向的重要依據：如「二邊」抵四子川（今寺則川發源處）

後西南行；建安堡（今大河塔鄉建安堡村）、雙山堡（今雙山鄉雙山村）、五里塔墩（今雙山鄉五里塔村）、常樂堡（今牛家梁鄉常樂堡村）。另，「二邊」在榆林鎮城附近的走向，《九邊圖說》與《九邊圖論》同，大致是在劉千河水和𡈽溝水之間，隨陽高山山勢西南延伸至今魚河鎮。

「二邊」在今橫山縣大致沿無定河南岸陡崖與蘆河東山分佈，較為清晰。過無定河後，逆河西北行，經響水鎮駐地（響水堡）、波羅鎮（駐地為波羅堡）清水墩（清水墩）、王園則、旗杆梁，雙墩塌等村折而向南，沿蘆河東岸行。經橫山鎮寇墩、鴨窩畔（舊老鴨窩墩）、頭道岇、舊城（懷遠堡，舊稱白家梁，此處共兩個白家梁墩）等村，經趙石畔鎮駐地，至塔灣鎮威武堡村（威武堡）轉而東南行。沿楊小川河東岸，順山勢經塔灣鎮蚰蜒咀、寨城畔、新寨、新窯岇、尖山灣、桑塔等村，繼而沿小川溝西岸，過西梁、清水溝、前梁、丁家畔等村折而西南行，經雙墩壕出橫山縣。另外，清水墩（今波羅鎮境內清水墩）、高秀墩（疑為今橫山鎮高塔、星秀東二村），狄青原墩（今塔灣鎮南狄青原，靖邊縣另有一同名墩臺），「二邊」沿楊小川河東岸行，且河西岸有石井兒墩（今塔灣鎮石井村），成為判定走向的依據。

「二邊」在今靖邊、吳起縣的走向為：過高家溝鄉狄家界、走馬梁村、墩山（海拔 1431.8 米）等，至龍洲鄉龍州村（龍州堡），順山勢西南行，經五條界、喬溝灣鄉斷斜子、莊科臺、新窯圿、雙數灣西山（海拔 1709 米），折而向西，經路壕腰嶮、爬刺山，沿山脊西行，跨東蘆河至大岔。繼而沿東蘆河西岸山脊北行，經師家山、毛尖山至鎮靖鄉駐地（鎮靖堡）。再沿西蘆河東岸山脊南行，經賀家窯子、唐馬窯子、楊米澗鄉鎮羅堡（鎮羅堡）、馬項口、柳匠臺至新城鄉駐地（靖邊營）（《九邊圖說》、《邊政考》中此段存在「二邊」與「大邊」，但實地考察只見一道長城。從考證看，此段兩道邊牆估計相距甚近，「二邊」在山脊上，「大邊」在山腰、西蘆河畔）。再沿西蘆溝河東岸逆流南行，經新城鄉大場子、響水、孔家臺、吳臺、霍米地至黑龍溝村，折而西行，越大墩山（海拔 1823 米）入吳起縣境。繼而沿白於山脈西北行，再次進入靖邊縣，過今靖邊縣水路畔鄉石窯溝村（寧塞堡）再次出靖邊縣。又經吳起縣周灣鄉徐臺則村西舊城村（把都河堡）、吳倉堡鄉張嶗嶮村華山城（永濟堡），入定邊縣界。「二邊」周圍重要座標還有：清平堡（今靖邊高家溝鄉南門溝村）、狄青原墩（今高家溝鄉狄家介）、羊兒消（字跡不清）墩（疑為今楊橋畔鄉沙塌、羊路岇二村附近）、邵家梁墩（今高家溝鄉邵梁村）、巡檢司

墩（今五里灣鄉巡檢司村）、西山墩（今水路畔鄉西山村）。西蘆河與「二邊」的相對距離也是重要判定標準。

「二邊」在今定邊縣境內走向大致為：經胡尖山鄉箭杆梁、新安邊鎮白天池、馬鞍山等村至新安邊鎮駐地（新安邊營）北面，又繞至駐地西南的何山村（何家墩），折而西北行。經後打火店、黃掌、鳳凰灣至油房莊鄉尉天池，北過星星堡城村（新興堡）、王梁臺、高新莊等地至石澇川河源頭（石澇池堡），折西北行至馮地坑鄉北界溝拉壕村，再循山梁北行，至紅柳溝鄉三山口附近。定邊縣「二邊」〔註32〕判定的主要標準是城堡的地理位置，此外，黃羊墩（今王盤鄉黃羊墩村）、三山堡（今定邊縣馮地坑鄉新城灘村）、柳樹澗堡（今郝灘鄉柳樹澗村）、（舊）安邊堡（今安邊鎮駐地）、磚井堡（今磚井鄉駐地北 3 里處）、乾溝（今紀畔鄉乾溝村）。此外，從王盤山鄉駐地往北至白灣子鎮澗口村（乾澗口）止，約有 50 餘里乾澗，在乾澗西側山上有「二邊」一道。

2.2　「大邊」的修築過程和後世重修

延綏鎮長城尤其是「大邊」的修築時間、過程，史料中沒有明確記載。延綏鎮「大邊」、「二邊」概念始見於《明實錄》嘉靖十年（1531 年）兵部尚書王瓊的奏摺〔註33〕和戶部覆議〔註34〕，兩文直接說明延綏「二邊」是「成化中」余子俊督修，「大邊」是「弘治中」文貴督修。但是遍查《明孝宗實錄》和《明武宗實錄》，除了三條文貴在延綏鎮「改造邊墩」的記載外，別無其修邊時間、過程、結果等文字。文貴是否修築「大邊」？文貴修邊與「改造邊墩」有何聯繫？如「大邊」確為文貴所修，那麼後世的「大邊」與之有何關

〔註32〕靠近「大邊」的柳樹澗、（舊）安邊、磚井三堡南有一道「二邊」，因地名較少無法復原。考慮到余子俊修築「二邊」時棄此三堡，而沿線唯一存在的定邊營南面並無「二邊」，同時根據各城堡所轄「大邊」、「二邊」數量大致相同的原則，可以判定，定邊縣此段只有一道「二邊」長城。

〔註33〕《明世宗實錄》卷 127，嘉靖十年閏六月壬辰：「『二邊』乃成化中余子俊所修，因山為險，屯田多在其外；『大邊』弘治中文貴所修，訪（防）護屯田，中間率多平地，築牆高厚不過一丈，可壞而入。今當先修『大邊』。」（下稱嘉靖十年王瓊奏議）。

〔註34〕《明世宗實錄》卷 130，嘉靖十年九月丙子（第 3095 頁）：「延綏邊牆，在『二邊』猶因山為城，易於戰守；乃『大邊』則沙漠平漫，即城暫而守，然外無墩臺之固，內無策應之兵，勢不久長。故先朝余子俊修築『二邊』迄今尚在，而文貴所修『大邊』則蕩然無復存者，此其明效章章著者也。」（下稱嘉靖十年戶部覆議）。

聯？又因修築者未定論，史書中不分「大邊」、「二邊」，籠統敘述其長度，大略有 5 種〔註35〕。下文，略述「大邊」修築者、修築時間、工程方式以及後世「大邊」的整修〔註36〕。

2.2.1　正德二年文貴倡修西路寧塞堡至定邊營「大邊」

　　弘治十七年（1504 年）、十八年，蒙古從寧夏鎮花馬池（今寧夏鹽池縣城）、清水營（今靈武市磁窯堡鄉清水營村）大肆入侵，故強化此段及相鄰延綏鎮西路的防衛，便提到明朝的議事日程上。但延綏西路定邊（今定邊縣城）、（舊）安邊（今定邊縣安邊鎮）至寧塞堡（今靖邊縣水路畔鄉石窯溝村）、靠近毛烏素沙地南緣一線除此三堡，一道溝塹和一些瞭望墩臺外，並無邊牆。據明代史料記載，（舊）安邊、定邊兩座營池，自明正統初年興築始，因為一線「俱係平漫沙漠去處，難於打牆挑壕」〔註37〕，一直沒有修築邊牆。至成化九年（1473 年），余子俊等人修築此段「二邊」時收縮防線，將城堡南移至黃土地帶、新修「二邊」附近（見圖 2-2）。定邊營則因避免花馬池孤立而留置。「二邊」築完後，為協防寧塞堡，成化十一年（1475 年）復守舊安邊營。〔註38〕而城堡北的瞭望墩臺，自正統初年出現後便不斷增置；溝塹自成化九年（1473 年）出現後亦時有整修〔註39〕，至正德元年（1506 年）已「俱為沙土壅平滿」〔註40〕，喪失防禦作用。

〔註35〕 它們是：①《皇明九邊考・榆林鎮》九百二十里；②《皇明九邊考・鎮戍通考》一千一百五十里；③萬曆《延綏鎮志・延綏鎮城圖》、《明史・兵志三》一千二百里，《邊政考・榆林圖記》一千五百有奇；④《明史・余子俊傳》、《明通鑑》、道光《榆林府志・名宦志》等均為一千七百七十餘里，⑤《邊政考・北虜經略》及康熙《延綏鎮志》二千里。

〔註36〕 詳見舒時光：《文貴修築延綏鎮「大邊」長城及其地理意義》。

〔註37〕 〔明〕余子俊：《為地方事》，明陳子龍等選輯《明經世文編》卷 61，（北京）中華書局，1962 年。

〔註38〕 參看〔明〕王輪：《因事拒愚亟圖整飭疏》，康熙《延綏鎮志・藝文志》；康熙《延綏鎮志・地理志》；《明憲宗實錄》卷 113 成化九年二月戊子，卷 120 成化九年九月壬子；明余子俊：《為地方事》，《明經世文編》卷 61；〔明〕許日久：《五邊典則》卷 13《陝西總》（據崇禎刻本點校版，王雄編校《明代蒙古漢籍史料彙編》第五輯，內蒙古大學出版社，2009 年）。

〔註39〕 詳見〔明〕王復：《邊備疏》，《明經世文編》卷 94；《明憲宗實錄》卷 113，成化九年二月戊子；《明憲宗實錄》卷 130，成化十年閏六月乙巳。

〔註40〕 〔明〕楊一清：《為經理要害邊防報固疆場事》，《楊一清集》卷 7《總制類》，北京中華書局，2001 年，第 252～253 頁。《楊一清集・總制類》卷 7，卷 9，第

　　三邊總制楊一清和延綏巡撫文貴先後提出修邊主張。正德元年（1506
年），楊一清奏請修築花馬池邊牆，大致呈東南—西北走向，其分屬延綏、寧
夏二鎮：延綏鎮部份，從今定邊縣磚井鄉瓦碴梁趨向西北，經定邊縣城關鎮
蔡馬場、苟池西畔等村，延伸至定邊、鹽池兩縣交界處，長約百里；寧夏鎮
部份，即繼續向西北延伸至今寧夏靈武市橫山鄉橫城子村（即明橫山堡），長
約二百里。其後不久，文貴也奏請修築延綏西路「寧塞堡至定邊」一線邊牆，
即從今靖邊縣水路畔鄉石窯溝村附近，往西北經定邊縣城，至定邊、鹽池兩
縣交界處，長一百多里，大致呈東西走向。兩段邊牆在定邊縣磚井鎮三卜樹
村瓦碴梁交匯，呈 75 度夾角（見圖 2-2）。兩事議定後，爲了統一防衛，楊一
清又議修寧夏境內由「橫城以北至黑山營」靠近黃河岸邊的長城〔註41〕，即
「沿河十八墩」，因完全在寧夏境內，故從略。

　　楊一清在《爲經理要害邊防報固疆場事》中引用了文貴的奏疏：

　　行準巡撫延綏都御史文貴諮稱，準臣諮前事，會同鎮守太監劉保、總兵
官都督僉事張安議：查得本鎮東自皇甫川堡，西至定邊營，南連寧夏東路花
馬池地界止，東西直去共有一千二百餘里，俱係緊要關衝要地方。內寧塞營
迤東一千餘里，設有二十五堡，各境界連絡，平漫之處，各有築打邊牆；山
崖溝澗之處，各有鏟削岩崖、挑挖牆塹，頗堪保障。惟是寧塞堡迤西（歡喜
梁墩）至定邊營止，中間空闊一百八十餘里，俱未築打邊牆，止是挑有窄淺
壕塹一道。……近來本鎮在於彼處添新改舊，造成中空外方、置有箭窗、銃
眼、可以伏兵制虜墩臺，共有六十四座，奈緣人力不敷，不能多造，地廣墩
疏，止勘守瞭，難以遏阻。爲今之計，合無將寧塞營自歡喜梁墩起，往西直
抵定邊營延、寧地界墩止，與花馬池地方一樣整理。平漫去處築打邊牆，山
川險阻之處鏟削懸崖，挑挖深闊壕塹。再於見造墩臺空中，每三百餘步各添
造前項式樣小樣墩臺一座，安在邊牆居中，各中間再設上土築護牆敵臺一座。
如此，則邊牆高厚而有備，墩臺稠密而有機，烽火易知，警急易援，與花馬
池同一金城湯池之固，沿邊腹裏均堪保障而無虞矣。〔註42〕

　　　　243～263、312～314、317～320、324～334 頁，共有四篇題爲《爲經理要害邊
　　　　防保固疆場事》的奏摺，內容有同有異。下文引用此四疏，直接用頁碼標注。

〔註41〕《楊一清集》，第243～263頁；亦錄於明楊一清：《爲經理要害邊防報固疆場
　　　　事》，《明經世文編》卷116，前文較詳細。

〔註42〕《楊一清集》，第252頁。括弧內文字是筆者根據錄此文的《爲經理要害邊防
　　　　報固疆場事》其他內容補充。

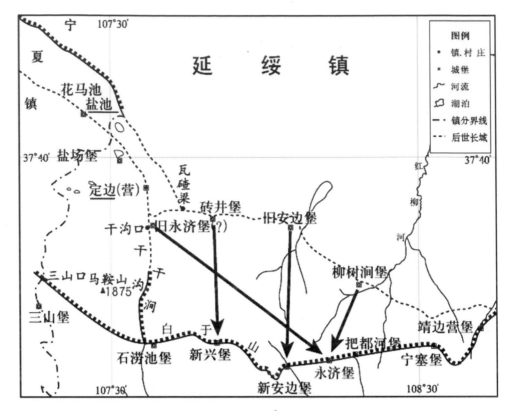

圖 2-2　明成化年間延綏西路城堡變遷

由文貴奏疏可知：（1）延綏鎮寧塞堡以東的一千多里的中、東二路沿邊設有 25 座城堡，平漫之處有築打邊牆，山崖溝澗之處有鏟削邊牆。（2）延綏鎮西路自寧塞堡東邊的歡喜梁墩往西至定邊營與寧夏鎮接壤處，共一百八十餘里，未築打邊牆，只有窄淺壕塹一道。儘管不久前改造並增置墩臺，但數量不足，只能守瞭，難以阻敵。為與寧夏鎮協同防禦，必須修築邊牆，並增置墩臺。（3）文貴修築邊牆的方法是：改造並密置邊墩，墩中築牆挖壕；平漫處築打邊牆，山川險阻處鏟削山崖。

楊一清派人實勘後，也贊同文貴的主張，「寧塞營迤西至舊安邊營，舊安邊營迤西至定邊營，各九十里，川原平漫，與花馬池地方相類。既無邊牆，雖有溝塹一道，俱為沙土壅平滿，萬騎馳驟，不能阻遏……誠如都御史文貴言。……合無責成巡撫都御史文貴，照依所擬，應築牆者築牆，應鏟削者鏟削」。〔註43〕

――――――――――

〔註43〕《楊一清集》，第 252～253 頁。

　　按照最終擬定的計劃〔註44〕，文貴、楊一清分別主持修築的邊牆，其修築時間、動用勞工、工程規制是不同的。首先，從修築時間看，《楊一清集》中相關奏摺並未明確各段邊牆的工期，只是要求「延綏定邊營迄西至寧夏橫城，寧塞堡迄西至定邊營，橫城迄北至黑山營各處邊牆、壕塹，陸續興工」，即先修築花馬池邊牆、次築文貴邊牆、再築「沿河十八墩」。同時明確要求，待文貴奏修長城「大工就緒之後」，再行修築「沿河十八墩」。其次，從動用勞工看，文貴邊牆徵調延綏鎮近邊城堡守備官軍和榆林、綏德、延安三衛屯丁以及延安府民夫，屬軍民合修；花馬池邊牆先由官兵修理，再調集除延安府外的陝西、甘肅州縣民夫共 8 萬人在「四月初一至八月終」分兩班前往修理，屬先軍隊修理，再軍民合修；「沿河十八墩」因前兩項工程浩大，民力有限，只調集寧夏鎮沿邊營堡和寧夏四衛的官軍修築，完全是由軍隊修理。再次，從工程規制看，花馬池邊牆按照楊一清制定的新標準修築，幫築舊牆、挑挖深壕、修築地臺、煖堡等，規制最高；「沿河十八墩」只「照依舊規」修理「坍塌損壞者」，「稍侯一二年，……悉照花馬池一帶邊防」，規制最低；文貴邊牆，「俱照寧夏邊牆，一體整飭修理，但邊牆高厚丈尺，比之寧夏地方稍省」，規制居中。經測量規劃，文貴邊牆需「添造墩臺一百四十二座，築打鏟削邊牆、壕塹共三萬七千二百六十丈五尺」，約今 121.7 公里（明量地 1 尺約爲今 0.3265m）。

　　文貴按計劃完成修邊。正德二年（1507 年）六月，楊一清被撤職，此時花馬池邊牆修築「僅二十里，工即停止」〔註45〕，似尚未延伸入延綏境內。此前，正德元年十二月，文貴升爲兵部左侍郎，離開延綏鎮，沒有具體督修西路「大邊」，但文貴邊牆則按計劃完成。儘管現存文獻對此沒有直接、詳細地說明，但根據以下材料，可以推斷確定：

　　一、《楊一清集·爲今日要害邊防保固疆場事》〔註46〕載：正德二年（1507年），花馬池邊牆「已於今年二月以來興工修築」，文貴邊牆已經在「本年二月十九日動土興工」，「沿河十八墩」則在「三月二十七日，本職（一清）親詣告祭破土，四月初一日，於本鎮橫城起興工」，這都是按照計劃進行的。根

〔註44〕 詳見《楊一清集》，第 243～263、312～314、317～320、324～334 頁。本段
　　　　 引文皆來自此。
〔註45〕 〔明〕梁材：《運發延綏修邊銀兩及查勘寧夏邊防疏》，《明經世文編》卷104。
〔註46〕 《楊一清集》，第 324～334 頁。

據計劃，只有在文貴邊牆完成後，「沿河十八墩」才開始興修。現存文獻中，在該段邊牆動工之前，沒有任何關於修邊計劃調整的記載，故可推斷文貴邊牆已在四月初一日前按計劃完成。

二、《楊一清集・總制類》中的奏摺，詳細介紹了楊一清所負責邊牆的前期籌備工作，但是對文貴邊牆的籌備鮮有記錄。這一方面說明文貴邊牆修築計劃確定後，變動較小，是按最初所奏辦理；另一方面也表明作為三邊總制的楊一清並不插手文貴奏修邊牆的具體工作。楊一清受劉瑾排擠去職返京前，力薦「歷練老成，熟知邊事」的官員回陝督修未竟的花馬池邊牆，文貴便是其中之一。時劉瑾當權，文貴是劉瑾死黨，楊一清根本不敢反對和插手文貴奏修的邊牆，並極有可能會集中人力物力，首先保障文貴邊牆的修築。

三、正德二年（1507年）四月己卯日，陝西巡撫邢纓奏報，「都御史文貴及太監劉保、都督張安，更置磚墩於延綏鎮，<u>自定邊營達黃甫川（今府谷皇甫鎮）</u>，延互千里，可為制敵之具，宜嘉其績」〔註47〕。改造煙墩的範圍從「定邊營達黃甫川」東、中、西三路，包括西路的定邊營至寧塞堡一線。但是，正德元年文貴奏修延綏西路邊牆時，已提及在延綏西路改造 64 座邊墩的情況，何以當時沒有奏報嘉獎，卻要待文貴離開延綏鎮後才奏報呢？此外，邢纓奏報是在四月己卯（初六）日，恰在文貴邊牆完工後五天，顯然，這是文貴修築西路「大邊」完全結束後整個延綏鎮修邊情況的整體彙報（改造煙墩、墩中築牆，形成「大邊」，下文詳述）。

四、嘉靖三年（1524年），楊一清再次總制三邊。次年，他在奏疏寫到邊境戰事，「六月十七日巳時，據守粍糟店墩夜不收林三走報：粍糟店四墩值日軍人范漾二瞭見境外達賊約有二百餘騎，穿戴盔甲，聚到本墩西空內，扶四十餘賊上牆擺射，餘賊掏牆。」〔註48〕查嘉靖《邊政考》〔註49〕所附地圖，粍糟店墩緊靠西路舊安邊營。然而在此之前，此段除文貴修邊外，沒有其他人修築邊牆的記錄。可見，這裡出現的邊牆就是文貴修築的。

綜上分析，正德二年（1507年）二月十九日至四月初一日，文貴奏修的延綏鎮西路寧塞堡至定邊營 121.7 公里完工。

〔註47〕 《明武宗實錄》卷 25，正德二年四月己卯。
〔註48〕 《楊一清集・為達賊聲息事》，第 507 頁。
〔註49〕 〔明〕張雨：《邊政考》卷 2《榆林衛・形勝（建置）》。

2.2.2　弘治末年文貴督修東、中路「大邊」

文貴是否修築延綏鎮東、中路「大邊」？何時修築？現存文獻沒有任何直接記載。欲解決這些問題，首先必須弄清他在延綏鎮「改造增置邊墩」和修築「大邊」二者的關係，即「大邊」的修築方法問題。筆者認為，文貴改造增置瞭望墩臺是修築「大邊」工程的組成部份，「大邊」修築方法就是「改造增置邊墩，墩中築牆挖壕」。

《明實錄》僅有 3 則史料記載了文貴在延綏鎮中、東二路修築邊墩。

（一）（弘治十六年十二月庚申，文貴巡撫延綏。）次年九月己丑（初二）日文貴奏修新式邊墩，「上邊墩式樣，謂舊墩易於頹壞，因以意造磚墩，四面作窗，可以放箭，而虜不能近。上從其議，命如式建造，務俾堅久」〔註50〕。

（二）弘治十八年十二月壬申（廿二）日，「巡撫延綏都御史文貴奏報修過榆林城等處新式墩臺，凡百四十七座。<u>先是各邊墩臺多前代之舊，土木深厚且堅實，磚石不如。貴奏易以磚木，中空外堅，多留箭窗銃眼，謂可伏兵禦虜。其後虜至，毀其磚石，因風縱火焚木，薰煙從窗入，軍士伏其中多死者，竟不可用云。</u>」〔註51〕

（三）（正德元年十二月，文貴升為兵部左侍郎。）次年四月，「巡按陝西御史邢縉言：都御史文貴及太監劉保、都督張安，更置磚墩於延綏鎮，自定邊營達黃甫川，延亘千里，可為制敵之具，宜嘉其績。詔：俱賜敕獎勵賞銀二十兩、文綺二襲。<u>邊故有土墩，雖小而固，至是貴倡改之，以木構其中，而衣之以甓。糜費鉅萬。其後多為虜所焚云。</u>」〔註52〕（正德三年三月文貴兼都察院左副都御史、提督宣府大同延綏等處軍務。）。

可見，弘治十七年九月初二至次年十二月二十二日，文貴改造了延綏三路、從皇甫川至定邊營的邊墩。

1、文貴改造、增置的邊墩是瞭望墩

「延綏沿邊地方，自正統初創築榆林城等營堡二十有三，於其北二三十里之外築瞭望墩臺，南二十三里之內植軍種田界石」〔註53〕，這裡有三個地

〔註50〕《明孝宗實錄》卷 216，弘治十七年九月己丑。
〔註51〕《明武宗實錄》卷 8，弘治十八年十二月壬申。
〔註52〕《明武宗實錄》卷 25，正德二年四月己丑。
〔註53〕〔明〕王復：《邊備疏》，《明經世文編》卷 94。《明憲宗實錄》卷 102，成化八年三月庚申錄有此文，但前者更詳細。

理概念：榆林等營堡居中，城堡以南二三十里是界石，城堡以北二三十里之外有瞭望墩臺。瞭望墩臺自正統年間始不斷增置，根據《余肅敏公經略公牘》內容統計，到了成化十年（1474 年），有「邊墩」141 個、「守瞭墩」21 座、「傳報本營煙火炮墩」31 座、「傳報本營煙火炮前去腹裏墩」26 座，它們共同形成了「瞭望墩臺」體系。從數量上看，「邊墩」是「瞭望墩臺」體系的主體。通過對比 4 種瞭望墩臺的位置，以及由其名稱得知的功能，它們自北而南排列分佈，其中「邊墩」遠離城堡，位置最靠北。可見，文貴改造的邊墩就是正統年間始置的「瞭望墩臺」。

同時，舊邊墩是土墩，只能承擔瞭望的作用，文貴將其改造成既能瞭望又能伏兵守禦的守瞭墩，新墩中間是木結構，外面包磚，四周開窗，可駐紮軍隊。弘治十七年（1504 年）九月至十八年十二月期間，文貴修過「榆林城等處新式墩臺凡百四十七座」。結合文貴奏修西路邊牆奏摺，寧塞至定邊營改築的 64 座墩臺理應包括在 147 座之內，但由於「地廣墩疏」，新修的 64 座邊墩，「止勘守瞭，難以遏阻」，達不到大規模伏兵、遏阻蒙古的目的。因此，文貴要求在此地段密置墩臺，「再於見造墩臺空中，每三百餘步各添前項式樣小樣墩臺一座，安在邊牆居中，各中間再設上土築護牆敵臺一座」，最終此段又添造墩臺一百四十二座。

2、文貴在墩中築牆挖壕，形成「大邊」

文貴奏修西路邊牆時提出，改造並密置墩臺、墩中築牆挖壕的工程方法。楊一清派人通過實地踏勘，認爲文貴所奏邊牆一線，「平漫相應築牆挑壕者，一百三十一里三百四十九步，山崖險峻堪以鏟削者，三百一十里三百五十六步」〔註54〕。由於是利用瞭望墩臺修築「大邊」，在「大邊」外，已經再沒有其他的軍事設施了，這也印證了上文《明實錄》中嘉靖十年戶部覆議的「大邊則沙漠平漫，即城暫而守，然外無墩臺之固，內無策應之兵」。文貴用「密置邊墩、墩中築牆挖壕」方法，在正德二年修築了延綏鎮西路「大邊」，他自然會在弘治末年使用在中、東二路「大邊」的修築上。

因文獻沒有直接記載，只能從其他資料中推斷出結論。

一、《楊一清集·爲經理要害邊防報固疆場事》〔註 55〕指明：正德元年（1506 年）楊一清奏修花馬池邊牆時，花馬池邊牆和余子俊所修的延綏邊牆早

〔註 54〕 《楊一清集》，第 252～253 頁。
〔註 55〕 《楊一清集》，第 243～253 頁。

已破敗，「牆既日薄，溝又日淺」。稍後文貴奏修延綏西路邊牆，認爲寧塞營以東「平漫之處各有築打邊牆，山崖溝澗之處各有鏟削岩崖，挑挖牆塹，頗堪保障」，楊一清派人實勘後，同意文貴修邊主張，並認爲「寧塞營之東有險可據，賊難馳突」，這表明此時寧塞堡以東的中路、東路已有邊牆。那麼，它是不是「二邊」呢？如果是，爲什麼僅寧塞堡以東的邊牆「頗堪保障」？顯然，這裡是文貴新築的「大邊」。此外，這段邊牆中部份處於「平漫之處」，而余子俊在成化十年（1474 年）奏報「二邊」時，提到的唯一平漫地帶是西路的「定邊平地」，在此「仍築小墩」，未築邊牆〔註56〕。那麼中路、東路哪來的「平漫之處」？至正德元年時，這些「平漫之處」哪來的「邊牆」？再者，延綏巡撫文貴駐守中路榆林城，理當先修築鎮城附近的邊牆，不可能先去修千里之外的西路邊牆。

　　二、正德元年十二月，延綏鎮總兵張安獲悉蒙古將婦孺家屬留在河套、主力即將西侵固原等地，提出由延綏鎮中、東兩路出邊搗巢方略：如果哨探到敵巢「果離邊牆一二百里之遠」，便出境搗巢。楊一清覆議：「待哨探回還，如（巢穴）在一二百里之間，有機可乘。原擬沿邊中路邀擊之兵，照舊不動」，「太監劉保、都御史文貴領本鎮無馬並步隊官軍，於牆外二三十里列車營，爲家當。」〔註 57〕余子俊修築的「二邊」，位於鎮城榆林之南，相距至少 40里。如果該「牆」指的是「二邊」，於牆外二三十里列車營，尙在鎮城之南 10里以上。如此佈陣，簡直就是棄鎮城出逃，怎麼能出邊搗巢呢？其次，「二邊」牆外二三十里的地段都是山地，無法「列車營」，顯然違背作戰常理。唯一合理的解釋就是，此處的「邊」就是「大邊」，即正德元年十二月時，延綏中、東二路已經修築完「大邊」。

　　三、從修築「大邊」的必要性和修邊時間上看。成化十年（1474 年）「二邊」完工後，蒙古「不復入套二十餘年」，後「二邊」頹傾，至弘治十四年（1501年），才從花馬池拆牆入腹裏，「虜人得志，始篾我邊牆爲不足畏，連年擁眾拆入」〔註 58〕，「二邊」失去防衛功能，修邊才有了必要。「二邊」修築前，屯墾被嚴格限制在界石以南，但少數官民違制墾殖界石以北地畝，「後以守土職官，私役官軍、招引逃民於界石外墾田營利，因而招寇」〔註 59〕，爲此余子俊等人屢屢申誡。「二邊」修築後，余子俊開屯田，在界石至「二邊」之間

〔註56〕《明憲宗實錄》卷 130，成化十年閏六月乙巳。
〔註57〕《楊一清集·爲預計兵機事》，287～291 頁。
〔註58〕《楊一清集》，第 244 頁。
〔註59〕《明憲宗實錄》卷 102，成化八年三月庚申。

「履畝起科，令軍民屯種，計田稅六萬石有餘」〔註60〕，同時嚴令軍民外出「二邊」耕種，「敢有越出塞垣耕種，及移徙草場界至者，俱治以法軍」〔註61〕。不出三年，軍民越過「二邊」墾耕，「將邊牆以外、煙墩以裏堪種地土，丈量種萊……緣邊牆至煙墩，如清水營（今府谷清水鎮駐地）一帶，中間多有耕種百里者」〔註62〕。可見，儘管朝廷時加警誡，但這種外出耕種的趨勢難以阻擋，尤以北臨黃土地帶的延綏東路為甚。為了保護屯田，文貴有可能先在東路開始修築「大邊」。這也印證了前引嘉靖十年（1531年）兵部尚書王瓊所奏：「『二邊』乃成化中余子俊所修，因山為險，屯田多在其外；『大邊』弘治中文貴所修，訪（防）護屯田。」

再者，弘治末年，蒙古主攻方向是延綏鎮西路一線，而中、東二路相對安寧，有修邊的外部條件。到了嘉靖四年（1525年），楊一清收集六、七月延綏鎮各邊敵情，匯總瞭望守軍看見蒙古兵在墩臺之間挖牆進入的情況，這些墩臺有：西路靖邊營的永固墩、威遠山墩；中路常樂堡的白崖兒墩，波羅堡的鎮虜山墩、硬地梁墩、蓮池山墩，響水堡的響水界墩、防胡墩；東路木瓜園的大山墩，高家堡的碾兒梁墩〔註63〕。對照《邊政考》所附地圖發現：上述墩名都在各城堡負責防守的「大邊」上。同時，嘉靖七、八年，延綏西路寧塞堡至定邊一線也有了「大邊牆」和「二邊牆」〔註64〕。而現存史料中，在成化十年「二邊」修築後至嘉靖八年間，除文貴外，沒有其他人修築過延綏邊牆的記錄。

2.2.3　「大邊」長度與文貴修築「大邊」失考的原因

1、文貴「大邊」長度

文貴「大邊」長度，文獻沒有直接記載，但可以通過以下史料推斷：

文貴修築西路寧塞堡至定邊營121.7公里，而嘉靖十年閏六月王瓊奏摺中

〔註60〕《明憲宗實錄》卷130，成化十年閏六月庚申。

〔註61〕《明憲宗實錄》卷131，成化十年秋七月己未。詳見《余肅敏公經略公牘》。

〔註62〕明余子俊：《為地方事》，《明經世文編》卷61。《明憲宗實錄》卷170，成化十三年九月甲戌節錄原疏。

〔註63〕《楊一清集・為達賊聲息事》，507～513頁。

〔註64〕〔明〕佚名：《明代陝西四鎮軍馬錢糧及會兵禦虜圖文》，明嘉靖本。內容記述嘉靖七年末至八年初的事，其中，《會兵禦虜圖》畫有「大邊牆」、「小邊牆」。「小邊牆」在把都堡，永濟堡，新安邊，新興堡，石澇池，饒陽堡以北，即「二邊」一線；「大邊牆」在寧塞、舊安邊，定邊營，鹽場堡一線，即「大邊」一線。

除了說明「大邊」是文貴修築的外，還言明「榆林東、中二路大邊六百五十六里，當修者三百十里」〔註65〕，文貴修邊結束至嘉靖十年，延綏鎮沒有修邊，這說明文貴修築的中、東二路長 656 明里（明制一里為 360 步，約為 587.7m，比今里稍長），合今 385.5 公里。至於西路寧塞堡至龍州堡段所轄「大邊」的長度，可參考康熙《延綏鎮志》的相關內容，試分析如下：

首先，延綏後世修邊絕大多數是對文貴「大邊」的整修〔註66〕。嘉靖十年（1531 年）後延綏鎮修築邊牆主要集中在西路定邊營附近，據時人張四維《延綏鎮修邊記》記載：「嘉靖初，王恭襄公（王瓊）……乃尋蕭敏（余子俊）故跡繕之，畫為三段，自定邊而東至於龍城為西段，自龍城而東至於雙山為中段，又自雙山而東至於黃甫川為東段，西段最為虜衝，其防禦之阻亦惟西段最急，故役與自西段始」〔註67〕，指出王瓊首倡三段分工重修余子俊邊牆。王瓊於嘉靖九年（1530 年）提出三段分修延綏鎮長城的主張〔註68〕，原折無法查到，但通過嘉靖十年王瓊奏摺和戶部覆議看，他已言明先修文貴「大邊」，故張四維此處顯然有誤。隨後，王以旗等人按照王瓊三段分修延綏「大邊」的計劃，先「接修」「自定邊瓦楂梁起，沿邊至龍州城止」一段「大邊」〔註69〕。可以判定，嘉靖十年至萬曆初年，延綏分三段次第重修「大邊」的活動，完全是按照王瓊的計劃進行的，即重修文貴「大邊」。《延綏鎮修邊記》也記載說：「蓋自（至）隆慶中，而西段之工始竣；……（東路修邊）即王恭襄所畫東段地也，……（中路修邊）蓋恭襄所畫中段地也。」整修「大邊」後，

〔註65〕《明世宗實錄》卷127，嘉靖十年閏六月壬辰。

〔註66〕詳見舒時光、鄧輝：《明代延綏鎮長城的修築及其地理意義》。

〔註67〕〔明〕張四維：《延綏鎮修邊記》，《續修四庫全書》本。

〔註68〕王瓊於嘉靖九年首次提出三段重修延綏鎮文貴「大邊」的主張，惜《明世宗實錄》、《明經世文編》及王瓊《北虜事蹟》（四庫全書存目叢書（據明嘉靖嘉趣堂刻《金聲玉振集》）影印）本）等文獻未錄此內容。但嘉靖十年文瓊奏摺和戶部覆議中將「大邊」分為東、中二段、先修築文貴「大邊」的論述，足可證此。嘉靖二十五年曾銑奏摺中（《明世宗實錄》卷318，嘉靖二十五年十二月庚子）節引王瓊分段修邊奏摺，但又增「定邊營至黃甫川一帶依舊無牆」，這顯然錯誤；同時，東、中兩路應修邊牆（未明確修築的是「大邊」或「二邊」）總長與王瓊所奏東、中兩路「大邊」、「二邊」總長相似，但王瓊其時僅要求重修「當修者」即損壞者，長度較小。從內容分析，張四維似摘錄曾銑此奏議，但又增「（王瓊）尋蕭敏故跡繕之」。

〔註69〕見〔明〕王崇古：《酌定戰守機宜以策將略疏》，《明經世文編》卷318；明王以旗：《修邊事宜疏》，《明經世文編》卷174，此文中，王以旗直接引用三段修邊內容。兩文未錄所整修「大邊」的長度。

除萬曆中途宗灝等人給長城包磚、清除掩埋「大邊」的流沙、恢復其功能外，再未大規模重修。現存長城遺址最有可能即此邊牆，也即整修過的文貴「大邊」。

其次，康熙《延綏鎮志·地理志》載有各堡所轄「大邊」的長度（萬曆《延綏鎮志》無此內容），以此為基礎，輔以萬曆《延綏鎮志·建置沿革》、道光《榆林府志·建置志·關隘》的相應內容，可以得出：延綏東路「大邊」總計約為 451 里 354 步，合今 265.6 公里；中路總計 265 里 89 步，合今 155.9 公里；西路 370 里 150 步，合今 217.7 公里，其中龍州堡至鎮羅堡所轄長城為 111 明里，合今 65.2 公里。共計萬曆年間延綏鎮「大邊」長約 1087 明里，合今 639.2 公里。其中，東路、中路各自長度與《延綏鎮修邊記》對應記載的「四百八十里（282.1 公里）」、「三百餘里」（176.3 公里）〔註70〕較相近。

這樣，龍州堡至鎮羅堡的文貴「大邊」長度約為 65.2 公里。統計得出文貴修築的「大邊」長 572.4 公里。〔註71〕

2、文貴修築「大邊」失考的原因

文貴修延綏鎮「大邊」，後人少有提及且多有錯誤，推其原因有三：

1、文貴是劉瑾同黨，《明武宗實錄》多有隱晦，《楊一清集》等非官方資料流傳不廣。如上文《明武宗實錄》「弘治十八年十二月壬申」和「正德二年四月己丑」條下，皆先言文貴改造邊墩，請求嘉獎，接著反而認為改造的邊墩作用有限，浪費國帑。同則奏摺中前後評價不同，足見《明武宗實錄》有隱晦。

2、文貴所修的「大邊」修築地點特殊，工程質量不高，所起作用有限。從嘉靖十年王瓊和戶部的奏摺看，文貴所修「大邊」「高厚不過一丈」，且其地「率多平地」、「沙漠平漫」，易於損壞，至嘉靖十年（1531 年）時，「余子俊修築『二邊』迄今尚在，而文貴所修『大邊』則蕩然無復存者。」文貴修邊的最大特色是改築邊墩，《明武宗實錄》認為新墩設計不合理，容易被敵火

〔註70〕 〔明〕張四維：《延綏鎮修邊記》。

〔註71〕 根據現存長城遺址，較易復原「大邊」。依據地理座標，將其導入 GIS 數據庫中，設定投影為高斯克呂格 3 度帶，中央經線為 111 度，利用 GIS 計算其長度。根據 GIS 計算結果：「大邊」長 557，229m，與文貴「大邊」572，400m 相差無幾，與萬曆年間整修後的 639.2 公里也較接近；「二邊」長 596，391m，與《公牘》統計的 1183.4 公里相差甚遠。由於「二邊」是鏟削而成，無遺址存世，地圖量算數據存在誤差，只能作為參考。

攻，「其後多爲虜焚」、「竟不可用」；但嘉靖二十二年（1543 年）兵部尚書戴金認爲文貴在宣府鎮所修的新墩「規制高廣，虛中鑿井，水火內備，可以固守」，世人稱爲「樣墩」，理應照此多建〔註 72〕。文貴先撫延綏，後至宣府，新墩規制理應相同，但兩地新墩竟然有截然不同的評價，推其原因，或《明武宗實錄》有隱晦，或延綏和宣府地勢、敵情不盡相同，新墩所起作用也有所不同，但不能排除建立在延綏鎮近邊沙土地帶的新墩的確因修築地點和修築質量不高等原因，發揮的作用有限。

　　3、文貴修邊目的不純，所以勘察的數據不實，時人多詬病。文貴修邊耗費巨大，「任榆林，改作墩臺，所費銀兩不下數萬」〔註 73〕，兼之其提督宣府、大同等處，「經略邊關諸墩堡，計用銀五十萬」〔註 74〕。史稱文貴借修邊貪污、賄賂劉瑾。「貴迎合劉瑾……傳者謂，所借銀尚未出京而入瑾之門者幾四分之一矣」〔註 75〕。而當覆核修築的成果時，劉瑾派遣心腹去踏勘，幫助文貴掩飾。「至是劉瑾奏請差官察之，乃命科道官各一員查算已用未用若干，及修過墩臺城堡若干，其見在銀兩就令差去官掌管支用。貴初受命時，即以所領銀數萬賂瑾。瑾此舉亦掩護之術也！」〔註 76〕

　　當然，這或許也與時人對延綏鎮兩道邊牆的命名、改造邊墩和修築「大邊」的認識有關。也許當時的人並不認爲文貴督修了延綏鎮中、東二路邊牆，而僅僅是「改造邊墩」；文貴只是奏修西路「大邊」，而非具體督修。而現存文獻中最早出現「大邊」、「二邊」的概念，是在「大邊」修成 20 多年後的嘉靖七、八年。

2.3　延綏鎮長城修築的意義

　　作爲「九邊」之一的延綏鎮，其設立和發展是明代西北防邊方略指導下的直接產物，而近邊地區軍事用地和屯墾活動這兩種主要土地利用方式必然對處於生態脆弱帶的當地環境施加了一定的影響。延綏鎮長城次第修築，能夠直接反映出明西北防邊方略的發展過程，間接反映出邊地屯墾力度強化過

〔註72〕　〔明〕戴金：《戴兵部奏疏》，《天一閣藏明代政書珍本叢刊》，第 17 冊。此疏爲嘉靖二十二年奏對邊事所陳。
〔註73〕　《明武宗實錄》卷 191，正德五年九月辛未。
〔註74〕　《明武宗實錄》卷 37，正德三年夏四月乙亥。
〔註75〕　《明武宗實錄》卷 37，正德三年夏四月乙亥。
〔註76〕　《明武宗實錄》卷 48，正德四年三月癸巳朔。

程。「大邊」、「二邊」兩道長城已成為研究長城沿線環境變遷的重要地標,現予以深入說明:

2.3.1 長城次第修築直接反映出明西北防邊方略的發展過程

　　有明一代,「套虜」成尾大不掉之勢,遂有復東勝衛(治今內蒙托克托縣)以及成化間、嘉靖中兩次大規模「搜套」、「復套」之議,學界以此展開研究,深入探討明代西北治邊方略,成果較多,本文不贅述,僅從延綏鎮長城次第修築與防禦重心變化二者關係的角度探討明代西北防邊方略。

　　東勝戰略地位重要,但其防衛河套作用在明代並未真正體現。洪武四年(1371 年)正月置東勝衛,嶺北戰役失利後,明朝不得不收縮防線,於六年九月廢東勝衛、撤東勝州等民人於安徽鳳陽〔註77〕,並將綏德、慶陽民眾「遷入內地,聽其耕種」〔註78〕。捕魚海子之役後,明軍復置東勝左右衛於故地,但建文四年(1402 年)又因孤懸南徙〔註79〕。正統三年(1438 年)東勝始為大同、延綏巡邊防河、臨時駐紮之所〔註80〕,未修築常備工事。土木之變後,明廷勢衰,巡邊東勝終止,東勝至明末終未恢復。統計明代,東勝衛總共設置不滿 13 年,初設速撤,次設未受戰爭洗禮,再設僅為臨時之用,並未真正起到防衛河套的作用。

〔註77〕 參見《明太祖實錄》卷 85,洪武六年十月丙子。

〔註78〕 《明太祖實錄》卷 86,洪武六年十一月庚戌,第 1526 頁。關於東勝衛是否廢棄及廢棄時間問題,最新研究(薄音湖:《從東勝衛到蒙古妥妥城》,《民族研究》,2009 年第 4 期,78-84,110 頁)表明:嶺北之役失利後,中路明軍「斂兵守塞」,北元尾隨六月攻「宣寧縣」、七月「斷頭山」、八月「雲內州城」等地,俱近東勝衛,據此推斷此時東勝衛已棄,筆者認為這種說法過於草率。其一攻打「雲內州城」時,明軍來援,「胡兵遂解去」,並未棄城;其二此時民人未撤,衛軍何敢棄民而逃?其三《明太祖實錄》卷 75 洪武五年七月壬戌日,「命工部運文綺及綿戰襖詣大同,以俟給賜大將軍徐達征北軍士」,時中路敗軍並未退守大同,極可能防守雲內、東勝等處;其四《明太祖實錄》卷 76 洪武五年冬十月丁酉日,近六千名蒙古「自東勝來降」,足見此時東勝仍承擔收拾殘兵、招撫降元的功能;其五《明宣宗實錄》卷 6 洪熙元年閏七月甲寅軍士范濟所言,考慮明人行文習慣,不能得出「洪武五年」棄東勝衛的結論。筆者贊同薄音湖關於東勝衛已廢、而非內遷的論斷。

〔註79〕 《明太宗實錄》卷 12 下,洪武三十五年九月乙巳。

〔註80〕 《明英宗實錄》卷 46,正統三年九月癸未。另見《明英宗實錄》卷 49 正統三年十二月乙亥,卷 89 正統七年二月庚戌,卷 122 正統九年十月丙午。

　　嶺北之役慘敗後，朱元璋認識到「略荒裔之地不如守邊」〔註81〕，從而確定了「嚴密守邊，謹慎出擊」的西北防邊方略。他認為蒙古戰術靈活，必須加強防禦，「保障清野，使來無所得，俟其惰歸，則率銳擊之，必掩群而獲」〔註82〕，御兵出擊時尤要謹慎，「如遇敵非數千騎不可行也」〔註83〕。落實在延綏鎮，即在固守延安、綏德二衛並在秋冬時節不時分兵巡防近邊地區。洪武九年中山侯湯和等駐延安防邊〔註84〕，綏德衛亦分兵防守府谷等近邊地區，其中「撥綏德衛千戶劉龐屯榆林莊」〔註85〕，撥派官軍一千名（永樂增至二千名）巡守神木〔註86〕。永樂、宣德無戰事年間，綏德衛收縮防線僅至榆林城，「河凍之後，不時出哨，至榆林城止」〔註87〕，防禦重心南偏延安、綏德衛城一線，加上軍糧運輸困難等原因，近邊地區「已棄不守，城堡兵馬烽墩全無」〔註88〕，軍事地位並不重要。

　　正統年間，蒙古入套，明朝在近邊地區初步建立起「瞭望臺──25 城堡──『界石』」為主體的防禦工事，防禦重心開始北移；至成化初年，這種「軍馬屯操反居其內，人民耕牧多在其外」〔註89〕、防禦重心偏內的格局已經不適應軍事形勢需要，在三次大規模搜套未果下〔註90〕，「禦寇以守備為本，攻佔次之」〔註91〕的思想又重獲主導地位，余子俊等人增修北移城堡、移鎮榆林、修築「二邊」，「襟喉既據，內地遂安」〔註92〕、「北虜知不能犯，遂不復入套者二十餘年」〔註93〕。「二邊」的修建標誌著軍事防禦重心正式北移到「二邊」一線，也說明朝廷開始放棄「復東勝、收河套」的進取之心。

〔註81〕《明太祖實錄》卷78，洪武六年正月壬子。
〔註82〕《明太祖實錄》卷80，洪武六年三月壬子。
〔註83〕《明太祖實錄》卷85，洪武六年十月乙未。
〔註84〕《明太祖實錄》卷103，洪武九年春正月（日不明）。
〔註85〕嘉靖《陝西通志》卷10《河套‧西域》，三秦出版社，2006年，第467頁。
〔註86〕《明太祖實錄》卷145，洪武十五年五月癸丑；《明太宗實錄》卷54，永樂四年五月丙辰。
〔註87〕〔明〕余子俊：《開設學校疏》，載康熙《延綏鎮志‧藝文志》。
〔註88〕〔明〕魏煥：《皇明九邊考》卷1《鎮戍通考》。
〔註89〕《明憲宗實錄》卷36，成化二年十一月己丑，第715頁。
〔註90〕見胡凡、徐淑惠：《論成化年間的「搜套」之舉》，《大同職業技術學院學報》，2009年9月，第25～29頁。
〔註91〕《明憲宗實錄》卷102，成化八年三月乙卯。又見《明憲宗實錄》卷111，成化八年十二月丙子。
〔註92〕〔明〕魏煥：《九邊考》卷7《榆林鎮‧疆域考》。
〔註93〕《楊一清集》，第244頁。

文貴修築「大邊」，因新式邊墩能夠伏兵，軍力隨之北移，相較「二邊」「阻斷寇路」的作用，「大邊」更多是伏兵阻敵於牆外，成為新的防禦重心。弘治十四年（1501 年）後蒙古達延汗南侵加劇，明廷內部又有大規模「搜套」、「復套」與修邊守邊論爭，最終復套派代表人物首輔夏言、兵部尚書曾銑遭嚴嵩陷害而死，此後「廷臣不敢言復套事矣」〔註 94〕，明廷事實上已正式放棄「復套」。隆慶議和後，明廷本著「寓戰於守、寓守於和」〔註 95〕的思想，加快重修並磚包「大邊」，「沿邊一帶，雉堞連雲，日增地險」〔註 96〕，防禦重心更加穩固，「嚴密守邊，謹慎出擊」的西北防邊方略發揮至極致。

「復東勝、搜河套」和「修邊守牆」的論爭可以成為研究明代西北河套邊防戰略的一條主線。固然，某時段具體戰略的選擇取決於其時雙方政治軍事力量對比，但朱元璋所定「嚴密守邊，謹慎出擊」西北防邊方略在明朝決策中所起的指導作用是無法估量的。也正是在其指導下，延綏鎮防禦重心經歷「延安、綏德衛城──正統間城堡──『二邊』──『大邊』」四個變化階段，而延綏鎮長城的修築，推動了軍事重心北移進程。

2.3.2　延綏鎮長城次第修建間接反映出邊地屯墾力度逐步強化的過程

明朝建立衛所屯田及邊地屯田等制度以保證軍糧供應。明邊地軍屯的基本原則是：「軍屯則領之衛所。邊地，三分守城，七分屯種。每軍受田五十畝為一分」〔註 97〕。但是，具體在延綏近邊地區，因初建鎮於天順間，時衛所和屯田制度已不能維持，加上地理條件、軍事形勢及勞動力組成等因素，不能簡單用「三七」、「五十畝」等原則進行評價，應將軍屯與私墾結合，分時分段綜合考量〔註 98〕。而修築長城與邊地屯墾關係密切，「所謂無堅好邊牆去處，……其地耕稼不興……；堅好邊牆去處，……其地耕稼布焉，……此修邊不修邊之明驗

〔註 94〕　《明史》卷 327《外國列傳八·韃靼列傳》。嘉靖搜套復套活動，參見胡長春：《嘉靖「議復河套」述略》，《江西社會科學》，2002 年第 7 期，第 70～72 頁。

〔註 95〕　〔明〕馮時可：《俺答前志》，薄音湖、王雄點校《明代蒙古漢籍史料彙編》第二輯，內蒙古大學出版社，2000 年。

〔註 96〕　〔明〕涂宗濬：《馭虜機宜疏》，《明經世文編》卷 449。

〔註 97〕　《明史》卷 77《食貨志一》。

〔註 98〕　舒時光：《明代萬曆年間延綏鎮近邊城堡駐軍規模及其分佈──兼論延綏鎮軍屯分佈和數量計算問題》，《軍事歷史研究》，2012 年第 3 期，第 31～40 頁。

也」〔註99〕。所以，延綏鎮長城次第修築可以間接反映邊地屯墾力度的變化。

　　明初延安、綏德二衛各自設立軍屯，近邊地區今榆陽區分佈著綏德衛上三屯方連、毛骨、刑代剛三個百戶所，規模可能不大；延安衛管轄安定、塞門、保安三個守禦百戶所，皆處於白於山地南〔註100〕；定邊、安邊係苑馬寺靈武監安邊苑所在地〔註101〕，屬於牧馬場，沒有屯墾。永樂初，葭州所轄府谷、神木二縣有民人外出「大邊」，進入河套內種地〔註102〕，但因近邊地區軍事地位並不重要，人口相對有限，開墾力度自然有限。至正統五年（1440年），朝廷命近邊地區軍餘「開種田野，子粒聽其自給，惟輸草束於官」〔註103〕，同時埋設界石，防止百姓「境外種田，引惹邊釁」〔註104〕。禁令時久難循，至成化初年外出界石現象增多，爲此朝廷屢屢申戒〔註105〕，但收效並不明顯。

　　成化六年（1470年），王銳奏修長城並開設屯田，獲准實行〔註106〕。「二邊」修築後，余子俊在界石至「二邊」之間「履畝起科，令軍民屯種，計田稅六萬石有餘」〔註107〕，在開荒增屯之餘，極力將私墾納入官方管理，同時禁止軍民外出「二邊」耕種，「敢有越出塞垣耕種，及移徙草場界至者，俱治以法」〔註108〕。但是私墾的趨勢難以阻擋，幾年後，又有軍民越出「二邊」，進入夾道耕種，「將邊牆以外、煙墩以裏堪種地土，丈量種茭……緣邊牆至煙墩，如清水營（屬東路）一帶，中間多有耕種百里者」〔註109〕。近邊地區自

〔註99〕〔明〕劉天和：《條陳戰守便益以圖禦虜實効疏》，《明經世文編》卷157。詳見,舒時光：《明代萬曆年間延綏鎮近邊城堡駐軍規模及其分佈》，《軍事歷史研究》。

〔註100〕詳見舒時光：《明代陝北長城沿線土地利用的空間分佈與變化特點》，第44～46頁。

〔註101〕見《楊一清集・爲處置招募土兵事》，225～235頁。

〔註102〕見《明憲宗實錄》卷27，成化二年三月己未，延綏紀功兵部郎中楊琚奏：「近有百戶朱長，年七十餘，自幼熟游牧河套，親與臣言：套內地廣田腴，亦有鹽池海子，葭州等民多出墩外種食。」按朱氏年70餘歲，則其年幼應爲永樂初年，「墩」爲瞭望墩，後世「大邊」一線。

〔註103〕《明英宗實錄》卷67，正統五年五月乙巳。

〔註104〕《明經世文編》卷61《余肅敏公文集・議軍務事》。

〔註105〕見《明憲宗實錄》卷80，成化六年六月乙亥；卷102，成化八年三月庚申。

〔註106〕《明憲宗實錄》卷77，成化六年三月壬辰。

〔註107〕《明憲宗實錄》卷130，成化十年閏六月乙巳。

〔註108〕《明憲宗實錄》卷131，成化十年秋七月己未。

〔註109〕〔明〕余子俊：《爲地方事》，《明經世文編》卷61。《明憲宗實錄》卷170，成化十三年九月甲戌節錄原疏。

然環境惡劣，「高仰者崗阜相連，卑下者沙石相半，其間稱爲腴田，歲勘耕牧者，十之二三耳。且天時難必，水利不興，雨暘或致愆期，則束手無從效力」〔註110〕，決定了屯墾必然不能興旺，在和平時期，近邊尤其北臨黃土地帶的東路軍民出於私利，選擇既適於耕種，又能逃避賦稅的地段進行墾殖，理應在情理之中。爲保護屯田，文貴可能首先在東路修築「大邊」。這又印證了嘉靖十年王瓊奏則「『二邊』乃成化中余子俊所修，因山爲險，屯田多在其外；『大邊』弘治中文貴所修，訪（防）護屯田」，惜「大邊」規制不高，作用有限。

在惡劣的自然本底上，戰爭殺戮對延綏近邊屯墾影響更大，「地力薄而虜患不可測」〔註111〕成爲邊民拋荒、邊屯不興的重要原因。但是長城的修築卻能減少殺戮、推動邊地屯墾發展。隆慶初，延綏「築有邊牆，勘護耕作者，僅十之三四」，且主要集中於已整修「大邊」的西路，時「重開靖邊營等堡屯田」，新開了榆林衛賴字號屯，這些屯地年新增糧達七千餘石，而中、東二路屯墾基本處於荒廢〔註112〕。同時，正德十六年（1521）已經起科的夾道糜穀地，因受戰爭影響，「糜糧亦視之爲盈縮」，時廢時興，直到萬曆初年三路「大邊」整修結束後才大有起色，「今夾道無荒田矣，各堡驛三路地，共四千五百六十三頃二十二畝」〔註113〕。

可見，明代延綏鎮近邊地區屯墾情況十分複雜，但仍可清晰得見兩點：一是邊屯存在一個由「界石」──「二邊」──「大邊」由南至北的推移進程；二是邊地屯墾與修築長城有一種互爲因果、互相促進的關係：「二邊」促成邊地開始屯田，違制越邊私墾促成「大邊」修建，而兩道長城的修建又有力地保障並促進了邊地開墾。

2.3.3　延綏鎮長城是研究當地環境變遷的重要地標

陝北長城沿線是典型的生態過渡帶，也是傳統的農牧交錯帶地區。文化景觀與自然景觀在空間的分佈上表現出高度的一致性〔註114〕。隨著時間的流逝和自然環境的變化，明朝耗費巨大人力物力修築的長城，或淪於黃沙之中

〔註110〕〔明〕龐尚鵬：《清理延綏屯田疏》，《明經世文編》卷359。
〔註111〕同上。
〔註112〕同上。
〔註113〕萬曆《延綏鎮志》卷2《錢糧上・夾道糜糧地》。
〔註114〕鄧輝：《統萬城與毛烏素沙地歷史時期環境變遷研究評述》，《中國歷史地理論叢》專輯2003，第1～5頁。

而僅存斷壁頹垣，或蝕於流水之下而形跡全無，充分反映了生態環境脆弱地區自然環境的巨大變化。因此，陝北長城成為研究沿線環境變遷的重要地理參照系。

從兩道長城修築的地點和修築的方法看。余子俊第一次奏修「二邊」時，兵部提出了「延綏境土夷曠川空，居多浮沙，築垣恐非久計」〔註115〕的擔憂；其後兩次請修邊牆奏摺中就沒有「築垣」、僅有「相度山界，鏟削如牆」的築邊提法。修邊時，他極力避免將「二邊」修築在沙土地帶，如靠近毛烏素沙地南緣定邊營一線，將（舊）永濟、（舊）新興（即磚井堡）、（舊）安邊、柳樹澗四堡南移到黃土區新修「二邊」附近，僅存的定邊營僅因協防花馬池而留置〔註116〕。「二邊」蜿蜒在黃土地帶，修築較省，但易受到侵蝕坍塌，至嘉靖二十五年（1546年）已「歲久傾頹，餘址間存，不異平地」〔註117〕，完全喪失防禦作用。「大邊」則直接修築在沙土地帶，除西路寧塞至定邊一線外，部份東、中路「大邊」也如此。嘉靖四年，響水堡及所轄墩臺官兵探得蒙古挖開「大邊」、欲入邊內滋擾的情況，其中，響水堡瞭見「三十騎進入，在高阜沙梁站立」，蓮花池山墩（據《邊政考》位於龍泉墩以西的「大邊」上，今橫山縣波羅鎮龍泉墩西不遠處）附近「一百五十騎進入邊裏沙窩簇立」，新添墩（今址不詳）附近「邊外沙梁簇立達賊二十餘騎」〔註118〕，足以判斷，中路響水堡防守的「大邊」內外存在「沙丘」、「沙梁」，極有可能直接建築在沙地上。又嘉靖十年王瓊奏摺中認為「大邊」「中間率多平地」，戶部覆議時認為「大邊」地處「沙漠平漫」、「勢不久長」；嘉靖中曾銑也持此意見，「奈何龍沙漠漠，互千餘里，築之難成，大風揚沙，瞬息尋丈，成亦難久」〔註119〕。

榆林城，正統年初建時以「以沙土修築」，遇雨頹塌後，不得不重新「擇土堅築」〔註120〕。至隆慶初又受流沙襲擊，「鎮城一望黃沙，彌漫無際，寸草不生。猝遇大風，即有一二可耕之地，曾不終朝，盡為沙磧」〔註121〕。而「大

〔註115〕《明憲宗實錄》卷93，成化七年七月乙亥。
〔註116〕參看〔明〕王輪：《因事拒愚盂圖整飭疏》（載康熙《延綏鎮志・藝文志》）；康熙《延綏鎮志・地理志》；《明憲宗實錄》卷120，成化九年九月壬子；《明經世文編》卷61《余素敏公文集・為地方事》；《五邊典則》卷13《陝西總》。
〔註117〕《明世宗實錄》卷318，嘉靖二十五年十二月庚子。
〔註118〕《楊一清集・為達賊聲息事》，507～513頁。
〔註119〕〔明〕曾銑：《總題該官條議疏》，《明經世文編》卷238。
〔註120〕《明英宗實錄》卷147，正統十一年十一月戊子。
〔註121〕〔明〕龐尚鵬：《清理延綏屯田疏》，《明經世文編》卷359。

邊」重修 30 年後，竟然因障沙而積沙喪失防禦意義，涂宗濬不得不投入大量
人力物力在延綏中路進行「扒沙」活動，以圖恢復其防禦功能〔註122〕。此時
西路舊安邊營等城堡也遭受到流沙侵襲，「（舊）安邊則多沙矣……隨扒隨平，
徒費工除，難禁風卷」〔註123〕。可見，在特定環境裏、不同政治軍事條件下，
延綏鎮對邊牆修築地點的選擇是不同的。

　　同時，長城還是評價屯墾活動、某些軍事行動的重要地標。如延綏鎮民
地主要在界石以南，榆林、延安、綏德三衛屯地介於界石與「二邊」之間，
在夾道則分佈著城堡糜穀地、夾道糜穀地，草場以及少量「界石以北新增地」。
城堡糜穀地額數「三千五百四十四頃二十畝八分」，夾道糜穀地「四千五百六
十三頃二十二畝」，草場的總面積共 162330 頃，城堡糜穀地和夾道糜穀地約
僅占草場面積的 5%〔註124〕。這可初步量度明代延綏近邊屯墾對當地尤其是
位於「大邊」外毛烏素沙地南侵的影響力度。清代的開墾活動便是外出並沿
著「大邊」一線展開的。

　　又如，明代皇帝明旨，「邊關緊關要害虜所必由之道，其山場樹木不許砍
伐，違者取問如律俱照榜例押發煙瘴衛所充軍，欽此」〔註125〕，禁止邊外屯
田、擅伐邊內外植被。為了保護植被，延綏鎮更是嚴格約束一些軍事活動，「出
邊燒荒」一般要「遠出」〔註126〕，離邊「三五百里」〔註127〕，《公牘》更是
要求「遠者七百里以至一千里，近者四百里以至六百里數目為主」；「二邊」
內外，在不妨礙瞭望的原則下，對松柏等植物，「用心愛護，以拒賊馬；敢有
擅自砍伐者，以重罪罰金補栽」〔註128〕。涂宗濬清除「大邊」內外大量積沙
後，種植了很多固沙植物，「嚴督軍士，密佈栽蒿，以防復起」〔註129〕。可見，
明朝在長城附近的某些措施對保護當地環境還起到了積極作用。

〔註122〕〔明〕涂宗濬：《修復邊垣扒除積沙疏》，《明經世文編》卷448。

〔註123〕〔明〕余懋衡：《敬陳邊防要務疏》，《明經世文編》卷471。言萬曆三十五年
　　　　事。

〔註124〕詳見舒時光：《明代陝北長城沿線土地利用的空間分佈與變化特點》，第60～
　　　　86頁。

〔註125〕張敷華：《張簡肅公奏議》卷 1《題為地方事》（弘治六年奏），《天一閣藏明
　　　　代政書珍本叢刊》第 18 冊。

〔註126〕《明憲宗實錄》卷80，成化六年六月乙亥。

〔註127〕《明憲宗實錄》卷78，成化六年四月乙亥。

〔註128〕《余肅敏公經略公牘》。

〔註129〕〔明〕涂宗濬：《修復邊垣扒除積沙疏》，《明經世文編》卷448。

　　綜上，延綏鎮「二邊」是余子俊督修，時間爲是成化九年三、四月間和次年三、四月間；「大邊」是文貴始修，時間爲弘治十七年九月初二至次年十二月二十二日和正德二年二月十九日至四月一日，後世在此基礎上續修。「二邊」長 2013 明里 195 步，約合今 1183.4 公里；文貴「大邊」長 572.4 公里，經隆慶至萬曆年整修後長 1087 明里，合今 638.8 公里，即現存明長城遺址。延綏鎮長城的次第修築直接反映了西北防邊方略的發展過程、間接反映了邊地衛所屯墾力度的強化過程，對研究陝北長城沿線環境變遷有重要意義。

第三章　明代延綏鎮長城沿線屯墾的時空分佈及特徵

　　歷史時期土地利用及環境問題是歷史地理學研究的重要領域〔註1〕。毛烏素沙地及周邊地區的環境問題，一直受到學術界的關注。20 世紀 50 年代以來，國內外眾多學者分別從不同角度開展了相關研究。迄今為止，關於歷史時期人類活動對毛烏素沙地的影響，仍存在不同的看法〔註2〕。明代延綏鎮土地利用方式及規模對毛烏素沙地南緣的影響及其程度，也成為重要研究內容。韓昭慶認為戰爭極大限制了明代沿邊墾殖活動的範圍，毛烏素沙地南界基本沿長城一線，有限的墾殖不是明代長城沿線流沙形成的主要原因〔註3〕；李大偉認為明代榆林鎮邊屯確實對當時的環境變化起到一定作用，但它很快衰落，屯墾規模和力度不強，主要是制度和政策的執行出現了問題。該區域現在的環境惡化狀況與明代邊屯關係不大〔註4〕。筆者碩士論文則從復原延綏鎮界石、長城等 5 種地標入手，初步研究了明代延綏鎮軍墾的類型、空間分佈和地理特徵得出：戰爭破壞是制約延綏鎮近邊墾殖的主要原因，自然因素是明

〔註1〕　羅靜、張鐿鋰、劉峰貴、等：《青藏高原東北部河湟谷地 1726 年耕地格局重建》，《地理研究》，2014 年 7 月，第 1285～1296。

〔註2〕　鄧輝等人對此綜述，參見鄧輝等：《明代以來毛烏素沙地流沙分佈南界的變化》，《科學通報》，2007 年 52 卷 21 期，2556～2563 頁。

〔註3〕　韓昭慶：《明代毛烏素沙地變遷及其與周邊地區墾殖的關係》，《中國社會科學》，2003 年第 5 期，第 201 頁。

〔註4〕　李大偉：《明代榆林沿邊屯田與環境變化研究》，西安：陝西師範大學碩士論文，2006 年。

代毛烏素沙地向南擴展的決定因素〔註5〕。

延綏鎮設立的目的是防禦蒙古，近邊墾殖是爲了保障軍糧供應，軍事用地和近邊墾殖成爲當地土地利用的主要形式，進而對生態脆弱帶的環境產生影響。本章嘗試分階段、動態反映明代延綏鎮近邊地區土地利用的情況，進一步分析其空間分佈特徵及影響因素，爲包括毛烏素沙地南緣在內的農牧交錯帶地區的土地利用方式提供歷史借鑒。〔註6〕

3.1　洪武至成化初近邊地區的邊墾

上章已經講明，洪武至成化初，延綏鎮近邊地區軍事重要性逐步增強。洪武四年（1371 年），「大將湯和兵攻察罕腦兒（今烏審旗境內），……降其眾並省入內地，河套遂墟」〔註7〕，迫於軍事壓力，明朝內遷河套居民，套內直至明末未設置衛所，亦未進行大規模官方移民。嶺北之役慘敗後，明廷內逐步採取守勢，「略荒裔之地不如守邊」〔註8〕的戰略及「嚴密守邊，謹慎出擊」的防邊政策確立並事實支配整個明代，始收縮防線。於是，六年（1373 年）九月廢東勝衛（治今內蒙托克托縣）、撤東勝州等民人於安徽鳳陽〔註9〕，並將綏德、慶陽民眾「遷入內地，聽其耕種」〔註10〕。延綏鎮近邊地區事實上成爲防守的最前沿。明廷採取固守延安、綏德二衛，並在秋冬時節不時分兵巡防近邊地區的守邊方略。洪武九年（1376 年），中山侯湯和等駐延安防邊〔註11〕，綏德衛亦分兵防守府谷等近邊地區，其中榆林莊（今榆林市區）由「綏德衛千戶劉寵屯治」〔註12〕，成爲「屯兵備冬」〔註13〕場所和衛軍「出哨水

〔註5〕　舒時光：《明代陝北長城沿線土地利用的空間分佈與變化特點》，北京：北京大學碩士論文，2006 年。

〔註6〕　本章主要內容已發表。其中，關於明代前中期延綏鎮邊屯情況，參看舒時光：《明前中期延綏鎮長城沿線屯墾的興衰》，《安徽農業科學》，2012 年 7 月，第10739～10745，10748 頁；明代後期延綏鎮邊屯情況，參看舒時光、鄧輝、吳承忠：《明後期延綏鎮長城沿線屯墾的時空分佈特徵》，《地理研究》，2016 年4 月，第 790～802 頁。

〔註7〕　萬曆《延綏鎮志》卷 3《紀事》。

〔註8〕　《明太祖實錄》卷 78，洪武六年正月壬子。

〔註9〕　《明太祖實錄》卷 85，洪武六年十月丙子。

〔註10〕　《明太祖實錄》卷 86，洪武六年十一月庚戌。

〔註11〕　《明太祖實錄》卷 103，洪武九年春正月（日不明）。

〔註12〕　嘉靖《陝西通志》卷 10《河套・西域》，三秦出版社，2006 年，第 467 頁。

〔註13〕　《明孝宗實錄》卷 107，弘治八年十二月戊辰。

頭」〔註14〕，神木則撥派官軍一千名（永樂間增至二千名）巡守〔註15〕。

　　永樂、宣德無戰事年間，綏德衛進一步收縮防線，巡邊僅至榆林城，「河凍之後，不時出哨，至榆林城止」〔註16〕，防禦重心南偏延安、綏德衛城一線，加上軍糧運輸困難等原因，近邊地區「已棄不守，城堡兵馬烽堠全無」〔註17〕，軍事地位並不重要。正統年間，蒙古入套，明朝在近邊地區初步建立起「瞭望臺——23 城堡——『界石』」為主體的防禦工事，防禦重心開始北移；至成化初年，這種「軍馬屯操反居其內，人民耕牧多在其外」〔註18〕、防禦重心偏內的格局已經不適應軍事形勢需要，余子俊等人始增置北移城堡、移鎮榆林、修築「二邊」，至此「襟喉既據，內地遂安」〔註19〕。

　　隨著蒙古入侵河套加劇，近邊地區軍事地位也逐步提高，軍事用地增加，近邊墾殖逐步活躍起來。但由於近邊地區人口有限，開墾規模並不大。因此這一階段文獻記載零散，需將近邊地區與相鄰腹裏地區進行比較研究。

3.1.1　洪武時期：緩慢恢復

　　洪武年間，延安府轄今延安和榆林地區，同時分地分民置綏德（治今綏德縣城）、延安（治今延安市區）二衛屯。

　　從民地看，因元末明初戰亂人口損耗，不得不收縮防線，退居地利稍好的腹裏地區，近邊地區開墾有限。延安府民地額值不過四萬頃，其中近邊的府谷、神木二縣民地共 600 頃，而今橫山、靖邊、定邊三縣無民屯〔註20〕。又如，「皇甫川堡（今府谷皇甫鎮駐地）北六十里有樓子營（按里距當今府谷古城鄉駐地），城堞俱存，明初始移於河套河曲縣（今山西河曲樓子營鄉駐

〔註14〕　〔明〕王輪：《因事攄愚亟圖整飭疏》（嘉靖中），康熙《延綏鎮志》卷 6《藝文志》。

〔註15〕　《明太祖實錄》卷 145，洪武十五年五月癸丑；《明太宗實錄》卷 54，永樂四年五月丙辰。

〔註16〕　〔明〕余子俊：《開設學校疏》，康熙《延綏鎮志》卷 6《藝文志》。

〔註17〕　〔明〕魏煥輯《皇明九邊考》卷 1《鎮戍通考》，嘉靖二十年刻本。

〔註18〕　《明憲宗實錄》卷 36，成化二年十一月己丑。

〔註19〕　《皇明九邊考》卷 7《榆林鎮·疆域考》。

〔註20〕　明初延安府的民屯額值為 37531.20 餘頃、丁口 696950。葭州民地 1270 頃，丁口 36579，其中所轄的神木縣民地 455.60 頃、口 8090，府谷縣民地 144.60 頃，丁口 10739。綏德州民屯 1198.70 頃、丁口 20090。今橫山、靖邊、定邊三縣，綏德、延安二衛分設了若干城堡，基本無民屯。見弘治《延安府志》卷 1-2，西安：陝西省圖書館、西安古舊書店影印本，1962 年。

地），散其民於賈家窟沱（今皇甫鄉賈家寨村，近黃河）等處。」〔註21〕明初
因收縮戰線而棄守的樓子營，地處黃土與沙土交界地帶，清中期成為府谷邊
外開墾的重點地區，至今仍是重要糧倉。北臨近邊地區諸州縣及地理條件最
好的府谷、神木兩縣尚且如此，近邊地區的開墾可想而知。

從軍屯看，首先從延安衛軍墾看，洪武十一年（1378年），陝北戰事結束，
長期處於最前線的延安衛軍墾開始恢復。有學者研究得出，明初至永樂年間
陝西各衛屯田增至 42456 頃〔註22〕，數量不是很大；從縣志記載看，陝西屯
田的增加大多在自然條件比較好的關中腹裏〔註23〕。這符合情理，也從側面
說明延安衛軍墾的恢復有限。時延安衛轄三個守禦百戶所：安定守禦百戶所
（今子長縣安定鎮北）、塞門守禦百戶所（據王北辰考證，在今安塞縣鐮刀灣
鄉境內）、保安守禦百戶所（今志丹縣治南）〔註24〕，皆處於白於山地南。而
定邊、安邊二縣為牧馬草場，係苑馬寺靈武監安邊苑所在地〔註25〕，沒有屯
墾。可見，處於黃土高原的延安衛屯田仍在恢復狀態，尚無能力越過白於山
（「二邊」修築在此）到延綏近邊地區進行墾殖。

再從綏德衛軍墾看，明初綏德衛屯地的分佈及數量，現存明代文獻中
鮮有記載〔註26〕。而據清代志書載，洪武中綏德衛分 50 百戶所，為上三屯
和下三屯，上三屯在清康熙年間全部撥入榆林、懷遠、神木三縣，下三屯
則分屬在綏德、米脂、清澗三縣〔註27〕。其中，上三屯中有 16 個百戶分佈
在今橫山縣境內〔註28〕，除孫隆百戶越出「二邊」、在橫山白界鄉境分佈外，

〔註21〕 道光《榆林府志》卷 6《建置志·關隘》。

〔註22〕 薛平栓：《陝西歷史人口地理》，北京：人民出版社，2001 年版，251～253、
288 頁。

〔註23〕 呂卓明：《明代西北地區土地墾殖研究》，《中國歷史地理論叢》，1998 年第 2
期，第 109～127、250 頁。

〔註24〕 《大明一統志》卷 36《慶陽府、延安府》；明茅元儀：《武備志》卷 198《方
與十》，《故宮珍本叢刊》本，故宮博物院、海南出版社，2000 年。

〔註25〕 〔明〕楊一清：《為處置招募土兵事》，《楊一清集》，（北京）中華書局標點版，
2001 年，第 225～235 頁。

〔註26〕 弘治《延安府志》卷 1-2 中僅有州縣民地、無屯地記載，近邊各城堡只在州
縣條中羅列。而萬曆、康熙《延綏鎮志》、道光《榆林府志》及清代各州縣縣
志相關內容只是明後期屯地分佈的記載。

〔註27〕 見乾隆《綏德州縣》卷 2《人事門·戶口》，光緒《綏德州志》卷 1《地理·
沿革》、卷 3《民賦志·戶口》。

〔註28〕 它們是：（上下）柳奇（據民國《橫山縣志》卷 2《村莊》，民國時轄 43 村，
能找到今地名有 37 村）、孫隆（13 村，13 村）、劉九思（31 村，29 村）、王

15 個百戶都位於界石以北、「二邊」以南。但這不是明初綏德衛屯地的記載。
理由如下：

第一，正統間埋立防止軍民越界耕種的界石，「凡虜入寇，必至界石內，
方有居人」〔註 29〕，明代諸多史料也明確記載成化中之前禁止外出界石耕
種，顯然清代縣志的屯地記載與此矛盾。第二，更重要的是，正統五年（1440
年），明朝始命近邊地區軍餘「開種田野，子粒聽其自給，惟輸草束於官」
〔註 30〕。至成化六年（1470 年）王銳上奏「榆林一帶營堡原無額設田地，
一應糧草俱係腹裏人民供給」，要求修延綏邊牆和城堡後開設近邊屯田，獲
准召開〔註 31〕。近邊地區城堡軍墾雖為正統間始開，但「無額設田地」，自
然沒有衛所屯田，到成化六年才正式詔開。第三，成化中，陝西提學楊一
清言，「綏德軍民屯所，多在清澗、延川地方」〔註 32〕，又清初米脂境內「寬
衍川地盡屬軍屯，而峻埠山岡方為民產」〔註 33〕，也應與清初以及其他朝
代初期一樣，盡力搶佔地理條件較好的河谷地帶，絕大多數屯田不可能發
展到地理條件較差的「二邊」外、近邊地區，這種情況至成化中也未改變。
第四，嘉靖中，「延安府府谷、安定、安塞、保安四縣並綏德衛屯種柳樹會
（今佳縣王家砭鄉柳樹會村）、拜堂兒（應在榆陽、佳縣境內、伯顏寨北，
「大邊」以內〔註 34〕，具體地址不詳）、麻葉河（疑為子長縣李家川寺灣鎮

一林（23 村，21 村）、王璽（19 村，18 村）、黃臣（9 村，8 村）、戴洪（9
村，6 村）、馬昂（36 村，31 村）、陳鎮（9 村，7 村），（上下）李潮（32 村，
24 村）、趙世相（32 村，28 村）、馮宣（26 村，25 村）、宋安（22 村，22 村）、
白堂（18 村，16 村）、湯全（金）（30 村，29 村）、翟賢（18 村，18 村）。百
戶名能與乾隆《綏德州志》卷 2《人事門‧戶口》一一對應，而且與乾隆《懷
遠縣志‧圖譜》僅繪的「白堂、馮宣、湯全（金）、趙世相、宋安、翟賢」地
址能一一對應。

〔註 29〕《明憲宗實錄》卷 102，成化八年三月庚申。

〔註 30〕《明英宗實錄》卷 67，正統五年五月乙巳。

〔註 31〕《明憲宗實錄》卷 77，成化六年三月壬辰。

〔註 32〕〔明〕楊一清：《論綏德衛邊該榆林城事宜狀》，《明經世文編》卷 116。從內
容看，該文是楊一清任陝西提學時所作，成文於成化十三、四年前後。

〔註 33〕康熙《米脂縣心》卷 4《田賦》。

〔註 34〕弘治《延安府志》卷 2「綏德州」條下有，「榆林莊塞，在城北二百七十里；
忽都伯顏寨，在城北二百二十里」，又萬曆《延綏鎮志》卷 1《建制沿革》言
榆林城「南至歸德堡四十里」，歸德堡「明成化中，余肅敏公北擄虎都伯顏置」。
故伯顏寨當在今榆林劉官寨鄉歸德堡村南 10 里處。又清顧祖禹：《讀史方輿
紀要》卷 57《延安六》「伯顏寨，在州北。又北有拜堂寨」，故推斷。

附近〔註35〕）」〔註36〕，多處於腹裏州縣，也未發展到「二邊」之外。故清代縣志對綏德衛屯地的記載似乎反映的是明後期屯地的情況。

同時，嘉靖《陝西通志》僅載洪武初「綏德衛千戶劉龐屯治」〔註37〕，時「民皆傍鼓兒山龍王泉居之，無城郭」〔註38〕。這是明初綏德衛在近邊地區屯地的唯一記載，惜按明制，屯丁僅 560 人，無法進行大規模開發。可見，由於戰爭的破壞，洪武年間，延綏鎮屯墾仍處於界石一線以南區域。即使清代縣志記載準確，洪武時期屯墾也定未超過「二邊」一線。

3.1.2　永樂至宣德：部份地段初步墾殖

洪武末蒙古內部份裂，互相爭戰，無暇南下。至宣德末，韃靼失利於瓦剌，始散入河套〔註39〕，但尚未對延綏近邊地區形成威脅。此期間，近邊地區休養生息，河套內任由軍民耕種。成化三年（1468 年）三月，延綏紀功兵部郎中楊琚奏：「近有百戶朱長，年七十餘，自幼熟游牧河套，親與臣言：套內地廣田腴，亦有鹽池海子，葭州等民多出墩外種食。」〔註40〕按朱氏年齡，其「游牧河套」當在永樂初年，有學者據此認為：成化前河套內農墾已經非常發達，而筆者認為此僅是近邊地區部份地段、小規模耕種的行為。理由如下：

首先，從墩臺位置看，「墩」即正統間埋立的瞭望墩，即「大邊」一線，位於正統間城堡北二三十里。由於地形所限及歷代戰爭遺留，陝北地區形成

〔註35〕〔明〕張雨：《邊政考》卷 2《榆林衛‧榆林鎮圖》（《續修四庫全書》版）中在懷寧寨（今子洲裴家灣鎮淮寧灣村）、克戎寨（今子洲苗家坪鎮張家灣村）左有此寨；又「威武堡至麻葉河三百里，至安定縣三百里」，可見，麻葉河在安定堡（今字長縣安定鎮）附近。另道光《安定縣志‧圖》中有「麻兒河」（今李家川），疑為麻葉河。麻葉河堡疑為此河附近。

〔註36〕《皇明九邊考》卷 7《榆林鎮‧經略考》。

〔註37〕嘉靖《陝西通志》卷 10《河套‧西域》，三秦出版社，2006 年，第 467 頁。萬曆《延綏鎮志》卷 1《建置沿革》也有相同記載。

〔註38〕萬曆《延綏鎮志》卷 3《紀事》。

〔註39〕〔明〕何喬遠：《名山藏‧典謨記‧宣宗》，明崇禎間刻本，北京大學出版社，1993 年。

〔註40〕《明憲宗實錄》卷 27，成化二年三月己未。《殊域周諮錄》卷 18《北狄‧韃靼》有詳文（明嚴從簡著，薄音湖、王雄編校，《明代蒙古漢籍史料彙編》第一輯，內蒙古大學出版社，1994 年，據 1930 年故宮博物院圖書館鉛印本點校本）。

了以在黃土溝谷地帶、以城堡爲中心的農業耕種模式。明初防線南撤、人口有限，必然選擇腹裏黃土地帶舊有「屯墾型」城堡〔註41〕並以之爲中心進行開墾，敵來入城堡，敵退則耕種。正統年間，明初的城堡得到整飭並整體向近邊地區北移，新城堡共有23座。然而，到了成化初年，延綏鎮官員又認爲正統年間的城堡不順應形勢的發展，「或出或入，參差不齊，道路不均，遠至一百二十餘里，近止五六十里」〔註42〕。所以，正統年間23座城堡理應多處於黃土地帶、界石以南，明初的城堡更在南面。

在永樂初年，人口相對較少，近邊地區需要重點防衛的地段僅僅是葭州（今佳縣）所轄的府谷縣、神木縣和榆林莊，這一點上文已經說明。此時修築的城堡僅有六個：府谷堡（府谷麻鎮舊巴州村）、安定堡（今府谷縣城北五里）、東村寨（今府谷新民鎮鄉香水岔附近）、神木塞（今神木縣西南五十里山茆上）、柏林寨（今神木縣解家堡鄉柏林堡村）、榆林寨（今榆林市區），並可能在這些城堡北側設立瞭望墩，以便偵測敵情。正統年間，除了安定堡向西北移動約35里改築新堡孤山堡（今孤山鄉政府所在地）、神木塞南移50里改築新堡神木堡（今神木縣城）外，其他四個城堡位置保持不變，另外還增加了筆架堡（今天神木縣城西一里的駝峰山）、高家堡（今神木縣高家堡鎮駐地）兩堡。這些城堡都位於近邊地區，且大略處於一條直線。即使成化初年又掀起了一輪增置、北移城堡的高潮，結果導致「（正統年間的）營堡多有移出界石之外，遠者七八十里，近者二三十里」〔註43〕，但葭州所轄近邊城堡變化不大〔註44〕。可見，永樂初年所修築的城堡，至成化年間位置變化不大，城堡北面的瞭望墩也理應變化不大。所以，永樂初年的僅是府谷縣、神木縣和榆林莊的百姓越過了後來的「大邊」一線出去耕種。

另外，府谷、神木二縣和榆林莊的地理位置和政治體制也促成了「游牧河套」。該地段地處近邊地區、北臨黃土地帶，地理相對較好。同時，近邊地區也只有這些地段設置了官衙，徵收賦稅。這都可能致使百姓向北私墾，以

〔註41〕 筆者研究明代延綏鎮城堡的分佈及與宋代城堡的承續關係，將城堡分爲「屯墾型」和「戰鬥型」。詳見舒時光：《明代陝北長城沿線土地利用的空間分佈與變化特點》，第41～43頁。

〔註42〕 〔明〕王復：《邊備疏》，《明經世文編》卷94。

〔註43〕 〔明〕余子俊：《爲地方事》，《明經世文編》卷61。

〔註44〕 詳見舒時光：《明代陝北長城沿線土地利用的空間分佈與變化特點》，第32～34頁。

便獲得更多的收入並能逃稅。一則史料對此予以印證:「『大邊』之外,各衙門有分地,居人亦各有舊莊,及先世所佔地。放人出耕則地百倍,正統以前不禁,成化中間放,弘治來惟巡撫陳公壽一放,正德丁丑(1517 年)再放」〔註45〕。在「大邊」外軍墾,在正統前是不禁止的,而自弘治年後至明亡,放民耕種僅僅兩次。

其次,從「游牧河套」的規模看,永樂時期府谷縣、神木縣人口基數較少,神木縣額值民地 455.60 頃、丁 8090 口,府谷縣民地 144.60 頃,丁 10739口〔註 46〕。大亂方定,大量的人口理應首先開墾臨近荒田,外出瞭望墩私墾私樵的畢竟是少數。榆林莊也是如此,甚至到成化六年(1470 年)設衛時,仍是「戶口幾無」〔註47〕。

同時,永樂初年近邊城堡不僅數量少,而且規則低,無法承載大量的開墾者。我們可以選擇正統年間所築的城堡與之對照,如正統初剛剛整修過的延綏鎮城,「人居未眾」、「尚草造也」〔註48〕。到了景泰元年(1451 年),都督王禎因嫌近邊城堡「其地狹隘,不堪屯牧」而擅自棄守,移入腹裏葭、綏二州,延慶二府守備」〔註 49〕,軍屯和防禦重心仍偏腹裏。正統年間所修的城堡尚且如此,而整修前的永樂初年的近邊城堡可想而知,定不能承載更多的開墾軍丁和民人。

防禦重心偏在腹裏的現象不僅存在於負責防衛近邊中、東二路的綏德衛,更存在於防守西路的延安衛。明初,延安衛的防線處於白於山地以南,直至正統初防線才開始北移,靠近毛烏素沙地南緣的定邊營(今定邊縣城)、舊安邊營(今定邊安邊鎮駐地)方才設立。而「定邊之西、三山(今定邊縣馮地坑鄉新城灘村)、石澇(今定邊石澇川河源頭)之北,自國初已為閒地,……無人承佃」。至隆慶中期,該段「大邊」重修後,仍是閒田,直至萬曆三十五年(1607 年)時,耕種的地畝仍「百分之一」〔註50〕。西部諸堡中,定邊營設立較早,明成化年間設副總兵統轄西路,政治地位和軍事地位極其重要,

---

〔註45〕 萬曆《延綏鎮志》卷 2《屯田》。

〔註46〕 弘治《延安府志》,卷 1-2。

〔註47〕 民國《榆林縣鄉土志·人類》

〔註48〕 〔明〕崔鏞:「磚修榆林鎮城記」,萬曆《延綏鎮志》卷 8《藝文志下》。

〔註49〕 《明英宗實錄》卷 187,景泰元年正月壬午。又《全邊略紀》卷 4《陝西延綏略》有詳文(明方孔炤著,王雄編校,《明代蒙古漢籍史料彙編》第三輯,內蒙古大學出版社,2006 年,據明崇禎元年刻本點校版)。

〔註50〕 萬曆《延綏鎮志》卷 2《閒荒地》。

但城堡附近仍是荒閒地，西路其他城堡附近的開墾可想而知。而設置舊安邊營則是私墾的結果，「其實規利於家之意多，保障地方之意少」〔註51〕，常為後人詬病。

總而言之，「游牧河套」僅是今神木、府谷（或有今榆林市區附近部份地區）地方政府小規模行為或個人行為，因人口基礎小，「大邊」外墾殖人數理應不多、規模不大。其時延綏鎮屯墾的重心在腹裏，其北界不會超過界石一線。「游牧河套」更多應是形容永樂、宣德年間那種墾種不受外部侵擾的「狀態」。

3.1.3 正統至成化十年：緩慢發展

正統初年，近邊地區初步建立起「瞭望臺──25 城堡──『界石』」為主體的防禦工事。「土木之變」後蒙古始大規模進入河套地區，近邊地區戰略地位提升。明朝也隨之在近邊地區加大軍墾力度，要求軍餘開種田野。正統五年（1440 年）「命陝西延安綏德沿邊衛所各寨堡軍餘開種田野」，所收籽粒自給，惟上納草束〔註52〕。次年，朝廷兩次重申開墾龍州寨（今靖邊縣龍洲鄉龍州村）等堡荒地〔註53〕。成化初，明朝將流亡在神木、葭州的山東逃民納入編戶〔註54〕，補充了衛所屯田人員，又增加邊堡屯軍數量，「府谷、神木二縣，龍州、榆林二城，高家、安邊二堡」〔註55〕補充精兵九千人，分屯這些地方。近邊部份城堡周圍的屯墾自正統年間開始逐步發展起來。

正統初年，還設立軍事隔離帶，防止「境外種田，引惹邊釁」，嚴格將屯墾範圍限制在界石以南，當時「軍民依界種田，不敢絲毫違越」。但禁令時久難循，至成化初年外出界石現象增多，為此朝廷屢屢申戒〔註56〕，惜成效有限。為此，成化六年（1470 年）王銳奏修長城並開設屯田，獲准實行。

但是，戰爭嚴重影響了墾殖的發展。天順年間，蒙古頻頻大肆入侵，百姓流失嚴重。天順四年（1460 年），韃靼二萬寇榆林，擄人口及牛羊騾驢萬餘，

〔註51〕 〔明〕余子俊：《為地方事》，《明經世文編》卷 61。
〔註52〕 《明英宗實錄》卷 67，正統五年五月乙巳。
〔註53〕 《明英宗實錄》卷 85，正統六年十一月辛丑；卷 86，正統六年閏十一月辛未。
〔註54〕 〔明〕白圭：《禦寇方略疏》，《明經世文編》卷 42。
〔註55〕 《皇明大政紀》，成化元年二月（日不明）。
〔註56〕 〔明〕余子俊：《為地方事》，《明經世文編》卷 61。又見《明憲宗實錄》卷 80，成化六年六月乙亥；卷 102，成化八年三月庚申；卷 122，成化九年十一月辛丑；明白圭：《禦寇方略疏》，《明經世文編》卷 42。

幸被截獲〔註57〕，「陝西等處，被虜人口，不下萬計」〔註58〕。延綏鎮近邊地區隨之蕭條，「正統間詔墾荒田，然塞下尚多棄地」〔註59〕，天順八年（1464年）延安府甚至出現了大饑荒〔註60〕。同時，軍費開支迅速攀升，朝廷預征稅糧，延安府百姓負擔加重，「人民愈加逃竄」〔註61〕，陝西腹裏衛所「軍士以十分爲率，逃亡等項已有三分之上」〔註62〕，田地拋荒。爲節省民力，明朝南撤軍馬回本衛，不常駐近邊城堡，改變就糧方式，企圖通過減少近邊駐軍規模，減輕軍糧供給的負擔。天順六年（1462 年）二月，罷延安、綏德等借調軍，令其「寧可暫去暫來，不可久留在彼，庶民得承間耕種」，近邊地方只留下「文武官一員，提督彼處城堡軍馬」，「且耕且守」〔註63〕。成化年間，大規模搜套，卻收效甚微，「兵雖多，而成功少」〔註64〕。更爲嚴重的是，連年征戰導致沿邊民眾負擔沉重，負責供給延綏軍糧的陝西、山西連年饑荒，已預徵多年，「財力困窮，人思逃竄」，同時軍費開支巨大，成化八年（1472年）九月，延綏軍費「共估銀九十四萬六千餘兩」，而僅運送糧草耗費即達「八百一十五萬四千餘兩」之巨〔註65〕，佔延綏軍費和運費之和約當年全國收入的 36.76%〔註66〕，修築邊牆提到議事日程。

3.2 成化中至隆慶中近邊地區的邊墾

成化中，余子俊增修城堡、設衛移鎮、大修「二邊」，近邊屯墾獲得了極大發展。弘治末至正德初文貴修築「大邊」，有力地保護了延綏近邊屯地發展。但正德初至隆慶中，由於戰爭破壞，近邊屯墾幾近停滯。

〔註57〕《明英宗實錄》卷 311，天順四年正月戊子。

〔註58〕〔明〕葉盛：《陳言邊務疏》，《明經世文編》卷 60。

〔註59〕《殊域周諮錄》卷 18《北狄·韃靼》。

〔註60〕嘉慶《延安府志》卷 4《大事表二》。

〔註61〕〔明〕雷禮輯《皇明大政紀》，天順六年二月，北京大學出版社，1993 年。

〔註62〕〔明〕馬文升：《存遠軍以實兵備疏》，《明經世文編》卷 62。

〔註63〕《皇明大政紀》，天順六年二月（日不明）。

〔註64〕《明憲宗實錄》卷 104，成化八年五月癸丑。又見《明憲宗實錄》卷 102，成化八年三月壬戌。

〔註65〕《明憲宗實錄》卷 108，成化八年九月癸丑，第 2019～1011 頁。康熙《延綏鎮志》卷 6《藝文志·計慮賊情疏》節錄此疏，可互堪補。

〔註66〕吳緝華：《明代西北邊患與榆林發展》，《第二屆國際漢學會議論文集：明清與近代史組》上冊，臺北：「中央研究院」，1989 年。

3.2.1　成化中至弘治中：興盛

　　成化中，余子俊增修城堡、設衛移鎮、大修「二邊」，防禦體系的完善有力保障了墾殖的發展。成化八年（1472 年），延綏鎮「邊兵共八萬之上，馬亦七萬餘匹」〔註 67〕，增置挪移 36 城、析榆林衛、移鎮榆林、修築「二邊」，防禦體系日益完備，扭轉了「兵馬屯操反居其內，人民耕牧多在其外」〔註 68〕的局勢。此後，延綏鎮保持相對和平將近 30 年之久，近邊軍屯發展獲得了良好外部環境，界石到「二邊」長城一帶的土地普遍墾殖，該階段是近邊屯墾的「黃金時期」。

　　界石與「二邊」之間的土地普遍墾殖。成化十年（1474 年）「二邊」修築後，界石至「二邊」之間土地被大規模地開墾，「先盡俵作本衛屯田，其餘撥與各堡軍人或附近人戶承種，三年之後，照例上納子粒」〔註 69〕，延安、綏德二衛屯地開始大規模向近邊推進。「設屯之後，軍餘俱絕，原無佃戶，成化、弘治中屯種老家報折納草束」〔註 70〕，兩衛仍可以讓軍餘進行屯墾，稅率是「每一百畝於鄰堡上納子粒六石」〔註 71〕。而完全位於近邊地區的新設榆林衛屯，因為地理環境相對較差及鼓勵開墾等因素，可以因荒折糧，甚至可以折草，「惟榆林衛為荒地折草，餘三衛皆額徵草」〔註 72〕。成化十年（1474 年），余子俊彙報說，「其界石迤北直抵新修邊牆，凡地俱有履畝起科，令軍民耕種，計田稅六萬石有奇」〔註 73〕。地處界石和「二邊」的軍屯，折算約有 10000餘頃，應包括榆林衛的屯地以及界石北新開的綏德、延安、慶陽三衛屯地。當時，延安、慶陽、綏德三衛的全部屯地（包括腹裏屯地和近邊新開屯地）共有「一萬一百餘頃，每年一軍，該地一頃，共納籽粒五萬六千餘石，穀草七萬九千餘束」〔註 74〕。雖然無法確知三衛腹裏屯地和界石以北新開屯地的

〔註 67〕　《明憲宗實錄》卷 108，成化八年九月癸丑。
〔註 68〕　《皇明大政紀》，成化二年十一月（日不明）。
〔註 69〕　《皇明九邊考》卷 7《榆林鎮・經略考》。
〔註 70〕　萬曆《延綏鎮志》卷 2《荒閒田》。
〔註 71〕　《明憲宗實錄》卷 122，成化九年十一月辛丑。又見《古今圖書集成》經濟彙編「戎政典屯田部」，《中國歷代屯墾資料選注》，毛澤東屯墾思想研究會、新疆生產建設兵團編，新疆人民出版社，2004 年。
〔註 72〕　萬曆《延綏鎮志》卷 2《邊餉》。
〔註 73〕　《明憲宗實錄》卷 130，成化十年閏六月乙巳。
〔註 74〕　《明憲宗實錄》卷 166，成化十三年五月庚午；嘉慶《延安府志》卷 43《屯田》引《明世法錄》同，《全邊紀略》卷 4《陝西延綏略》此處為「延、慶二衛」，誤。

具體數量，但是從以上數據可知：界石至「二邊」開墾力度很大。後人也予以評價，「成化弘治年間，邊倉充積，除夠歲用外，常有二年、一年半、一年之積，文冊見在戶部收架可查」〔註75〕。

成化中後期，界石至「二邊」屯地開墾規模之大，我們還可以通過與當時相鄰的州縣民地的規模比較得出。成書於弘治十七年（1504 年）的《延安府志》較詳細列舉所轄州縣（時轄三州十五縣）民田的數量（無屯田數量），並且各州僅是直隸範圍內的民田數，各自管轄的縣單獨計算。我們可以將延安府靠近界石南的一州六縣（府谷、神木、佳縣、米脂、安定、保安、安塞共七個縣域）（見圖 3-1）民田和剩下的二州九縣民田數量進行比較。在比較前，有必要對比較的價值進行說明。

成化十年（1474 年）至弘治十七年（1504 年）30 年間，延綏鎮戰亂較少、規模不大。這期間延綏鎮榆林等四衛屯田總額及核定賦稅，現存文獻沒有記載。但是，可以通過嘉靖九、十兩年（1530～1531 年）延綏鎮額設屯糧、屯草的數量，作適當地推斷。嘉靖九年榆林等四衛屯田額設屯糧 66097 石，屯草 73211 束，秋青草 377460 束〔註76〕；嘉靖十年額設屯糧 66135.1892 石，屯草 73211 束，秋青草 377460 束〔註77〕。延綏鎮額設屯糧、屯草理應包括綏德、延安、榆林、延安四衛全部屯地稅收，嘉靖十年較上年額設屯糧略有增加，額設屯草和秋青草完全相同，同時考慮到成化十年（1474 年）「二邊」至界石有「田稅六萬石有奇」，可以肯定，自成化十年後，延綏鎮軍墾地的額設數量和賦稅在一定時間內是相對穩定的。又，自弘治十四年（1501 年）後，近邊屯地基本上處於荒廢（下文詳述）。因此，嘉靖九年、十年的額設值應是成化末至弘治中的核定賦稅，「二邊」至界石之間的 1 萬餘頃軍墾地應該至嘉靖初年也沒有大的改變，僅僅因戰亂或災害拋荒折收馬草而已；延安府的民田可能也大略如此，弘治《延安府志》的民田數據大略是成化末的額設值。所以，將成化末延綏鎮「二邊」至界石之間開墾的數量與弘治《延安府志》的民田數量進行比較，有很大的價值。

〔註75〕〔明〕梁材：《議處陝西四鎮邊儲疏》》，《明經世文編》卷 104。
〔註76〕〔明〕梁材：《議覆陝西事宜疏》，《明經世文編》卷 105。
〔註77〕〔明〕潘潢：《議延綏新軍疏》，《明經世文編》卷 198。

表 3-1　明弘治初延安府所轄州縣田、賦、戶口統計

區域	州縣	田（頃）	賦		戶		
			糧（石）	草（束）	裏	戶	丁口
北部一州六縣	府谷	144.60	1381	無	6	719	10739
	葭州	1270〔註78〕	9148	10180	9	1073	36579
	米脂	1925.96	12677	14800	13	1648	16470
	神木	450.60	2780	2660	5	670	8090
	安塞	1334.89	11157	11126	16	2214	27476
	保安	479.30	4190	4170	8	970	19570
	安定〔註79〕	3312.40	26314	31725		5457	
腹裏二州九縣	吳堡	309	2620	2590	3	362	5966
	清澗	1263.90	10180	9190	10	1478	27817
	綏德州	1198.70	10151	9990	10	1280	20090
	延長	1009	8942	9229	10	1319	14770
	延川	1125.94	9176	8485	10	1331	26310〔註80〕
	宜川	3180.10	28660	30780	24	2754	77316
	甘泉	1463.16	14788	14883	23	2801	23480
	鄜州	4901.95	43957	46335	51	6863	67613
	洛川	7832.30	72820	81340	64	8012	——〔註81〕
	中部	2969.40	26473	27720	24	3017	56050
	宜君	3360	28781	28110	38	4829	50221
	延安府	37531.20	324195	343313		46797	696950

資料來源：弘治十七年（1504 年）《延安府志》

〔註78〕原文：1270 頃「×十畝」，脫字，以 1270 頃計算。
〔註79〕無記載。由延安府民地總額減其他縣的數額得。
〔註80〕原文「丁口共二萬六千三百一十×」，後面脫字，因其爲個位數字，影響不大，權作「零」。
〔註81〕脫字較多，無法識別。

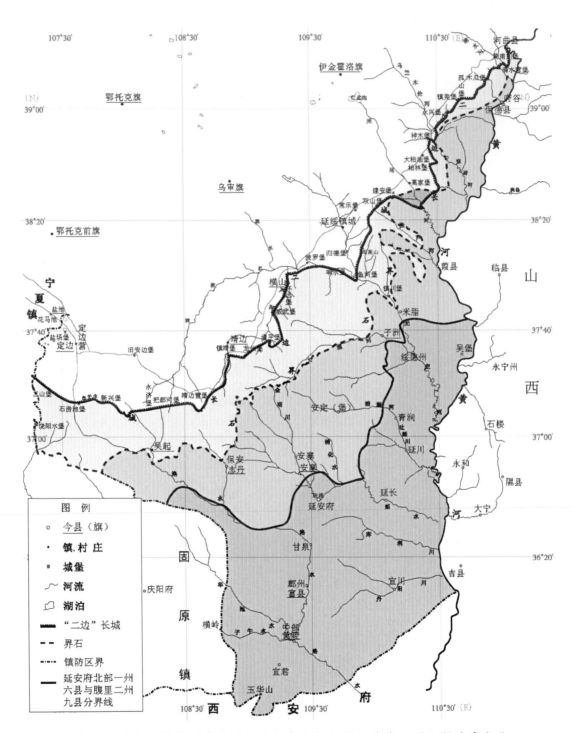

圖 3-1 明代延綏鎮近邊地區與延安府北部七縣、腹裏二州八縣地域分佈

合計延安府北部靠近界石一州六縣（府谷、神木、佳縣、米脂、安定、保安、安塞）的田、賦、戶口的數額占延安府總額的比例如下：

表 3-2　明弘治初延安府北部一州六縣田、賦、戶口占延安府比例

項　目		北部七縣域合計	延安府	比　例
田（頃）		8916.60	37531.20	23.76%
賦	糧（石）	70267	324195	21.67%
	草（束）	77251	343313	22.50%
戶		12751	46797	27.25%

由表 3-1、3-2 可見，合計北部靠近界石的一州六縣的田、賦、戶口各項，占延安府（共轄三州十五縣）總額中的比例都不到 30%。

經比較可以發現：延綏鎮近邊地區界石至「二邊」成化年間新增軍墾地數（姑以 10000 頃整計之）是相鄰的延安府一州六縣（民田 8916.60 頃）的 1.1 倍，占延安府民地總數（田 37531.20 頃）的 26.6%。相對於延安府地處黃土高原的腹裏的二州九縣，甚至是北部的一州六縣，近邊地區界石至「二邊」地理條件較差，但是成化年間屯墾卻達到了如此規模，可進一步說明，成化末界石以北、近邊地區軍屯的興盛。

成化末，在開荒增屯將私墾納入官方管理之餘，少數北臨「二邊」的地段在官方領導下、視敵情耕種，「不可著爲定例」〔註 82〕。這些地段有：「雙山至榆林以舊沙山馬路爲界，榆林至歸德堡以河爲界，歸德至響水堡以歸德舊堡馬路並櫻桃梁馬路爲界，響水至波羅堡以河爲界，其黑兒山、柳河梁、沙峰子、杜二窊一帶；神木城北地亦以河爲界」〔註 83〕。可以發現，這些地段大略位於延綏鎮城附近城堡周圍，北鄰「二邊」，分佈在地利條件較好的河谷地帶南側，甚至連河對岸的谷地都禁止開墾。同時，余子俊還在神木、高家兩堡駐防大軍防禦東西二路，於每堡東西、南北設置多個擺塘，爲「二邊」外部份地段和「二邊」內屯墾軍民防護示警〔註84〕。

〔註82〕《明憲宗實錄》卷 131，成化十年秋七月己未。
〔註83〕〔明〕余子俊：《余肅敏公經略公牘》，《天一閣藏明代政書珍本叢刊》第 17 冊，線裝書局，2010 年，始刊於成化十一年十一月初一日。
〔註84〕〔明〕魏煥輯《皇明九邊考》卷 7《榆林鎮·經略考》。

　　其餘地段，則嚴禁外出「二邊」耕種，「敢有越出塞垣耕種，及移徙草場界至者，俱治以法」〔註85〕。另一則史料也說明了該禁令的嚴肅性，「榆林一帶營堡在邊牆外者地多堿薄，間有膏腴又禁不許耕種。乞行本邊監督副使等官於新修壕塹內地，每軍量撥數畝俾種菜供食，仍不許越出壕外」〔註86〕。同時，這也說明了延綏鎮近邊地區、「二邊」長城外，地理環境的嚴酷也限制了農業生產的繼續發展。

　　但私墾趨勢難以阻擋，幾年後，又有軍民越出「二邊」，進入夾道耕種，「將邊牆以外、煙墩以裏堪種地土丈量種菜……緣邊牆至煙墩，如清水營（屬東路）一帶，中間多有耕種百里者」〔註87〕，鎮城附近也有「（先年）軍人俱出邊外耕種，又遇天年豐收，故米粟之多，每銀一兩可糴二三石」〔註88〕。主要原因是：近邊地區自然環境惡劣，「高仰者崗阜相連，卑下者沙石相半，其間稱為腴田，歲勘耕牧者，十之二三耳。且天時難必，水利不興，雨暘或致愆期，則束手無從效力」〔註89〕；「榆林鎮城百餘里之內，一望沙漠，不生五穀」〔註90〕，這些都決定了「二邊」南的屯墾必然不能興旺，加之「二邊」外的屯墾地段有限。同時，也正由於自然條件的惡劣，天災較重的年份可能造成大饑荒。「（成化）十九年旱，二十年大旱，多蟲，大饑，人相食。二十二年延綏大饑，人相食。弘治十四年，地大震，鎮城饑」。〔註91〕既然「二邊」外「地多堿薄，間有膏腴又禁不許耕種」，那麼在和平時期，近邊尤其北臨黃土地帶的東路和中路延綏鎮城附近軍民出於私利，選擇既適於耕種，又能逃避賦稅的地段進行墾殖，自然在情理之中。為保護屯田，文貴可能首先在防禦能力相對較弱、私墾較發達的東路修築「大邊」。這又印證了

〔註85〕《明憲宗實錄》卷131，成化十年秋七月己未；《余肅敏公經略公牘》記載較詳。
〔註86〕《明憲宗實錄》卷166，成化十三年五月庚午；嘉慶《延安府志》卷43《屯田》引《明世法錄》，同；《全邊紀略》卷4《陝西延綏略》此處為「延、慶二衛」，誤。
〔註87〕〔明〕余子俊：《為地方事》，《明經世文編》卷61。《明憲宗實錄》卷170，成化十三年九月甲戌條節錄原疏，第3077～3078頁。
〔註88〕〔明〕唐龍：《大虜住套乞請處補正數糧草以濟緊急支用》，《明經世文編》卷189。
〔註89〕〔明〕龐尚鵬：《清理延綏屯田疏》，《明經世文編》卷359。
〔註90〕〔明〕唐龍：《大虜住套乞請處補正數糧草以濟緊急支用》，《明經世文編》卷189。
〔註91〕萬曆《延綏鎮志》卷3《災異》。

嘉靖十年（1531 年）王瓊所奏：「『二邊』乃成化中余子俊所修，因山爲險，屯田多在其外；『大邊』弘治中文貴所修，訪（防）護屯田。」惜「大邊」規制不高，作用有限。

3.2.2　正德至隆慶中：荒廢

弘治十四年（1501 年）後，蒙古右翼土默特火篩部進入河套，「此河套住牧之始」〔註 92〕。隨後達延汗搶佔河套並重新劃分了萬戶，將守衛成陵的鄂爾多斯部移於套內，標誌著河套成爲蒙古的永久居住地。此間，蒙古侵擾加劇，「自弘治十四年，大虜占套，民廢耕種」〔註 93〕，延綏地區墾殖的「黃金時期」自此結束。

明廷隨之採取應對措施：弘治十五年（1502 年）設置三邊總制〔註 94〕；不斷增加駐兵。至嘉靖十年（1531 年），官軍計 53239 名〔註 95〕，另有陝西、河南班軍最多時達 11063 名〔註 96〕。文貴在弘治末正德初修築「大邊」規制不高，又不得不重修。其中西路在嘉靖中重修後，在該地段新開屯田。長久的戰事，使延綏鎮及腹裏州縣人口損失慘重、糧價騰升、田地荒蕪，近邊墾屯受到嚴重打擊。從以下幾個方面分析：

第一，軍民人口損耗巨大。人是墾殖活動的主體，戰爭殺戮是人口損耗的主要原因。蒙古侵擾，弘治十四年（1501 年）清水營堡軍民「多被殺掠」〔註 97〕，十七年「虜入延綏皇甫川堡（今府谷皇甫鎮駐地）殺掠人畜」〔註 98〕，正德十年（1515 年）九月，蒙古十萬騎深入固原腹裏，「肆行劫殺，城堡爲空」〔註 99〕。嘉靖時期戰爭規模大，人口損耗更嚴重，嘉靖二十五年（1546 年），延安等處百姓損失達「八千四十四人」〔註 100〕，三十二年腹裏州縣被「屠掠

〔註 92〕〔明〕張雨：《邊政考》卷 5《三夷紀事》。
〔註 93〕〔明〕唐龍：《大虜住套乞請處補正數糧草以濟緊急支用》，《明經世文編》卷 189。
〔註 94〕《明史》卷 171《楊善列傳附沈固列傳》。
〔註 95〕〔明〕潘潢：《查核邊鎮主兵錢糧實數疏》，《明經世文編》卷 199，「又查兵部諮送延綏撫鎮官奏開，實在官軍四萬二千九百九十七員名，……比嘉靖十年及新募軍之數，少軍一萬一百四十二員。」
〔註 96〕萬曆《延綏鎮志》卷 3《軍政》。
〔註 97〕《明孝宗實錄》卷 175，弘治十四年六月戊戌。
〔註 98〕《明孝宗實錄》卷 213，弘治十七年六月甲申。
〔註 99〕《明武宗實錄》卷 129，正德十年九月甲辰。
〔註 100〕《明世宗實錄》卷 323，嘉靖二十六年五月壬申。

且遍」〔註101〕。同時，邊將竟妄殺百姓，冒領軍功，「寧殺萬姓，不折一軍」〔註102〕，也成為人口傷亡的重要原因。

正軍大量戰死，屯種餘丁補額或逃亡。嘉靖末，東路各城堡屯軍大量外逃至山西境內以求保命〔註103〕，餘丁補額，致使守軍「多老幼不堪，且各營俱不滿三千之數，或八九百一營有之，或一千五六百一營者有之」〔註104〕。戰鬥力下降又加劇戰場損耗與逃亡。同時，局勢動盪、賦役繁重，百姓也大量逃亡。史載：「人皆缺食，自救不瞻，而乃催徵糧草，急如星火，是迫之逃竄也」。〔註105〕嘉靖二年（1523年），吏科給事中楊秉義描述兵燹後慘狀：「行經舊榆林響水鋪（今橫山響水鎮駐地）處，昔皆有名村堡，今俱為故墟，屋壁傾頹，煙不黔突。」〔註106〕殺戮之餘，蒙古大量掠奪漢人為奴。嘉靖二十五年（1546年），曾銑上書言：「近據歸人供稱達虜每一帳家小，不止四五人，虜去人口，反有五六人，是虜之中，被虜之人半之。」〔註107〕由此估計，戰爭中被擄及逃往河套的漢人高達數萬。居留河套的漢人也應從事農業生產〔註108〕，其農耕地應在蒙古各部駐地附近有足夠水源的地方，便於開墾和管理。但延綏鎮近邊的蒙古河套部落，駐地多距明邊境二三百里以上〔註109〕，超出筆者的研究區域；又蒙古退居大漠，重回游牧，由於生產方式的慣性，嘉靖年間河套內農業的規模當遠遠小於牧業，故不做詳細研究。

〔註101〕《明世宗實錄》卷401，嘉靖三十二年八月丙戌。另見《明世宗實錄》卷442，嘉靖三十五年十二月丙申；卷546，嘉靖四十四年五月辛酉。

〔註102〕〔明〕嚴從簡：《殊域周諮錄》卷19《北狄·韃靼》。

〔註103〕萬曆《延綏鎮志》卷3《紀事》，嘉靖四十二年七月。

〔註104〕〔明〕曾銑：《總題該官條議》，《明經世文編》卷238。

〔註105〕〔明〕叢蘭：《清查延綏條議》，《明經世文編》卷108。

〔註106〕〔明〕嚴從簡：《殊域周諮錄》卷19《北狄·韃靼》。

〔註107〕〔明〕曾銑：《復套條議》，《明經世文編》卷240。

〔註108〕和田清認為（〔日〕和田清：《俺答汗的霸業》，《明代蒙古史論集》，599頁，潘世憲譯，（北京）商務印書館，1984年版），嘉靖十二、三年的大同兵變後，蒙古部落就開始有了農耕。又嘉靖二十六年俺答汗求貢書中（明嚴從簡：《殊域周諮錄》卷21《北狄·韃靼》）有「乞給耕具，欲於塞外墾耕」的要求；萬曆中明人出境所見（〔明〕蕭大亨：《北虜風俗》，《明代蒙古漢籍史料彙編》第二輯，第238～270頁）蒙古麥、穀、豆、粟齊全，牛、犁具備，筆者認為非一日所成。

〔註109〕〔明〕茅元儀：《武備志》卷207《延綏》，《故宮珍本叢刊》本；又見張雨：《邊政考》卷2《榆林衛·榆林鎮圖》，續修四庫全書（據明嘉靖刻本）影印本。

　　人口大量損耗必然導致耕地廢棄，「達虜入寇，沿邊地土，多未耕種」〔註110〕；餘丁補額，衛所屯地缺乏勞動力，「大半荒蕪」〔註111〕。延綏鎮城「自弘治十四年（1501年），大虜占套，民廢耕種，粟米草料等項，俱仰給腹裏搬運」，致使軍士貧苦，「衣無完褐，室無完堵，每日止食粥湯三四碗，若得一飯以宿飽者，則今以爲難」。〔註112〕至隆慶初，鎮城「一望黃沙，迷漫無際，寸草不生，猝遇大風，即有一二可耕之地，會不終朝，盡爲沙磧，疆域茫然」〔註113〕，軍屯基本處於荒廢狀態。

　　東路近邊皇甫川等五堡，墾殖條件較優越，嘉靖四十二年（1563年）大戰後僅存「男婦七百人」，屯軍外逃。「時虜患頻仍，伏掠道路，堡皆閉門坐守，拆屋以炊，棄田廢耕者數年。餓殍轉徙，渡河就食」〔註114〕。幾年後，神木、府谷諸堡「道路阻絕、人煙稀少、商販不至」，府谷縣城僅存「三十餘家」〔註115〕。當時前來巡查的京官感歎道，「惟東路絕無藩垣限隔，胡馬一鳴，即長驅突內地，寧有耕作之日乎？」〔註116〕又如西路，嘉靖四十五年八月，「虜大舉入寇定邊（今定邊縣城）、磚井（今定邊磚井鎮駐地）、鹽池（今寧夏鹽池縣城）等堡，東西數百里諸堡城門晝閉，野居岩窟之人，攻掠垂盡」。〔註117〕生存尚虞，何談屯墾？嘉靖中期至隆慶中，延綏鎮軍丁、延安府民夫，西安四衛軍、河南班軍等赴邊重修西路「大邊」，時西安四衛總屯地二萬七千頃，衛兵赴邊致使衛所人力缺乏，九千頃荒棄，拋荒率達33％。〔註118〕腹裏衛所之屯田尚且如此，處於邊境且承擔主要防務的延綏四衛，其屯墾之荒廢，可想而知。

〔註110〕〔明〕叢蘭：《清查延綏條議》，《明經世文編》卷108。

〔註111〕〔明〕梁材：《議覆陝西事宜疏》，《明經世文編》卷105。

〔註112〕〔明〕唐龍：《大虜住套乞請處補正數糧草以濟緊急支用》，《明經世文編》卷189。

〔註113〕〔明〕龐尚鵬：《清理延綏屯田疏》，《明經世文編》卷359。

〔註114〕萬曆《延綏鎮志》卷3《紀事》。

〔註115〕〔明〕王遴《經理黃河運道疏》，道光《榆林府志》卷四十《藝文志》。按《明史》卷220《王遴列傳》：「（嘉靖）四十五年，擢右僉都御史，巡撫延綏。……隆慶改元，寇六入塞，皆失利去。而御史溫如玉論遴不巳，解官候勘。」可知此文作於嘉靖四十五年。

〔註116〕〔明〕龐尚鵬：《清理延綏屯田疏》，《明經世文編》卷359。

〔註117〕萬曆《延綏鎮志》卷3《紀事》，嘉靖四十三年八月、嘉靖四十五年條。

〔註118〕〔明〕王以旂：《延綏軍餉疏》，《明經世文編》卷174，「近日新築延綏邊牆墩臺，……陝西西安四衛屯田計二萬七千頃。除見在軍士屯糧，尚餘地九千頃。」

　　第二、延綏鎮糧價騰升。正德元年（1506 年），延綏鎮軍事供應開始以折色貨幣支付形式為主〔註 119〕，政府發放貨幣於邊鎮官軍，然後在市場上糴買糧食和物資。考察糧價的變化，可以間接瞭解當時邊鎮和周邊州縣墾殖的實際狀況。弘治十四年（1501 年）後，延綏屯地廢棄，「本處既不產本色」，軍資糧草「俱仰給腹裏搬運」〔註 120〕。正德年間，「每銀二錢五分準米一石」〔註 121〕，一錢可以買米 40 升；不久後「銀一錢遇熟糴米八九升，不熟僅糴五六升，熟時實少，不熟實多」〔註 122〕，貶值了 4～8 倍。嘉靖年間，米價更是居高不下，「豐年糧賤，軍糧折放每石二錢五分。邇因正軍多逃，盡將屯丁選補，兼之北虜侵掠，屯地大半荒蕪，重以歲歉糧貴，每石八九錢，尤為虧累。」〔註 123〕弘治十四年以降，延綏米價飛漲的主要原因就是北虜侵掠導致的近邊及相鄰腹裏地區墾地大半荒蕪，軍糧供應不足。

　　弘治末年後，延綏鎮近邊屯墾荒廢的趨勢是顯見的，但不排除個別地段、部份時期屯墾的新發展。延綏西路定邊（今定邊縣城）至寧塞堡（今靖邊縣水路畔鄉石窯溝村）一線，余子俊修築「二邊」時，將此段城堡南移至白於山地「二邊」一線，僅存定邊、寧塞二堡，為協防寧塞堡，成化十一年（1475年）復守舊安邊營（今定邊安邊鎮駐地）。〔註 124〕到了正德十六年（1521 年），西路參將由新安邊營（今定邊新安邊鎮駐地）移駐舊安邊營、築磚井堡（今定邊磚井鎮駐地），並移調石澇（定邊王盤山鄉石澇川河源頭）、新興（定邊油房莊鄉星星堡城村）二堡兵防守等，不斷增強北邊防線，令「營堡旁地膏腴千頃，均給官軍，聽其開種，四五年後乃可徵租」〔註 125〕。又如隆慶初，延綏「築有邊牆，勘護耕作者，僅十之三四」，且主要集中於已整修「大邊」的西路，時靖邊營等堡新增了糧地，新開了榆林衛賴字號屯，這些屯地年新

〔註 119〕〔明〕王崇古：《酌定戰守機宜以策將略疏》，《明經世文編》卷 318。

〔註 120〕〔明〕唐龍：《大虜住套乞請處補正數糧草以濟緊急支用》，《明經世文編》卷 189。又見萬曆《延綏鎮志》卷 2《邊餉》。

〔註 121〕〔明〕嚴從簡：《殊域周諮錄》卷 17《北狄‧韃靼》。

〔註 122〕〔明〕林希元：《應詔陳言屯田疏》，《明經世文編》卷 163。

〔註 123〕〔明〕梁材：《議覆陝西事宜疏》，《明經世文編》卷 105。

〔註 124〕參看〔明〕王輪：《因事拒愚盂圖整飭疏》，康熙《延綏鎮志‧藝文志》；康熙《延綏鎮志‧地理志》；《明憲宗實錄》卷 113 成化九年二月戊子，卷 120 成化九年九月壬子；〔明〕余子俊：《為地方事》，《明經世文編》卷 61；〔明〕許日久：《五邊典則》卷 13《陝西總》（據崇禎刻本點校版，王雄編校《明代蒙古漢籍史料彙編》第五輯，內蒙古大學出版社，2009 年）。

〔註 125〕《明世宗實錄》卷 9，正德十六年十二月甲午。

增糧達七千餘石，而中、東二路屯墾基本處於荒廢〔註126〕。同時，正德十六年（1521）已經起科的夾道糜穀地，因受戰爭影響，「糜糧亦視之爲盈縮」，時廢時興。〔註127〕

可見，成化中至隆慶中，延綏鎮近邊屯墾重點集中在「二邊」以南，儘管某些時段、某些地域存在外出「二邊」耕種的情況，部份城堡周圍也新開屯墾，但是由於戰爭和地理因素，規模不是很大，力度有限。

3.3　隆慶議和至明末近邊地區的邊墾

隆慶議和後，明廷本著「寓戰於守、寓守於和」〔註128〕的思想，加快重修並磚包「大邊」，「沿邊一帶，雉堞連雲，日增地險」〔註129〕，「大邊」一線作爲防禦重心更加穩固，「嚴密守邊，謹愼出擊」的西北防邊方略發揮至極致。

3.3.1　萬曆時期延綏鎮近邊土地利用情況

萬曆三十六年（1608年）成書的《延綏鎮志》，系統記述了延綏鎮所轄長城沿線及各營堡周圍的地形、自然環境、土地利用等內容，尤其是關於倉儲、衛所屯地等軍墾地、草場、沙地、水利的記載，十分詳細。清康熙十二年（1673年）成書的《延綏鎮志》，摘抄前書部份內容，並補充了清初相關內容。現存清道光二十四年（1844年）刊行的《陝西省二十七府州縣屯衛賦役全書》則記載了明代延綏鎮軍墾地的原額以及在清初變化情況，與本地區現存的府、州、縣志相關內容完全對應。下面採用定量分析的方法，復原萬曆時期延綏鎮近邊地區屯地、草場、水利、沙地等的分佈並分析其空間特徵。

1、萬曆時期軍地類型、分佈及數量

整理萬曆、康熙《延綏鎮志》、道光《賦役全書》及各府、州、縣志，延綏鎮田地按照耕種類型可以分爲屯地、夾道糜（穀）地、城堡糜（穀）地、界石透北糧地、界石迤北新增糧地、餘地、榆林衛南關夾道屯地、養廉地、夾道地、民地十種形式。前九種筆者統稱爲軍墾地。下面初步分析各自特徵、分佈和數額。

〔註126〕〔明〕龐尚鵬：《清理延綏屯田疏》，《明經世文編》卷359。
〔註127〕萬曆《延綏鎮志》卷2《錢糧上·夾道糜糧地》。
〔註128〕〔明〕馮時可：《俺答前志》，點校本，《明代蒙古漢籍史料彙編》第二輯。
〔註129〕〔明〕涂宗濬：《請嗣封爵以順夷情疏》，《明經世文編》卷449。

（1）城堡糜穀地、夾道糜穀地和夾道（軍）糧地

城堡糜穀地，位於界石以北、「大邊」以南、靠近城堡和「二邊」、地段相對固定的、由城堡軍餘或招募百姓耕種的軍墾地。平均稅率爲每頃徵收 2 石糜糧（徵草不計，下同）。糜糧由各堡就近收貯並作「各堡錢糧」支出，屬定額、正項稅收。

城堡糜穀地分爲三類：一是東路柏林堡以東 9 堡夾道糜穀地。其中，清初併入府谷縣的皇甫川等 5 堡共 499.2238 頃（1 頃相當於現在的 66670 m²，稅率每頃 1.5～2 石），併入神木縣的神木等 4 堡共 130.5555 頃（稅率不明），城堡糜穀地以南是民地；二是葭州（今佳縣）所轄高家、建安 2 堡，至清乾隆年間，前者 54.255 頃（稅率每頃 2 石）併入神木縣，後者 26.86 頃併入榆林縣。高家堡是綏德衛屯地的最東端，二堡南面是綏德衛屯地；三是榆林衛所屬中、西二路城堡糜糧地。原總額 3544.208 頃，南面是衛所屯地。清初，除建安堡外，中路併入懷遠縣 5 堡的有 270.728466 頃（每頃徵 1 石），由米脂縣改歸榆林縣的有 278.42186 頃（各堡稅率各不同）；西路城堡糜糧應爲 2995.057674 頃，分別劃歸靖邊和定邊兩縣（康熙《延綏鎭志》給出部份城堡原額，餘下城堡糜糧按平均稅率每頃 2 石折算）。

夾道糜糧地，位於各營堡周圍、「大邊」南、「二邊」北、處於夾道中、與草場相互纏繞的軍墾地。原無定額，由「邊人（不一定爲城堡軍人或招募百姓）隨時耕墾（地點不固定），照牛徵租」。稅額爲每頃徵糜糧 2 石，送鎭城廣有庫專儲，做「驛騾支費」專用，屬「雜項銀兩」。明萬曆時，夾道糜糧地原額 4563.22 頃，徵糜糧 9797.22 石。由於沒有明確的耕種地段，故無法具體到各堡。

夾道（軍）糧地，萬曆《延綏鎭志》有鎭靖、寧塞、石澇池、定邊、饒陽共五堡倉庫存在「夾道（軍）糧」。五堡都處於西路，除寧塞堡外，其他四堡倉庫並未「本堡錢糧」字樣，不作爲支出。又夾道糜糧地稅賦應上納鎭城倉庫，推斷夾道（軍）糧應不是城堡的正項支出，可能類似於城堡糜穀地〔註 130〕。

〔註 130〕靖邊五堡：龍州城折 60.15 頃，鎭靖堡有 215.513 頃，靖邊堡有 317.1353，寧塞堡本堡錢糧折糜地 53.658 頃，夾道地折 250.5 頃，鎭羅堡後建倉庫，無存城堡糜地糧，假設爲零，則和爲 836.8063 頃，與清靖邊縣原額糜地 801.671674 頃相差不大，說明筆者推斷正確。

（2）界石迤北地和新增地

界石迤北糧地位於界石北、「二邊」南、不屬於屯地、由衛所餘丁、民人新耕種，但納入延安、綏德、榆林三衛所管理的軍墾地，與民地管理不同。萬曆《延綏鎮志》稱「界北原額地」，稅收稱「界北民運糧」等名目。界石迤北新增糧地是這些糧地新增部份，稅收稱「界北新增民運糧」、「新增界北糧」、「新增糧」等名目。

界石迤北糧地和新增地原應屬於軍民私墾，後納入衛所管理，有定額，直接向鄰堡交納稅收。萬曆《延綏鎮志》記載：正德三年（1508年），界石迤北地，「止得一千一百餘頃，盡本邊之地矣」，而到萬曆中，界石迤北新增糧地共 1772.1603 頃，徵糧 5336.746 石，草 10595 束多，稅率「每畝徵糧三升三合（每頃 3.3 石）」。在各堡倉儲中有「界北民運糧」共 944.06 石，應爲全部數額。其中，位於清初靖邊縣的靖邊四堡（鎮羅堡無）和爲 260.77 石〔註131〕。康熙《延綏鎮志》僅有榆林衛界北原額糧地 58.63 頃，位於鎮城南。又《賦役全書》記載：清時，靖邊縣接收續報界石迤北原額地 58.63 頃，每頃徵 3.4 石餘。則可計算出靖邊四堡平均稅率爲每頃 4.478 石，進而綏、延二衛界石迤北糧地爲 210.822 頃。

界北糧地（新增地）又分爲界北衛所糧地（新增地）和界北民屯糧地（新增地）。相關文獻對界北糧地此項劃分併不清晰，卻對新增地記載很詳細。首先看衛所新增糧地，康熙《延綏鎮志》載，榆林衛新增地 443.793 頃，《賦役全書》及相關縣志進一步說明清初靖邊縣的龍州、靖邊兩堡接受了全部榆林衛界北新增地。其中，龍州堡倉庫儲存 337.4 石，折 102.24 頃，則鎮靖堡新增 341.553 頃。綏德衛新增地 407.03 頃，其中，清初葭州轄雙山堡附近有 32.60 頃，劃入榆林縣的有 165.32 頃，劃入懷遠縣響水、懷遠、波羅、威武四堡的有 209.11 頃，與綏德衛近邊屯地分佈大致相同（下面詳述）。延安衛近邊屯地分佈在懷遠縣清平堡及相鄰城堡（屬靖邊縣），但現存史料僅有清平堡界北新增地 51.365 頃，當爲延安衛界北新增地的總額。再看界北民屯新增糧地，康熙《延安鎮志》記載共有 869.9723 頃，亦就近納入城堡收儲。萬曆《延綏鎮

〔註131〕界北原額地：波羅堡（129.02 石）、懷遠堡（60.4 石）、清平堡（102.06 石）、龍州堡（48.53 石、鎮靖堡（17.9 石）、靖邊堡（98.94）、寧塞堡（95.4 石）、柳樹澗堡（46.32 石）、新興堡（42.73 石）、新安邊營（211.01 石）、石澇池堡（13.92 石）、三山堡（77.83 石）。

志》中「界北新增民運糧」、「新增界北糧」、「新增糧」字樣的賦收和為 2668.5 石，按每頃 3.3 石稅率，折算為 808.636 頃，與康熙《延安鎮志》差額 61.3363 頃應在情理中。

（3）餘地、榆林衛南關夾道屯地、養廉地

餘地，與城堡糜穀地類似，仍屬於城堡餘丁開墾、納入城堡管轄的軍地，位於界石以北、「大邊」以南、靠近城堡和「二邊」，稅額理應相似，為每頃 2 石。從萬曆《延綏鎮志》看，餘地主要分佈在清代定邊縣所轄的幾堡，包括原額和新增地，和為 895.13 石，其中新增地占 64.8%。《賦役全書》將糜城堡糜穀地與餘地合併統計，其中，定邊縣原額糜餘地 2640.951 頃，靖邊 903.2573 頃，共 3544.2083 頃。又根據上文西路城堡糜地總數，得出西路共餘地 549.150626 頃，則定邊縣有餘地 447.565 頃，有糜地 2193.386 頃，靖邊縣有餘地 101.585626 頃（應全部份佈在靠近定邊縣的寧塞堡），城堡糜地 801.671674 頃。東路 10 堡沒有餘地。同時，根據現有材料，中路理應沒有餘地〔註 132〕。

榆林衛南關夾道屯地 5.50 頃，坐落在鎮靖堡，當屬城堡管轄，上納不是糜穀。養廉地單列，不屬屯地等名目，應直接屬於鎮撫直管，《賦役全書》記載近邊地區養廉地有中路八頃九十畝，分為八處，「皆在邊內，若七疙瘩湖、劉官兒寨（今榆陽劉官寨鄉駐地）、大桑坪、黃沙磧墩（芹河鄉黃沙七墩村）、官莊（芹河鄉老莊）、鍾家溝（青雲鄉鍾家溝村）、魚河、歸德」〔註 133〕，其中魚河、歸德、黃沙磧墩、官莊、沙草灣（芹河鄉大草灣），共 8.9 頃，坐落在安邊堡的養廉地 31.20 頃。

（4）屯地

萬曆《延綏鎮志》記載了四個衛所的屯地：慶陽衛屯田「北與榆林衛屯田及饒陽堡草場鄰伍，東南西俱與本府內州縣民由相纏」，所轄各千戶所所處地方皆在甘肅各州縣，且各縣志載明清初榆屬諸縣均未接收其屯地，可知其屯地不在今榆林市，亦不在本文研究地域，下文從略。榆林衛屯地，「今威武迤西，饒陽以東，北鑱削二邊，南至延安府安塞、保安、安定、慶陽府合水、

〔註 132〕《賦役全書》記載：榆林府屬原額屯糜餘共地 6999.81215 頃，此額應是乾隆八年前的數據，當時榆林府轄榆林、橫山、府谷、神木四縣，高家、雙山兩堡除外。但四縣屯、糜地總和大於此數。根據餘地的分佈，可以判斷中路沒有餘地，即使有，也應該極少。

〔註 133〕萬曆《延綏鎮志》卷 8《藝文志・歸遠鎮鎮軍草地三場碑記》。

環縣」；延安衛屯地「北與榆林衛屯田鄰伍，東南西俱與本府內州縣民田相纏」；綏德衛屯地「今高家堡迤西、威武堡迤東，北鏟削二邊，南雜葭州吳堡縣，綏德州清澗縣民田，沿黃河清澗縣南營田鋪止」，同時，該書沒有民地田數、墾數、稅率的任何記載，顯然屯地和民地是不同的，且近邊地區的三衛屯地都以「鏟削二邊」為北界。清初，綏德等三衛劃歸相應州縣，《賦役全書》記載了各縣接收的具體數據（與府、州、縣志相應記載完全一致）。

第一，延安衛近邊屯地分佈

延安衛屯地分腹裏屯地和近邊屯地。萬曆《延綏鎮志》記載，延安衛屯地 3503.83 頃，嘉慶《延安府志》引用《明世法錄》表明，此數額是明嘉靖初年的額設值。稅額為每頃徵 4 石、6 石不等。但康熙《延綏鎮志》記載，明萬曆後期，除去荒地後，新的額設值為 3072.668 頃；清初，腹裏屯地劃歸膚施縣（今延安市區），近邊屯地分屬西路各堡。《賦役全書》則進一步予以說明，腹裏屯地分別劃歸膚施、甘泉、宜川三縣，共 1590.88 頃；近邊屯地劃歸靖邊縣 5 堡 1423.84 頃、懷遠縣清平堡 97.60 頃，共 1521.44 頃。共有屯地 3112.32 頃，與康熙《延綏鎮志》相差無幾。可見，延安衛近邊屯地清初全部劃歸靖邊等 6 堡。

可見，延安衛近邊屯地處於城堡南面，北以榆林衛屯地為界，南以延安府民地為界，又界石是近邊民地和屯地的區分線，所以界石為南界。延安衛腹裏屯地納應向延豐倉（延安府城西山腳）納糧，近邊屯地向鄰近的近邊清平、龍州、鎮靖、靖邊、寧塞 5 堡納稅，萬曆《延綏鎮志》有該 5 堡倉儲延安衛屯糧共 4658.58 石，即平均稅率 4.81 石，可計算各堡屯地。

第二，榆林衛屯地範圍

榆林衛屯地全部處於「二邊」南、界石南，南鄰延安府民地或延安衛屯地。具體分為兩個地段：一是鎮城堡附近的官地、雙身百戶 2760 頃；一是分為 26 屯分佈在東到威武堡，西到饒陽堡等 11 堡附近，共 33558 頃。如威武堡有「府谷屯、東賴字號屯」，龍州城有「吳堡屯，神木屯」。主要通過招募百姓耕種並根據募丁籍貫命名，或由榆林衛賴字號軍餘耕種，以「石澇池堡左所、田百戶城右所、跌角城中所、麻地澗前所、水頭兒、木瓜城後所」五所命名。

萬曆《延綏鎮志》記載，榆林衛屯地原額 37960 餘頃，共徵糧 33558 石，稅率是 1 頃 1 石，就近納入 11 城堡倉庫收儲並作為各堡錢糧支出。康熙《延

綏鎮志》進一步說明：榆林衛屯地，萬曆後除荒 1842 頃，清初實存地 36117.29
畝。其中併入定邊縣 23805.18 頃（該縣僅接收榆林衛一衛屯地）、靖邊縣
10867.111 頃、懷遠縣清平堡 1185 頃，又據《賦役全書》由綏德州改歸給榆林
縣、原屬榆林衛的屯地 260 頃，共地 361117.291 頃，與康熙《延綏鎮志》數
額完全一致。所以，今定邊縣、靖邊、橫山縣、榆林縣接受了榆林衛的全部
屯地。

第三，綏德衛屯地範圍

綏德衛屯地共 50 個百戶，分為腹裏屯地（下三屯）與近邊屯地（上三屯）。
按萬曆《延綏鎮志》原額 6698.40 頃。但據康熙《延綏鎮志》原額 6840 頃，
其中姜、楊二百戶 204 頃因嘉靖築邊牆棄入夾道裁去，實在 6636 頃。根據府、
州、縣志〔註 134〕記載，清雍正年間，近邊屯 36 百戶「皆撥入榆屬州縣」，其
中，榆林縣接收 2710.80 頃，懷遠縣（今橫山縣）接收 2205.60 頃，但是有不
願意改撥的，一直作為飛地存在，至今橫山境內仍有米脂飛地榆林圪等 6 村。
下三屯 14 百戶（後增至 16 百戶）撥入綏德州 1719.60 頃。綏德州當時管轄的
米脂縣接收 101.9034 頃、清澗接收 81.804 頃，綏德州直轄（今綏德縣）接收
1535.8926 頃。統計清初各縣接收綏德衛屯地共計 6636 頃，與康熙《延綏鎮
志》實在額完全一致。

下三屯的地理分佈：計東、西、南三川，其中東川（俗稱，應為綏德縣
城以北的區域）有孫欽（橫山武鎮附近）、高銳（武鎮附近）兩個百戶，清初
屬米脂管轄，民國撥給橫山縣。還有 3 個不知名的百戶「具在縣境（米脂）
東南」，大略位於今米脂姬家岔鎮、楊家溝鎮、綏德吉鎮等境內。西川（大理
河，大致在今子洲苗家坪鎮、雙湖裕鎮等處，其中苗家坪鎮徐家河至光緒年
間仍屬綏德縣飛地）有楊天雲等 4 百戶。南川（應為綏德縣城以南區域）有
宋文、張勳等 5 百戶，其中宋文、張勳二百戶位於清澗縣內，大略分佈在清
澗河寬洲鎮駐地至下二十里鋪鄉營田村段狹長地段及相鄰谷地，以及北至石
嘴驛鎮駐地至樂堂堡鄉駐地之間的谷地。這與《延綏鎮志》中描述的下三屯
「南雜葭州吳堡縣、綏德州清澗縣民田，沿黃河至清澗縣南營田堡止」相符、

〔註 134〕乾隆《綏德直隸州縣‧疆域》、卷二《人事門‧戶口》；光緒《綏德州志》卷
　　　　一《地理‧沿革》、卷三《民賦志‧戶口》載有 50 百戶的名稱及大概分屬。
　　　　道光《清澗縣志》卷一《地理志‧沿革》引乾隆十七年吳其琰《清澗縣志》，
　　　　道光《清澗縣志‧圖目‧屯里圖》。民國《橫山縣志‧村莊》。民國《米脂縣
　　　　志‧政治志‧里戶》。康熙《米脂縣志‧田賦》

又與康熙《米脂縣志》記載的下三屯，「寬衍川地盡屬軍屯，而峻埠山岡方為民產」〔註135〕相符。

　　上三屯分佈在懷遠境內的有 16 個百戶〔註136〕，除孫隆百戶在橫山白界鄉境分佈，越出「二邊」外，儘管這是民國記載，但百戶名能與乾隆《綏德州志・人事門・戶口》一一對應，而且與乾隆《懷遠縣志・圖譜》僅繪的「白堂、馮宣、湯全（金）、趙世相、宋安、翟賢」地址能一一對應（另所繪的榆林衛百戶、界北百戶、麋糧百戶，也能一一對應）。這足以說明，在萬曆年間，今橫山境內的屯地大略如此，都處城堡（「二邊」離城堡很近）南、界石北。

　　分佈在榆林境內的有 20 個。其中，據嘉慶《葭州志・建制沿革》，清初劃歸榆林的原葭州（今佳縣）轄三百戶：刑代剛百戶（「桃園一帶五十里中」）約處於大河塔鄉建安堡村東 10 里的趙家峁（桃園）附近；毛骨百戶（「白家溝一帶九十里中」）按光緒《陝西全省輿地圖・榆林縣圖》，榆林鎮城南有一飛地當為此，其北界為「羅家鹼」（今羅鹼）、「廢寨」、趙家峁（待考）一線，西界為「廢寨」、「高家四」（今高家圪）、南界為「高山溝」（今高家溝）、白家溝（今白家溝）一線；乾隆二十七年方連百戶（屯地 78.70 頃）復屬葭州，當處在今榆林與佳縣交界處（建安堡之南，安崖鎮之北，陝西地圖）。另萬曆《延綏鎮志・閒荒田》中在「鎮城東八十里、界在常樂、雙山、建安之三境」的「任（國甫）、劉（潤）諸百戶」，而在「榆林、歸德、響水之間」有「姜、楊二百戶（50 百戶無對應姓名，204 頃）」，又撥給神木高家堡屯地一十五頃八十一畝五分，榆林建安堡屯地（34.53828 頃），當屬綏德衛屯地。其餘百戶無對應姓名和地址。嘉慶《葭州志・建制沿革》載，刑代剛與毛骨百戶，「其北界舊至河套之邊牆」，此邊牆當為「二邊」，這與萬曆《延綏鎮志・屯田》記載的上三屯北界「北鏟削二邊」相符（除鎮城附近以鼓樓為北界外，其餘地段城堡與「二邊」相距很近），東界「高家堡透東」相符。

〔註135〕康熙《米脂縣志・田賦》
〔註136〕它們是：（上下）柳奇（據民國《橫山縣志・村莊》，民國時轄43村，能找到今地名有37村）、孫隆（13村，13村）、劉九思（31村，29村）、王‧林（23村，21村）、王璽（19村，18村）、黃臣（9村，8村）、戴洪（9村，6村）、馬昂（36村，31村）、陳鎮（9村，7村），（上下）李潮（32村，24村）、趙世相（32村，28村）、馮宣（26村，25村）、宋安（22村，22村）、白堂（18村，16村）、湯全（金）（30村，29村）、翟賢（18村，18村）。

　　綏德衛近邊屯地「各百戶徵糧不等」，其中，懷遠響水五堡倉庫內儲備屯糧（非屯運糧）並做錢糧支配〔註137〕，理應是綏德衛近邊上三屯地繳納糧食，可用其總額（6207.47 石）除以清懷遠縣綏德衛總屯地數（2205.60 頃），得出平均稅率每頃 2.8144 石〔註138〕。

　　可見，綏德衛三上屯皆處於界石以北、「二邊」以南（鎮城附近鼓樓以南）、東至高家堡（今神木縣高家堡鎮駐地）、西至威武堡（今橫山縣城塔灣鄉威武堡村）；三下屯處於今綏德與子洲交界大理河流域、綏德與米脂交界無定河流域、綏德與清澗交界及清澗內無定河流域範圍內。

　　在分析明延綏鎮長城沿線軍墾具體數額時，除了根據現有記載甄別各數額對應的名目和時間外，還必須利用「臨堡納糧」原則。該原則是爲了節約運費，各城堡周圍的軍墾地稅收就近向附近城堡交納。於是可根據各營堡倉庫的儲藏，利用稅率反推城堡周圍的軍地數，進而結合清初各縣接收的軍地數額，推斷出明代軍地種類、數量和分佈位置。

　　「臨堡納糧」原則是適用於陝北地區屯運的普遍原則。成化九年（1472年），延綏鎮新開屯田時，稅率是「每一百畝於鄰堡上納子粒六石」〔註139〕，

〔註137〕延安衛屯糧：鎮城廣有倉（米豆1620.32 石）、高家堡（米豆660.58 石）、魚河堡（2697.21 石）、響水（2459.19 石）、波羅（718.02）、懷遠堡（384.16 石）、威武（2415.62 石）、清平（230.48 石），又雙山儲屯運糧（1160.53 石）、綏德州城倉庫（米豆5167.5 石），共17513.52 石。其中懷遠縣響水 5 堡和 6207.47 石。可見，綏德州城倉庫和雙山屯運糧應屬綏德衛下三屯屯糧。

〔註138〕此平均稅率處於乾隆《懷遠縣志‧賦役》中綏德衛上三屯地稅率「二升二合至三升一合不等」內，也與《賦役全書》懷遠縣接受綏德衛稅率「每畝科二升七合、二升六合四勺，二升五合多」、榆林縣接受綏德衛「每畝科本色糧三升二合，二升六合四勺五抄」等相似。根據平均稅率，高家折 243.667 頃，魚河折 958.3605 頃，鎮城附近折 575.7248 頃。而高家（12.815 頃）、響水、波羅、懷遠堡、威武、清平六堡延安衛屯地有具體數據。首先，處於雙山、常樂、建安三地的任、劉諸百戶屯田是閒荒田，間或耕種，可能上納高家堡，故高家折數較高，而鎮城廣有庫所儲僅是附近的綏德衛屯地；其次，康熙《延綏鎮志》存榆林衛屯地實在額，分屬建安（《賦役全書》得 34.53828 頃）、雙山（125.18 頃）、常樂（無）、保寧（78.66 頃，萬曆年間保寧是「鎮城夾道耕牧地」，納入榆林鎮城計算）、魚河（145.517 頃）。根據魚河堡的情況，我們可以算出清初榆林縣內綏德衛上三屯的拋荒率（85.37%），得出雙山堡綏德衛屯地 855.639 頃，保寧（納入鎮城）537.662 頃（與前面折數 575.7248 頃相差不大，以前爲準），最後常樂堡任、劉諸百戶 321.0757 頃。

〔註139〕《明憲宗實錄》卷 122，成化九年十一月辛丑。

明確了鄰堡納糧原則。當時，西路舊安邊營南遷新安邊營，但是守將仍令軍民納糧到舊安邊營，增加了運費，百姓苦不勘言，余子俊專門上奏予以糾正。直至清中期，懷遠縣 5 堡軍民「皆在各堡之倉就近輸納」〔註140〕，仍延續並執行著「鄰堡就糧」原則。這種情況甚至延續到民國初年。而從萬曆《延綏鎮志》看，37 城堡都有倉庫且各倉庫作用特定，稅收來源固定，收支固定。倉庫來源分京運、民運和屯運等名目。京運來自京城國庫，民運是附近州縣運送的民地稅收，屯運是衛所腹裏屯地運來的稅收，稱「屯運糧」，以區別與長城沿線軍墾地獲得的稅收。如清平堡常積倉貯藏「安定縣（今子長縣）夏稅」、龍州城宏阜倉貯「安定縣（今子長縣）夏稅」、鎮靖堡巨積倉貯「安塞縣、膚施縣夏糧」，靖邊營利益倉貯「鄜州、甘泉夏糧」、寧塞堡倉儲「保安縣夏糧」，這些州縣離儲糧的城堡較近，且只向這些城堡定點運送。當時，新建的鎮羅堡常裕倉的存糧，則是由相鄰鎮靖、靖邊二堡倉庫改撥、鎮羅堡周圍的屯衛屯糧。稅率則可以根據現存記載分種類推算。根據「臨堡納糧」原則，根據各堡倉儲推算出該堡周圍軍墾地類型和數量，能夠提供一個相對準確的數值。但也要注意：有些規制較大、戰略地位重要或糧食中轉的城堡，則主要是靠較遠的居民點運送糧食，比如延綏鎮城「西望沙漠，絕無耕牧」〔註141〕，全賴民運；同時還有周圍產糧較多的城堡，則把糧食分送到其他城堡收儲，如定邊堡。

　　通過對歷史文獻的梳理、「鄰堡納糧」原則的應用以及稅率的反推，筆者初步得到了萬曆年間延綏鎮各種軍墾地的分佈和面積，如表 3-3 所示。

　　由表 3-3 及上文的分析，可以清晰地看到延綏鎮近邊墾地的利用格局（見圖 3-2）：界石南面是民地；東路界石外（北）是各堡的糜穀地，西路的界石外（北）是屯地，再北是各堡的糜穀地。在界石和「二邊」之內，有界石迤北新增糧地；各堡的糜穀地外是草場〔註142〕。

〔註140〕乾隆《懷遠縣志》卷 2《徵收》。

〔註141〕《明經世文編》卷 318《王監川文集三・酌定戰守機宜以策將略疏》）。

〔註142〕萬曆《延綏鎮志・草場》記載了沿邊 36 城堡共有草場 162330.3 頃，這些城堡草場的空間分佈特徵：一是皆靠近城堡、絕大部份都在「二邊」以外且靠近「大邊」；二是總體面積大，而且靠近「大邊」城堡草場的面積又遠大於遠離「大邊」城堡草場的面積，西路各堡草場面積之和大於中、東二路；三是自東北而西南，相互連接，成為一條扁長狀草場帶。

表 3-3　明朝萬曆年間延綏鎮軍墾地的種類、分佈及其面積

類型	分佈地域	分　類		數額（頃）	稅糧（石／頃）	備　註
城堡糜穀地	界石、大邊間，靠近城堡和二邊	東路柏林堡 9 堡	併入府谷縣 5 堡	499.22	1.5～2	地段固定，城堡軍餘或招募百姓耕種，稅收由各堡就近收貯並作「各堡錢糧」支出，屬定額、正項稅收
			併入神木縣 4 堡	130.56	不明	
		葭州轄	併入神木縣的高家堡	54.26	2	高家堡是綏德衛屯地最東端，2 堡南面是綏德衛屯地
			併入榆林縣的建安堡	26.86	不明	
		榆林衛轄中、西路	由米脂改歸榆林縣	278.42	各不同	南面是衛所屯地
			併入懷遠縣 5 堡	270.73	1	
			西路併入靖邊和定邊兩縣的	2995.06	不定〔註143〕	
餘地		定邊縣接收		447.57	2	類同城堡糜穀地，由城堡餘丁開墾，納入城堡管轄。分為原額地和新增地
		靖邊縣（寧塞堡）接收		101.59		
界石迤北糧地	界石、二邊間、夾道糜穀地南	原額	靖邊縣接收榆林衛所屬	58.63	4.78	不屬於屯地、民地，是由衛所餘丁、民人耕種，但納入延安、綏德、榆林三衛管理。分為衛所原額（新增）和民地原額（新增）界石迤北地
			鎮城南接收榆林衛所屬	58.63		
			橫山、定邊縣的民屯新增地	210.82		
		新增	鎮靖、龍州堡接收榆林衛所屬	443.79	3.3	
			雙山堡、榆林縣、橫山縣響水 4 堡接收綏德衛所屬	209.11		
			清平堡北、延安衛所屬	51.37		
			民地新增	869.97		

〔註143〕康熙《延綏鎮志》給出部份城堡原額，餘下城堡糜糧按平均稅率每頃 2 石折算。

夾道糜糧地	夾道內，營堡周圍			由「邊人隨時耕墾」，原無定額，至明萬曆始有，徵糜糧 9797.22 石	4563.22	2	與草場相間，地點不固定；照牛徵租，稅收送鎮城廣有庫專儲，做「驛騾支費」專用，屬「雜項銀兩」
夾道屯地				鎮靖堡附近的榆林衛南關夾道屯地	5.50	不明	屬城堡管轄，稅收不是糜穀
養廉地	夾道內			魚河、歸德二堡附近	2.50		
				黃沙磧墩、官莊、沙草灣附近	6.40		
				安邊堡附近	31.20		
夾道軍糧地				龍州、鎮靖、寧塞、石澇池、定邊、饒陽 6 堡附近	836.81	2	類同城堡糜穀地，稅賦應上納鎮城倉庫，不是城堡的正項支出
屯地	界石南	延安衛	腹裏	劃歸膚施、甘泉、宜川	1590.88	4～6；均 4.81	腹裏地區，不在研究範圍
	清平 6 堡界石北		近邊	靖邊縣龍州等 5 堡	1423.84		界石至榆林衛屯地間
				懷遠縣清平堡	97.60		
	界石、二邊間，威武堡以西	榆林衛		併入定邊縣	23805.18	1（可折草）	南鄰民地或延安衛屯地。萬曆間分為兩部份：一是鎮城附近的官地、雙身百戶 2760 頃（不久廢）；一是分為 26 屯分佈在東到威武堡，西到饒陽堡等 11 堡附近，共 33558 頃。
				併入靖邊縣	10867.11		
				懷遠縣清平堡	1185		
				綏德州改歸榆林縣	260		
	界石、二邊間、東至高家、西至威武堡	綏德衛（分 52 百戶）	近邊上三屯	鎮城附近姜、楊 2 百戶	204	稅率不等。嘉靖築邊牆棄入夾道裁去	
				榆林縣接收 20 百戶	2710.80	鎮城附近，北界為鼓樓	
				懷遠縣接收 16 百戶	2205.60	除孫隆百戶在橫山白界鄉境分佈外，其餘百戶分佈在「二邊」至界石之間	

大理河流域、無河流域(東、南、西三川)	腹裏下三屯	米脂縣 5 百戶	101.90	綏德與米脂交界無定河流域(東川)3 百戶,橫山武鎮附近的孫欽、高銳 2 百戶民國撥給懷遠縣(橫山縣)
		清澗縣接收 2 百戶	81.80	位於清澗河寬洲鎮至下二十里鋪鄉營田村段狹長地段,以及北至石嘴驛鎮至樂堂堡鄉間的無定河(南川)谷地
		綏德縣接收 7 百戶	1535.89	今子洲苗家坪鎮、雙湖裕鎮大理河流域(西川)有 4 百戶;綏德縣城南無定河流域(東川)有 3 百戶

注:1、慶陽衛所轄各千戶所屯地皆在甘肅各州縣,且各縣志載明清初榆屬諸縣均未
　　接收其屯地,不在研究範圍,故未納入統計;2、數額近似到畝(小數點後二位)。
資料來源:萬曆《延綏鎮志·屯田》、康熙《延綏鎮志·屯田》、乾隆《府谷縣志·地畝》、
　　道光《神木縣志·地畝》、道光《陝西省二十七府州縣屯衛賦役全書》等

2、草地分佈、數量及長城沿線各堡軍地數量

　　萬曆《延綏鎮志·草場》記載了沿邊 36 城堡共有草場 162330.3 頃,其中的 34 城堡(鎮羅堡、磚井堡未記錄,共草場 157593.2 頃)草場的分佈和數額都有詳細記載。如大柏油堡(今神木解家堡鄉大柏村)草場,「一處,堡周圍,東至神木堡草場地一十五里,西至柏林堡草場地一十二里,南至鏟削邊(「二邊」)一十里,北至新修邊(「大邊」)五里,計地二千一百八十七頃」,同時,萬曆《延綏鎮志·建置沿革》有各堡的相對位置,如大柏油堡「東至神木堡四十里,西至柏林堡二十里,北至大邊三里」。按照「臨堡就糧」原則,根據各營堡倉庫的儲藏數額和來源,利用稅率反推出長城沿線各城堡周圍分佈的各類軍地數額,得出了萬曆年間延綏鎮長城沿線 36 城堡草場與軍墾地的分佈與數量情況,如表 3-4 所示:

表 3-4 明萬曆末年延綏鎮 36 城堡草場地與軍墾地分佈及數量

(單位:頃)

城堡	草場數	軍地數	城堡	草場數	軍地數	城堡	草場數	軍地數
皇甫堡	2916	158.27	清水營堡	3132	80.52	木瓜園堡	1814.4	93.71
孤山堡	5670	141.74	鎮羌堡	1890	25	永興堡	972	37.47
神木堡	3240	44.92	大柏油堡	2187	21.07	柏林堡	3024	27.10
高家堡	3294	97.89	建安堡	561.6	61.40	雙山堡	3564	934.31

常樂堡	1490.4	429.54	榆林城	4752	3634.24	歸德堡	1944	272.16
魚河堡	82	1029.02	響水堡	2916	946.59	波羅堡	2916	378.97
懷遠堡	2916	320.30	威武堡	5443.1	1226.95	清平堡	5832	1364.79
龍州城	756	1770.00	鎮靖堡	1072	5894.38	鎮羅堡	2368.55	551.15
靖邊堡	2214	3416.60	寧塞營	3499.2	2983.48	把都河堡	6804	1013.67
永濟堡	11680	3337.33	磚井堡	2368.55	986.52	新安邊營	8505	8268.45
舊安邊	8991	7452.12	新興堡	12096	1717.43	石澇池堡	19440	112.80
三山堡	13051.5	1752.45	饒陽水堡	810	30.64	定邊營	8019	6248.92

注：1、鎮羅堡、磚井堡取平均值；夾道糜穀地夾道糜穀地4563.22項，因地理位置無
　　法確定，未納入表格；2、數額近似到畝（小數點後二位）。

資料來源：萬曆《延綏鎮志》、康熙《延綏鎮志·屯田》、乾隆《府谷縣志·地畝》、
　　　　　道光《神木縣志·地畝》、道光《陝西省二十七府州縣屯衛賦役全書》等

表3-5　明萬曆延綏鎮城堡軍墾地、草場地清初分縣數量

（單位：項）

清屬縣	界石至「二邊」軍墾地				夾道軍墾地		軍墾地總額	草場
	三衛屯地（萬曆除荒額）			界北新增屯／民地／原額	餘地／養廉地／榆林衛南關夾道屯地	城堡糜地		
	綏德近邊	榆林	延安近邊					
府谷	0	0	0	0	0	499.22	499.22	15522.4
神木	高家12.82	0	0	15.40／30.82／0	0	184.81（含高家）	243.84	12717
榆林	2710.80	260	0	197.92／40.29／58.63	0／8.9／0	278.42（含建安）	3554.97	12394
橫山	2205.6	清平1185	清平97.60	260.48／149.14／65.09	0	270.73	4233.64	20023.1
靖邊	0	10867.11	1423.84	443.79／51.70／58.63	101.59／31.2／5.50	801.67	13785.03	9909.75
定邊	0	23805.18	0	0／535.66／87.50	447.57／0／0	2193.39	27069.29	91764.05

| 總計 | 4929.22 | 36117.29 | 1521.44 | 917.59／807.61／269.45 | 549.15／40.1／5.50 | 4228.24 | 49385.60 | 162330.3 |

注：1、夾道糜穀地 4563.22 頃，因地理位置無法確定，未納入表格；2、數字近似到畝（小數點後二位）；3、新增界北民地比原額少 62.36 頃，誤差屬於允許範圍

　　以表 3-4 顯示的延綏鎮長城沿線 36 城堡草場地和軍墾地的分佈爲基礎，基本上可以畫出這一時期延綏鎮近邊軍墾地及草場分佈情況，如圖 3-2 所示。

　　以清代設置的縣爲單位，通過對歷史文獻的梳理、「鄰堡納糧」原則的應用以及稅率的反推，筆者得到了明代萬曆年間延綏鎮軍墾地、草地的分縣分佈情況，如表 3-4 所示。綜合表 3-3、表 3-4、表 3-5 的內容，並與圖 3-2 進行結合，得出明萬曆年間延綏鎮的土地利用分佈情況，如圖 3-3 所示。

圖 3-2　明代萬曆年間延綏鎮長城沿線軍墾地及草場分佈

3.3.2　萬曆年間近邊地區景觀的時空特徵

1、時間特徵

隆慶中至萬曆中期，延綏鎮近邊屯墾獲得較大發展。

首先，萬曆年間近邊屯地獲得巨大發展。嘉靖末新開西路屯地，「榆林衛新增糧二千四百八十石，西路靖邊營等堡新增五千石，藉此補彼，湊足原額，復相率開墾以漸圖之。」〔註144〕新開屯地彌補了他處屯地荒廢而損失的稅賦。

嘉靖年間，延安等三衛有屯地 37717.23 頃，萬曆十年（1582 年）39753.42 頃，至萬曆三十五年達 48161.83 頃〔註145〕。萬曆十年較嘉靖年新增 2036.19 頃，當屬嘉靖末新開西路定邊營、石澇池堡南的賴字號屯（2480 頃）〔註146〕；萬曆三十五年較嘉靖年，綏德衛屯地無變化，延安衛增加 450 頃，而位於夾道的榆林衛新增 9995 頃〔註147〕，則萬曆 26 年間新增榆林衛 7958 頃。萬曆三十五年時巡撫余懋衡上書稱：延綏鎮屯地較前任又增加 1370 餘頃，「膏腴成疇、菽粟被野矣！」〔註148〕可見發展速度之快。但是，近邊屯地的發展限制和犧牲了腹裏屯地和民地的發展，因爲開墾賴字號屯田，近邊挑選軍丁、民人赴近邊屯田、戍守，致使「土兵編戶日逃，糧地拋荒，間有找人佃種者，苦於追賠軍需，亦漸遺棄」〔註149〕。

其次，夾道糜地恢復較快但發展較慢。夾道糜糧地，正德十六年（1521 年）起科，「視邊報之緩急，稍爲進止」，「其地有耕者有荒蕪者，而糜糧亦視之爲盈縮」，直到萬曆元年（1573 年）「大邊」全部整修後，才有所恢復並獲

〔註144〕〔明〕龐尚鵬：《清理延綏屯田疏》，《明經世文編》卷359。

〔註145〕數據來源：嘉靖《陝西通志》卷34《民物二・田賦附屯田》；《明神宗實錄》卷 129，萬曆十年十月甲辰；〔明〕涂宗濬：《奏報閱視條陳十事疏》，《明經世文編》卷448，其與萬曆《延綏鎮志・屯田》數據同。

〔註146〕榆林衛賴字號屯地點位於「花馬池東、西定邊營一帶」，稅率是一頃徵糧一石（〔明〕王崇古：《酌定戰守機宜以策將略疏》，《明經世文編》卷318），得出東賴字號屯坐落在威武堡、西賴字號屯坐落在石澇池堡，稅率仍舊（萬曆《延綏鎮志》卷 2《邊餉銀／屯田》），此當爲西賴字號屯。又嘉靖末「榆林衛新增糧二千四百八十石」（〔明〕龐尚鵬：《清理延綏屯田疏》，《明經世文編》卷359），根據稅率，當爲 2480 頃。

〔註147〕見嘉靖《陝西通志》卷 34《民物二・田賦附屯田》，〔明〕涂宗濬：《奏報閱視條陳十事疏》，《明經世文編》卷448。

〔註148〕〔明〕余懋衡：《敬陳邊防要務疏》，《明經世文編》卷471。

〔註149〕〔明〕王崇古：《酌定戰守機宜以策將略疏》，《明經世文編》卷318）

得發展，其稅收也成爲定額，充當雜項銀兩。至萬曆三十五年，「今夾道無荒田矣」，共 4563.22 頃〔註 150〕。但是這種發展並不充分，萬曆三十五年，余懋衡責問，「沿邊延袤千二百里，夾道地曠之不耕，何耶？今比舊管僅多一百四頃有奇」。究其原因，他認爲是「二難一畏」，「兩難」即軍人形成了吃月糧的惰性，耕種積極性和耕種技術都不高；軍官科斂，驅逐兵丁耕種自己的養廉地，不盡力墾荒。而「一畏」是征稅苛刻，「近邊之地，既久荒蕪，開墾甚難，又多瘠磽，收穫甚薄。初令其墾地，誘之永不起科，繼而墾熟不一二年少科之，二三年半科之，而催徵老人，又行索例，軍餘未得實利，反受實害，將已開墾復荒矣。此催徵太苛也。」事實上，余懋衡講出了第四個原因，即近邊所處的地理環境較差，拋荒後很難復墾，收穫較薄。針對這種情況，他建議到：「凡近堡左右五里內地，曾經開墾，偶於二三年內拋荒者，悉令召種，量減舊額輸糧；其遠堡五里外地拋荒年久，沙薄少收者，分別界至頃畝斷落，聽民耕種。……永不起科」〔註 151〕，顯然萬曆三十五年前，連「城堡左右五里」糜地（理應包括夾道糜穀地和城堡糜穀地）沒有開墾完畢，發展並不充分。

通過上面的分析，我們可以得出延綏鎮近邊地區（界石以北至「大邊」長城）軍墾地、草地、沙地的空間分佈特徵（見圖 3-3）：

2、空間特徵

第一，從整體上看

屯地尤其是西路榆林衛屯地是近邊軍墾地的主體。近邊軍墾地總額 53948.82 頃（含夾道糜穀地），其中，在夾道內分佈的面積總和爲 9386.21 頃，占 17.40%；界石至「二邊」分佈的軍墾地面積總和爲 44562.61 頃，占 82.60%。三衛近邊屯地占界石至「二邊」軍墾地總數的 95.52%、占近邊全部軍墾地的 78.9%，榆林衛屯地占近邊屯地總面積的 84.85%。西路軍墾地面積占全部軍墾地面積的 75.73%，又榆林衛屯地占西路軍墾地的 84.87%。可見，近邊墾殖的重心在界石至「二邊」之間的屯地上，屯地尤其是西路榆林衛屯地是近邊軍墾地的主體。

夾道糜穀地和西路城堡糜穀地是夾道內軍墾地主體。城堡糜穀地占夾道內軍墾地總數的 45.05%、夾道糜穀地占 48.62%，惜後者的地理區域無法確定。

〔註 150〕萬曆《延綏鎮志》卷 2《夾道糜糧地》、康熙《延綏鎮志》卷 2《食志·屯田》。
〔註 151〕〔明〕余懋衡：《敬陳邊防要務疏》，《明經世文編》卷 471。

而西路夾道內的軍墾地占全鎮夾道內軍墾地的 38.15%，其中西路城堡糜穀地占夾道內軍墾地的 31.91%。

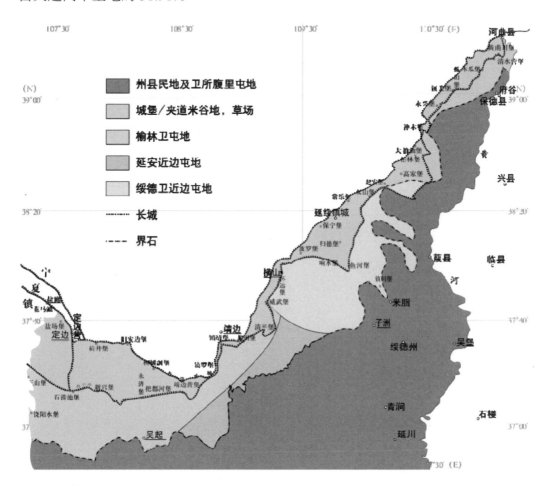

圖 3-3　明代萬曆年間延綏鎮土地利用空間分佈

　　草場尤其是西路草場是近邊地區的主要景觀。草場分佈在夾道內，皆靠近城堡、絕大部份都在「二邊」北且靠近「大邊」，自東北而西南，相互連接成為一條扁長狀草場帶。夾道軍墾地的總面積占草場面積的 5.78%；近邊全部軍墾地總面積占草場面積的 33.23%。西路 15 堡（屬清靖邊、定邊二縣）所轄草場總面積占全鎮草場總面積的 62.63%。

　　流沙主要分佈在「大邊」以北和夾道內的部份區域。根據筆者以前的研究，明萬曆年間，延綏鎮近邊地區流沙的分佈主要集中延綏鎮中路、西路地

區，其中，中路流沙的分佈為三個區域：常樂堡周圍；今榆溪河以西、無定河以北、「大邊」長城以南的三角地帶，即榆林鎮城、保寧堡、響水堡、波羅堡以東、以北的三角地帶；威武堡、清平堡周圍。西路流沙主要分佈為三個區域：石澇池堡周圍的寧夏河東沙地；靖邊營附近的局部覆沙；磚井堡、定邊營一線的毛烏素沙地流沙，如圖 3-4 所示。

第二，從單個城堡看，根據「鄰堡就糧」原則分析統計各堡屯地得知：管轄軍墾地數量相對較多且與草場的比值相對較高的城堡，中路有雙山堡、常樂堡、榆林城、魚河堡、響水堡、波羅堡、威武堡、清平堡；西路有龍州堡、鎮靖堡、靖邊堡、寧塞堡、磚井堡、新安邊營、舊安邊營、定邊營。這些城堡絕大部份處分流沙分佈的區域。

管轄夾道軍墾地較多的城堡，中路有：常樂堡、榆林鎮城、歸德堡、魚河堡（四堡共有 272.65 頃，平均每堡 68.16 頃），響水堡（56.00 頃），波羅堡（44.63）、懷遠堡（140 頃）；西路有：龍州堡（60.15 頃），鎮靖堡（215.513），靖邊堡（322.6353）、寧塞堡（405.74）、把都河、永濟堡、新安邊營、三山堡（四堡共 1109.3081 頃，均每堡 277.327025）、磚井堡（847.483）、舊安邊堡（321.175）、定邊營（157.65 頃）。這些城堡又大概與之前關於流沙分佈的區域一一對應。

有必要說明的是，東路 10 堡除了高家堡附近有屯地、界北新增民地和屯地共 43.633 頃外，其餘各堡的軍地僅是城堡糜穀地。東路夾道內軍墾地東路軍墾地面積占全部軍墾地面積的 1.38%，其中處於主體的城堡糜糧地（684.03頃）占全鎮夾道內軍墾地的 7.29%，占相鄰草場面積的 2.63%，顯得略低。但橫向對比，根據縣志，皇甫川等 5 堡的城堡糜谷糧地與府谷縣一等民地總和（552.153 頃）相當，神木 5 堡為神木縣民地總和（384.585 頃）的一半（見圖 3-5，3-6），相對較為發達。相對而言，東路地處黃土地帶、擁有水利，更有利於發展城堡糜穀地和腹裏民地，但整體而言，城堡糜穀地的數量相比較少，但是卻大有趕超腹裏民地發展之勢，這又反襯出城堡管轄的軍墾地尤其是夾道內的軍墾地發展對土地沙地有著一定的聯繫。

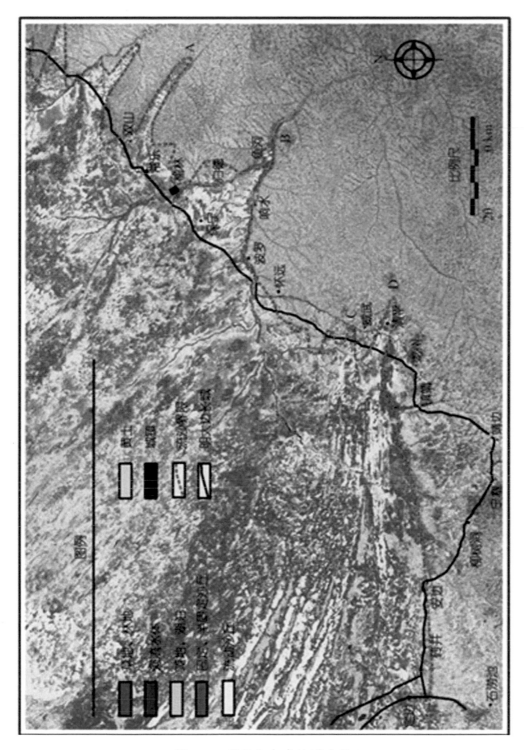

圖 3-4　明代毛烏素沙漠南界

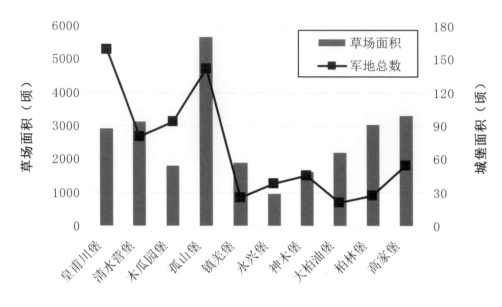

圖 3-5　明萬曆年間延綏鎮東路草場面積與軍地面積

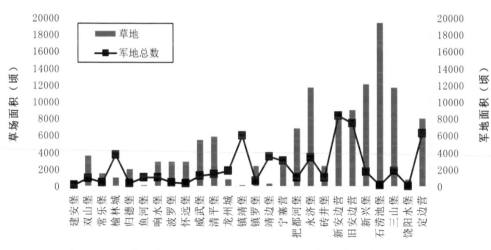

圖 3-6　明萬曆年間延綏鎮中、西兩路各城堡草地與軍墾地數

3、時空格局形成的原因

　　這種分佈格局主要是由軍事和地利環境共同決定的。軍事上要求必須平衡戰守，建立穩定的後勤保障區域、戰鬥區域以及隔離緩衝區，於是從明成化中期開始，延綏鎮近邊地區形成了土地利用的整體格局是：以「二邊」爲界「南田北草」；在夾道之間分佈著少量的田地，且主要分佈在地利條件較好的東路即今府谷、神木縣內；「大邊」外的土地基本荒廢。

而地理環境更是這種時空分佈的重要因素。東路 10 堡北臨黃土地帶且堡周圍擁有較好水利等條件共同決定了城堡糜穀地的發達；而由於地理環境和戰爭原因，鎮城周圍城堡能夠提供的軍資有限。常樂、雙山、建安三堡所在地，「地皆沙漠」〔註152〕、「榆林鎮城百餘里之內，一望沙漠，不生五穀」〔註153〕，地理原因限制了屯墾發展；處於保寧、歸德、魚河三堡緊挨綏德衛屯地、地處鎮城以南，是為衝要，受戰爭影響時常荒廢；鎮城周圍的各堡駐軍高達17478 名，是整個近邊 36 城堡年駐軍的 36.95%〔註154〕，龐大駐軍又增加了軍需負擔。再次，中、西二路周圍的軍墾相對發達，尤以西路諸堡南面的榆林衛屯地權重最大。

3.3.3　萬曆末至崇禎：衰亡

明末，河套蒙古仍經常小規模騷擾延綏，但威脅不大，崇禎七年（1627年）閏八月，「洪承疇擊西人於延綏，斬首四百，西人遁去」〔註155〕，此後，史籍中就沒有蒙古對延綏邊境騷擾的記載。但延綏鎮卻連年天災，據康熙《延綏鎮志·大事記》：萬曆末至崇禎的 30 多年間，有 17 年遭遇大面積的自然災害。其中崇禎二年（1622 年）閏四月「秦中災荒，惟延、慶最慘；延、慶災荒又惟安塞、安定、膚施、甘泉、清澗、綏德、米脂、府谷、合水十州縣最慘」；〔註156〕自然條件更加惡劣的近邊地區，災難理應更甚。腹裏民運糧和軍屯子粒不保，京運年例更是長期拖欠，「延餉積欠相因，自天啟元年以前至天啟七年，共欠一百五十萬，致使各路軍餉積欠至二十七個月。千里荒沙，數萬饑兵，食不果腹，衣不遮體，盈庭騰訴，麾之不去。」〔註157〕崇禎五年（1632年），「近日榆林奇荒，餓殍相繼，鎮城缺餉三月，三路營缺餉五月，危難之形，只在旦夕。」〔註158〕農民起義和兵變隨之發生，並越演越烈。由於戰爭

〔註152〕萬曆《延綏鎮志》卷 2《閒荒田》：「劉諸百戶，鎮城東八十里，界在常樂、雙山、建安之三境，地皆沙漠，直當虜衝業，弘治初年已多半荒蕪。」
〔註153〕〔明〕唐龍：《大虜住套乞請處補正數糧草以濟緊急支用》，《明經世文編》卷189。
〔註154〕參見舒時光：《明代陝北長城沿線土地利用的空間分佈與變化特點》，第66〜74 頁。
〔註155〕〔明〕彭孫貽：《明朝紀事本末補編》卷 3《西人封貢》。
〔註156〕《明崇禎長編》卷 21，崇禎二年閏四月壬戌。
〔註157〕《明崇禎長編》卷 7，崇禎元年三月壬午。
〔註158〕《明崇禎長編》卷 57，崇禎五年三月甲辰。

的殺戮和自然災害，到了清初延安府百姓「存者止十分之二」〔註159〕，直至順治十年（1653 年），陝北才擺脫兵患。

由於連年戰亂及自然災害，近邊軍墾遭受到巨大損失。成書於康熙十二年的《延綏鎮志‧屯田》對明末清初近邊軍屯進行了記載。

一是衛所屯地。榆林衛順治年間實在熟地 1820.835 頃，僅爲萬曆後期近邊屯地的 5%；延安衛近邊屯地分屬於西路龍州 5 堡，實額 91.065 頃，是萬曆後期近邊屯地的 6%；綏德衛近邊屯地（上三屯）實額 400.461 頃，是萬曆後期的 8%。三衛近邊屯地實在總額 2312.361 頃，是萬曆後期總額（42555.13 頃）的 5%，拋荒率 95%。

二是城堡糜糧地。康熙《延綏鎮志》的記載相對混亂，僅有西路鎮靖堡、靖邊堡、磚井堡和東路高家堡四堡萬曆末原額和康熙初實在額，其康熙初實在額分別是萬曆末原額的 10%、9.5%、1.6%和 31%。高家堡周圍有較好水利，拋荒率也高達 69%；西路鎮靖、靖邊二堡離腹裏州縣較遠，拋荒率達 90%，磚井堡甚至高達 98.4%，由此類推，各堡糜糧地在明末的拋荒率是相當高的。

三是夾道糜糧地。「明季屢荒，加之變亂，熟者百不存一。」至康熙初，中路各堡存熟地 70.50 頃，西路各堡 245.987 頃，共實熟地 316.487 頃，是明中後期原額的 6.9%，拋荒率爲 93.1%。四是界北新增地。康熙初年，界石迤北新增地（界北地）僅龍州、靖邊二堡尚存，總額僅爲 36.91 頃，是明中後期原額的 8.3%，拋荒率達 91.7%。由以上分析可見，明末延綏近邊墾地的農業生產遭受了毀滅性的破壞，拋荒率基本在 90%以上。

通過有明一代延綏鎮墾殖過程的時空分析分析，我們可以看出明代延綏鎮的軍墾具有以下特點：

1、明代延綏鎮近邊軍墾在空間上存在一個由腹裏州縣——界石——「二邊」——「大邊」逐步北移的過程。其中，正統前主要集中在腹裏州縣，成化十年（1474 年）前嚴格限制在界石南，明亡前主要集中在「二邊」南。雖自正統年始，處於夾道的城堡糜穀地和夾道糜穀地逐步發展起來，至萬曆年間至頂峰，但僅是同處夾道內草場面積的 5%。「大邊」外軍墾基本沒有。

2、明代延綏鎮近邊軍墾在時間上存在以下發展過程：洪武時期緩慢恢復——永樂至宣德時期部份地段初步墾殖——正統至成化十年緩慢發展——成

〔註159〕嘉慶《延安府志》卷3《戶口》。

化中至弘治中興盛——正德至隆慶中荒廢——萬曆年間巨大發展——萬曆末
至崇禎衰亡。

　　3、萬曆年間，延綏鎮近邊土地利用的格局是：從整體上看，以「二邊」
為界，「南田北草」；在「大邊」至「二邊」的夾道中分佈著少量墾地，且主
要分佈在地利條件較好的東路即今府谷、神木縣內；「大邊」外的土地基本荒
廢。具體而言，界石南面是民地；東路界石外（北）是城堡糜穀地，西路界
石外（北）是屯地、再北是城堡糜穀地。在界石和「二邊」之內，有界石迤
北新增糧地；各堡的糜穀地外是草場。事實上，這種格局的形成始自明成化
中並逐步固定，至萬曆中正式完全形成。

　　4、「南田北草」格局形成的原因是由軍事布局和地利環境共同決定的。
軍事上要求必須平衡戰守，建立穩定的後勤保障區域、戰鬥區域以及隔離緩
衝區。在既定的格局下，影響延綏鎮近邊軍墾的主要因素是：地理條件和戰
爭破壞。其中，地理條件是根本原因，在惡劣的自然底本上，近邊軍屯注定
無法獲得較大發展；戰爭則是重要影響因素，主要有三個方面：一是近邊地
區軍事防禦體系的逐步強化，促進並保護了軍墾的出現和發展，近邊軍事防
禦重心由腹裏——正統 23 城堡——「二邊」——「大邊」，伴隨的是軍墾在
空間上由南到北的移動過程。二是軍事體系的布局又限制了軍墾的分佈範
圍，只有在軍事防禦重心範圍以內才可能集中大規模的軍墾，軍事防禦重心
裏則存在軍事緩衝區，這也是近邊軍墾的重心始終沒有越過「大邊」的重要
原因。三是戰爭殺戮是限制近邊軍墾發展的重要原因，進而致使近邊軍墾在
時間上存在以上特徵。

　　5、結合明代延綏鎮軍墾的時空特徵，我們可以初步推斷，明代軍墾的發
展對此階段毛烏素沙地南移的影響不大，自然原因可能是毛烏素沙漠變遷的
根本原因。因為從整體上看，近 500 年來，毛烏素沙地南緣流沙分佈的基本
格局沒有多大變化。同時，明代軍墾集中在「大邊」長城以內，占夾道內草
場的比例也很低，因此對區域內生態環境的破壞較小，不會對毛烏素沙漠變
遷帶來根本性的影響。

第四章　清代陝蒙沿邊的開墾範圍
——以黑界地擴展爲中心

　　研究清代陝蒙交界地區的土地利用情況，無法避免地要對禁留地、「黑界地」、白界地和夥盤地等地理概念進行研究。本章側重研究「黑界地」問題來源、爭論及其具體分佈範圍，禁留地、夥盤地等相關問題將在下章重點闡述。清代伊克昭盟七旗中，現有史料對準格爾旗的黑界地介紹得非常詳細，而其他旗資料相對較少，所以本章先從準格爾黑界地入手，初步釐清黑界地的相關概念、範圍等問題，然後對其他旗黑界地進行研究，最後從整體上分析陝蒙交界黑界地相關問題及其在各旗的變遷。

4.1　黑界地的由來及論爭

　　清初，因鄂爾多斯諸部置伊克昭盟，下設鄂爾多斯右翼前旗（俗稱烏審旗）、右翼中旗（俗稱鄂套旗、鄂托克旗）、右翼後旗（俗稱杭錦旗）、左翼前旗（俗稱準格爾旗）、左翼中旗（俗稱郡土旗）、左翼後旗（俗稱達拉特旗），乾隆元年（1736 年），增置右翼前末旗（俗稱札薩克旗），共七旗。爲了限制蒙漢交流等原因，清初朝廷在沿陝北長城北側與鄂爾多斯高原之間劃定了一條南北寬五十里，東西延伸兩千多里的長條禁地，「國初舊制，中外疆域不可混同，於各縣邊牆口外，直北禁留地五十里，作爲中國之界」〔註 1〕，「蒙、旗、漢人皆不能佔據」〔註 2〕。

〔註 1〕　道光《神木縣志》卷 3《建置志上・疆界附邊界》。
〔註 2〕　民國《河套圖志》卷 5《水陸交通》。

4.1.1 黑界地爭議的由來

康熙三十六年（1697 年）三月，康熙帝親征噶爾丹，途經陝蒙邊界至寧夏橫城，鄂爾多斯右翼中旗（俗稱鄂托克旗）貝勒松阿喇布奏准開放今鄂托克前旗地。「邊外車林他拉、蘇海、阿魯等處，乞發邊內漢人，與蒙古人一同耕種。上命大學士、戶部、兵部及理藩院會同議奏。尋議覆，應俱如所請，令貝勒松阿喇布等及地方官各自約束其人，勿致爭鬥。得旨，依議，日後倘有爭鬥、蒙古欺凌漢人之事，即令停止。」〔註3〕自此，禁留地允許招民農墾。

康熙五十八年（1719 年），貝勒達錫卜坦（時為鄂托克旗札薩克）因隨民人北進，「以民人種地，若不立定界址，恐致侵佔游牧等情」，請定地界。康熙帝命侍郎拉都渾踏勘，「即於五十里界內，有沙者，以三十里立界；無沙者，以二十里為界；界內之地准民人租種，每牛一犋準蒙古徵粟一石、草四束，折銀五錢四分」〔註4〕。乾隆八年（1743 年），鄂爾多斯各旗官員，「以民人種地越出界外，游牧窄狹等情，呈報理藩院，行文川陝總督，飭司核議，覆奏」，朝廷令理藩院尚書班第、川陝總督慶復與榆林地方官員和蒙旗官員達成定議：「於舊界外再展二三十里，仍以五十里為定界。此外不准占耕游牧。並令民人分別新舊界給租。其舊界照前議外，新界按牛一犋，再加糜五斗，銀五錢。」〔註5〕關於這段史料，最先記載的是乾隆《靖邊縣志》，名為「中外和耕」〔註6〕。

查榆林及延安地區的史志〔註7〕，較早明確記載黑界地、牌界地和夥盤地的是道光二十一年（1841 年）的《神木縣志》和《榆林縣志》，以及道光二十二年（1842）年的《懷遠縣志》，其中《神木縣志》最為詳細。

道光《神木縣志‧疆域附牌界》中指明：「黑界即牌界，謂不耕之地，其色黑也。定議五十里立界，即於五十里地邊，或三里或五里壘砌石堆以限

〔註3〕　《清聖祖實錄》卷 181，康熙三十六年三月壬子。

〔註4〕　道光《榆林府志》卷 3《建置志上‧疆界附邊界》。

〔註5〕　道光《神木縣志》卷 2《輿地下‧蒙地》，卷 3《建制上‧疆域附牌界》。

〔註6〕　乾隆《靖邊縣志》卷 1《中外和耕》。

〔註7〕　康熙《延綏鎮志》、道光《榆林府志》（道光 21 年）、乾隆《府谷縣志》、雍正《神木縣志》、道光《神木縣志》、乾隆《懷遠縣志》、道光《懷遠縣志》、乾隆《靖邊縣志》、嘉慶《定邊縣志》、嘉慶《葭州志》、乾隆《綏德州直隸州志》、道光《清澗縣志》、康熙《米脂縣志》；涉及延安地區的有嘉慶《重修延安府志》（嘉慶七年）、乾隆《延長縣志》、嘉慶《洛川縣志》、嘉慶《續修中部縣志》、雍正《宜君縣志》等。

之。……此外即係蒙古游牧地方。夥盤，民人出口種地，定例春出冬歸（先議秋歸，後改冬歸），暫時夥聚盤居，因以爲名。……而凡邊牆以北，牌界以南地土，即皆謂之夥盤，猶內地之村莊也。」〔註8〕此處定議顯然是乾隆八年（1743 年）的勘界定議。根據道光《神木縣志・疆域附牌界》：「於舊界外再展二三十里，仍以五十里爲定界，此外不准占耕游牧。並令民人分別新舊界給租。」根據上文，我們可以發現：

夥盤地，就是民人在長城邊外暫時租種、夥聚的地方，並因此而名。其地點在長城北、牌界南，即新定的五十里範圍內，都可以租種，「皆謂之夥盤」，僅是新界和舊界內的租賦不同罷了。牌界是五十里外的邊界，與禁留地五十里範圍一致。乾隆八年（1743 年）定界後，牌界即新的夥盤地邊界，「或三里或五里壘砌石堆以限之」，防止民人越出此界耕種。牌界地外就是蒙古游牧的地方。黑界就是牌界，因爲「不耕之地」，土壤富含腐殖質而呈黑色，並以此爲名。但是問題在於，既然夥盤地已經耕種到牌界（黑界）了，爲什麼土地仍呈黑色？

道光《神木縣志・蒙地》載：「……其準噶爾，郡王、札薩克、五勝（烏審）、鄂套五旗地，南自邊牆直北五十里，有沙者以三十里爲界，無沙者以二十里爲界，謂之夥盤，准令民人耕種，仍歸蒙古收租。夥盤地外，在五十里之內，或三十里或二十里，謂之黑界，蒙古、民人皆不准租耕。黑界以外，則爲游牧地矣」〔註9〕。這裡講明了夥盤地僅爲離邊二三十里的地方；夥盤外有二三十里、離邊 50 里範圍裏是黑界地，黑界地內民人、蒙古不得耕種；黑界地外，則是蒙古游牧的場所。顯然，這是乾隆八年（1743 年）定界前陝蒙邊界的情況。

結合道光《神木縣志》的兩則史料，我們基本可以看清：一、乾隆八年（1743 年）定界前，以長城邊外五十里禁留地爲限，靠邊二三十里的地方是夥盤地，允許民人耕種並立下界堆；夥盤地外二三十里到五十里的地方爲黑界地，禁止蒙古放牧、民人耕種，長期棄耕、棄牧，土壤富含腐殖質而呈黑色，並以此爲名；黑界地外便是蒙古游牧地。二、乾隆八年（1743 年）定界後，長城邊外 50 里都劃歸爲新的夥盤地，即在黑界地的北側設定界牌，「即於五十里地邊，或三里或五里壘砌石堆以限之」，也即禁留地的北界。

〔註8〕 道光《神木縣志》卷 3《建制上・牌界》。
〔註9〕 道光《神木縣志》卷 2《輿地下・蒙地》。

對於黑界地的規定，道光《榆林府志》與道光《神木縣志》記載基本相同。「民人出口耕地，定例春去冬歸（先議秋歸，後改冬歸），暫時夥聚盤居，故謂之夥盤，猶內地之村莊也。又定例五十里立界，壘砌石堆以限之，謂之黑界即牌界，言不耕之地，其地色黑，界內准民人租種，界外爲蒙古游牧之所」〔註10〕。而道光《懷遠縣志》除了增加道光十七年（1837年）蒙旗新招內地人租種的記載，「復於牌界以內地畝，報招內地民人耕種」，還增加了「有所謂黑界者，……又謂之牌界，以每堆有牌，編號誌地，蒙員收掌查界，則植杆掛之也。」

但是新的疑問又出現了：一、黑界地與牌界地的關係，「黑界即牌界」，是否表明黑界地就是牌界地呢？二、牌界地與50里禁留地的關係，因爲都是離邊牆北50里，牌界地是否就是禁留地？

4.1.2 關於黑界地的論爭

由於道光《神木縣志》與道光《榆林府志》對上述問題並未言名，加之後世諸史料多引此二書，「黑界地」問題至今莫衷一是。

當今學者對此研究的主要觀點有：

第一，黑界地就是禁留地。梁冰最先提出「禁留地即黑界地」的看法〔註11〕，惜無論據。劉龍雨持此論〔註12〕，論述簡略且牽強。王衛東誤用史料，將《清聖祖實錄》「康熙三十六年三月乙亥日」條中的「乞發邊內漢人，與蒙古人一同耕種」後臆造「黑界地」三字，將黑界地等同於禁留地。王衛東還認爲黑界地內存在白界地，「所謂白界地，亦稱牌子地或牌界地，是康熙年間清政府對鄂爾多斯剛剛解除封禁不久，內地農民越過長城，在準格爾旗境內開墾耕種的土地，長約二百里，寬四五十里，地域在黑界地以內」〔註13〕，引用的此條史料未注明來源；哈爾巴根認爲其根據是乾隆《神木縣志》〔註14〕。周之良也持此議，

〔註10〕道光《榆林府志》卷3《建置志上·疆界附邊界》。

〔註11〕梁冰：《伊克盟的土地開墾》，內蒙古大學出版社，1991年，第43頁。

〔註12〕劉龍雨：《清代到民國時期鄂爾多斯的墾殖與環境變遷》，西北大學碩士論文，2003年，第6～10頁；劉龍雨、呂卓民：《清代鄂爾多斯地區的墾殖活動》，《中國歷史地理論叢》，2006年7月，第21卷第3輯，第152～160頁。

〔註13〕王衛東：《鄂爾多斯地區近代移民研究》，《中國邊疆史地研究》2000年第4期，70～84。後來王在其書《融會與建構：1648～1937年綏遠地區移民與社會變遷研究》仍未更正。

〔註14〕N·哈斯巴根：《鄂爾多斯地區農耕的開端和地域社會變動》，《清史研究》2006年第4期，第1～16頁；N·哈斯巴根《18～20世紀前期鄂爾多斯農牧交錯

直接依據《神木鄉土志》〔註15〕言康熙三十六年（1697 年），「鄂托克貝勒奏請蒙漢在『黑界地』內合夥種地」〔註16〕，但查原文，並無「黑界地」字樣。

　　第二，黑界地不是禁留地，是乾隆八年（1743 年）劃界時，在邊外五十里附近外側重新劃定的。張淑利認爲：黑界地與禁留地應該是兩個互不統屬的概念。首先，兩者出現時間不同，黑界地出現在乾隆年間，禁留地出現在順治年間；其次，地域範圍也截然不同，「黑界地是在禁留地基礎上又劃出的寬十到十五里不等的土地」，即「清廷又在這次（乾隆八年）劃界的基礎上，『再擴展十到十五里不等』作爲『禁閉地』。……故人們習慣上稱之爲『黑界地』」，「長年耕種的已墾牌界地，也叫做白界地或夥盤地」〔註17〕。該文重點研究的是禁留地，而對黑界地言之甚少，對牌界地、白界地和黑界地的歷史變遷並未言及，史料略顯不足。哈斯巴根認爲白界地就是夥盤地。

　　第三，黑界地位於白界地北側，與白界地共同組成禁留地。哈斯巴根通過蒙文檔案，初步認爲：「白界地是在開墾禁留地的基礎上形成的，……沿長城開墾過的地叫做白界地。白界地在南，靠內地農耕區；黑界地在北，靠鄂爾多斯游牧區。白、黑界地合起來就是原來的禁留地。……白界地有『雁行』民人暫時居住，也叫夥盤地」〔註18〕。他對所倚重的準格爾檔蒙文利用有限，且僅限於準旗一旗，對整個陝蒙交界黑界地的沿革並未言及。

4.1.3　黑界地的地理意義

　　梳理以上的爭論，可以發現「黑界地」具有重要的地標意義：

　　第一，黑界地是研究相關地理概念的前提。上述三種論述中，涉及到禁留地、白界地、牌界地以及夥盤地等諸多地理概念，各史料中記載也各不相同，這些概念的釐清是研究清代陝蒙交界地帶土地利用情況的前提。

　　　　區研究——以伊克昭盟準格爾旗爲中心》，內蒙古大學博士論文，2005 年，第15～16 頁。

〔註15〕民國《神木鄉土志》卷 1《邊外屬地疆域附開墾始末》。

〔註16〕周之良：《清代鄂爾多斯高原東部地區經濟開發與環境變遷關係研究》，陝西師範大學碩士論文，2005 年，第 15～16 頁。

〔註17〕張淑利：《「禁留地」初探》，《陰山學刊》2004 年第 1 期，第 92～95 頁。

〔註18〕N·哈斯巴根：《鄂爾多斯地區農耕的開端和地域社會變動》，《清史研究》2006年第 4 期，1-16；N·哈斯巴根《18～20 世紀前期鄂爾多斯農牧交錯區研究——以伊克昭盟準格爾旗爲中心》，內蒙古大學博士論文，2005 年，第 15～16 頁。

第二，黑界地是梳理清前期陝蒙交界地帶土地利用的情況重要依據。黑界地是沒有耕種的土地，這點是共識。因此，黑界地的開墾能夠反映出清初陝蒙交界地區墾殖的最北界。無論是「黑界地就是禁留地」，或是「黑界地與白界地共同組成禁留地」，還是「黑界地在乾隆八年劃界五十里附近外側重新劃定」，以及「黑界地位於白界地北側」，都表明乾隆八年（1743 年）前僅是對禁留地 50 里的開墾。因此，確定了黑界地的南緣，就能夠明確地得知清初屯墾的最北界。

第三，黑界地的確定是清後期以「黑界地」命名土地開墾的重要線索。乾隆八年（1743 年）後，私墾加劇，黑界地也面臨著被侵佔。清末新政貽谷放墾時，準格爾旗、郡王旗、札薩克諸旗都有「黑界地」名目的土地及其描述，這些名目的土地直接關係著各旗在清中後期陝蒙交界地帶土地的開墾狀況。

附帶需要說明的是長城外的「里」和「牛犋」概念的具體意義。

長城外的「裏」，是按照馬力來計算的。「惟稱邊外道里，係以馬力計算，大率二百有餘方足一里」〔註 19〕。所以，我們在分析清代演變地區距離長城的遠近時，不能用清代量地尺或現代的「里」來衡量。

牛犋〔註 20〕，康熙《米脂縣志》〔註 21〕載「米地峰崖委蛇，田難以頃畝計農者，但以牛力爲率，自晨至午名一埫，又曰一尋，即數埫不能當川原一二畝之入。」乾隆《綏德州直隸州志》〔註22〕與之略同：「以牛力爲率，自晨至午名一響或以土作埫，又曰一尋，即數響不能當川原一二畝。」而乾隆《懷遠縣志》〔註23〕載：「懷邑多沙磧高阜，可耕之土甚少，民人多在邊外務農，名曰『牛犋』。蓋用二牛之力以耕一日則爲一埫地，盡二牛之力以耕一年則爲一犋牛也。」從中我們可以得到，延綏鎮田畝以牛犋計算的原因是黃土高原和沙漠地帶的地理環境決定的，二牛耕一日（從晨到午）爲一埫，耕一年爲一犋牛。而道光《清澗縣志》〔註24〕和上述記載相似：會典云：丈量地畝以

〔註19〕《神木縣知事呈文》（民國 8 年 5 月 15 日），《陝綏劃界紀要》卷 1。
〔註20〕王晗對此進行了初步研究，但是有些觀點不正確。參見：王晗《清代陝北長城外夥盤地研究》，陝西師範大學碩士論文，2005 年 5 月，第 82 頁。
〔註21〕康熙《米脂縣志》卷 4《田賦志》。
〔註22〕乾隆《綏德州直隸州志》卷 2《田賦》。光緒《綏德直隸州志》卷 3《田賦》。
〔註23〕乾隆《懷遠縣志》卷 2《種植》。道光《懷遠縣志》卷 2《種植》抄此。
〔註24〕道光《清澗縣志》卷 4《田賦志》。

部頒弓尺，廣一步，縱二百四十步為畝，方廣 15 步，縱 16 步，「清澗地皆峰崖委蛇，不可以頃計業，耕者大率以牛耕，自辰至午為一垧，約地三畝，不能當川地一二畝。」這裡說明了一垧大約是三畝，道光《神木縣志》〔註 25〕載「口外地土並無畝數，以牛計犋。每犋約二百七八十畝。」大約一牛犋為 100 垧，每垧為 2.7～2.8 畝。

　　但是，民國的三條史料卻與上述記載有出入：民國《橫山縣志》〔註 26〕卷三《實業》可得「……（民人）自晨至午，以一牛力耕之田，名為一垧，家飼牛一頭種田百垧者（三畝為垧），稱一牛懼」。而神木縣知事李榮慶言〔註 27〕：又民國八年神木縣知事李榮慶稱，「現雖仍收牛犋錢文，每牛一犋約地三百三十畝，出粟一石，草四束，折銀五錢四分」。民國《米脂縣志》〔註 28〕更精確地告訴「約三畝三分可為一垧。」1 犋牛等於 100 垧，這點並無異議。但是，究竟是一牛還是兩牛耕種一日為一垧？一垧等於 2.7～2.8 畝，還是等於 3.3 畝？道光《神木縣志》〔註 29〕載「准令民人租種，每牛一犋，準蒙古徵粟一石，草四束，折銀五錢。」顯然，這樣的制度一直延續到民國。但是這裡面很明確地說明是按一牛來徵收的。這似乎說明道光年間，是一牛耕一天為一垧。另外《準格爾衙門檔案》中有兩則檔案是關於乾隆末年的牛犋與垧的換算，因漢譯文錯誤百出，不予考慮〔註 30〕。

〔註 25〕道光《神木縣志》卷 3《建制上》。
〔註 26〕民國《橫山縣志》卷 3《實業》。
〔註 27〕《查界委員巫嵐峰署神木縣知事李榮慶呈文》（民國八年十二月十八日），《陝綏劃界紀要》。
〔註 28〕民國《米脂縣志》卷 3《食貨·丁糧稅課》。
〔註 29〕道光《榆林府志》卷 3「建置志上·疆界附邊界」。
〔註 30〕《神木理事司員為查報之事札準格爾貝子文及回執》（乾隆五十六年七月初 p128～130）和《神木理事司員衙門為催辦事宜札準格爾貝子》（乾隆五十六年七月初八日 p133～136）。從兩則檔案具體內容看，前則是神木理事同知要求準旗貝子奏報蒙古巴音呼圖私招漢人私墾一事，但準旗貝子以會盟為由回執拖延；後者是神木理事同知繼續催文。兩則檔案都共同講述了神木同知對私墾民人和蒙古的審訊結果。其中前則是：河曲縣韓大堯供稱：五月向巴音呼圖嘎以三千五百文錢租種十六垧地，在阿日巴吉呼地方又墾種三斗蕎麥；府谷民人顧啟忠、顧家良「所供一致」，「在外邊向他租種兩牛犋地畝之事屬實」；府谷黎朋供述：向他租種半牛犋地；「巴音呼圖嘎供述：小的招民人顧啟忠、顧家良在旗內租給兩牛犋地墾種，給黎朋租給半牛犋地，自種四牛犋地，此等事均屬實。」神木同知查明「然經本處查明，開墾地畝實為九牛犋地」。後則檔案中則：「案查，先前本衙門行文貴貝子處，要求速派人查明實為五牛犋或兩牛犋半地畝」；韓大堯供述：五月以四千五百文錢租給我十六垧

除此外，筆者所見的其他史料沒有對此的記載，因爲後文涉及到具體計算不同時期開墾夥盤地畝數以及對比等問題，且由於這樣的研究意義極其重大，筆者姑且如下規定：

第一，在乾隆前，以乾隆《懷遠縣志》爲準，兩牛耕種一天（從晨到午）爲一垧，耕種一年爲一牛犋，百垧爲一牛犋，一垧爲 3 畝。

第二，道光中，以道光《神木縣制》和《榆林府志》爲準，一牛耕種一天（從晨到午）爲一垧，耕種一年爲一牛犋，百垧爲一牛犋，一垧爲 2.7～2.8 畝。

第三，清光緒末年貽谷放墾至民國十年陝蒙劃界，以民國《橫山縣志》、《米脂縣志》、神木縣知事李榮慶上報內容爲準，一牛耕種一天（從晨到午）爲一垧，耕種一年爲一牛犋，百垧爲一牛犋，一垧爲 3.3 畝。

4.2　乾隆八年陝蒙勘界與準格爾黑界地

研究黑界地，不可避免地要對乾隆八年（1743 年）陝蒙定界的過程和內容進行研究。筆者最近發現了五則不同時期辦理勘界事務的官員奏摺，基本可以對陝蒙勘界做出明確判斷。對於黑界地的內容，準旗蒙文檔案（乾隆至同治朝）已陸續譯成漢文，載於《準格爾衙門檔案譯編》（第 1～2 輯）中，裏面記載了大量黑界地的內容。正因爲準格爾旗黑界地相關的檔案較爲集中，所以在下文中，筆者以該旗爲基礎，並結合郡王旗、鄂托克旗、杭錦旗等相關蒙文檔案，逐步對毗鄰陝西的這幾旗黑界地進行系統研究。

雖略顯繁複，但爲正確理解譯文內容，並保持內容的連續性和完整性，筆者在注解中注明全部相關檔案。同時，本節及之後的章節中，大量引用《準格爾衙門檔案譯編》（第 1～2 輯），因兩書各漢譯檔案按照檔案形成的時間以

地；顧啓忠、顧家良一同供述：五月巴音呼圖嘎租給我等三十垧地；黎朋供述：我於五月出邊牆，巴音呼圖自願租給我三十一垧地，收取一千三百文錢。首先，韓大堯究竟花了多少錢租地，前後不一致？其次，顯然蒙古自墾是不禁止的，究竟之前的神木同知查實的「9 項」包括哪些？再次，爲什麼後來之前要求查實「五牛犋或兩牛犋半」，其中「五牛犋」包括什麼？第三，黎朋租了 31 垧地，按照上文所言是半牛犋，那麼一牛犋約爲 62～100 垧；但是顧啓忠、顧家良共同租了三十垧，即 2 牛犋，那麼一牛犋爲 15 垧，顯然前後矛盾。因爲地有好有壞，不能從地租上進行衡量，故略去。筆者認爲顧啓忠、顧家良共同租種了 200～249 垧以上，這樣就得出一犋等於 100 垧，可以基本解決問題。

及頁碼排序，筆者引用時直接列出檔案名、檔案形成的時間以及在該兩書中的頁碼，不再具書名，謹此說明。

4.2.1 乾隆八年陝蒙勘界與黑界地

1、乾隆八年前陝蒙四次勘界的進程

乾隆八年（1743 年）陝蒙勘界，是在康熙五十八年（1719 年）漢民進入鄂爾多斯高原後一次重大的勘界定界活動。而在此次勘界定界前，陝蒙交界地區還發生了四次較大的勘界活動。對這五次勘界活動，之前的研究並未涉及。同時，學者在研究時，多引用方志、寥寥數語，加之方志僅記載一到兩次勘界活動，所以據此得出的結論也不相同。

筆者最近發現《大學士鄂爾泰等奏摺錄副》〔註31〕（雍正十年四月十一日，下稱《鄂爾泰檔》）、《署理四川陝西總督馬爾泰奏摺》〔註32〕（乾隆七年十一月二十八日，下稱《馬爾泰檔 1》）、《署川陝總督馬爾泰揭請酌定榆林邊境民人種地收租事宜並越界私墾治罪之例》〔註33〕（乾隆八年六月二十六日，下稱《馬爾泰檔 2》）和《尚書班弟、總督根福奏爲覆議榆林附近民人口外耕地並定界加租恭摺》〔註34〕（乾隆八年十二月初七日，下稱《班第檔》）等檔案，前者是漢文檔、蒙文漢譯檔。各檔對之前發生的事情進行了追憶並部份抄錄前檔，四則檔案互爲補充，較詳細地記載了乾隆八年陝蒙勘界事件原因、歷程和結果，並可以相互佐證。

另外，準格爾旗檔案中，有很多準旗在康熙、雍正、乾隆三朝劃界經過，內容與《馬爾泰檔》和《班第檔》符合〔註35〕，因拘於一旗，下文略去。同

〔註31〕《大學士鄂爾泰等奏摺奉旨錄副》（雍正十年四月十一日），《軍機處滿文錄副奏摺》，第 10 卷 615 號，該奏摺敘述了康熙十年鄂爾多斯收租前的事情。

〔註32〕《署理四川陝西總督馬爾泰奏摺》（乾隆七年十一月二十八日具奏），《宮中檔硃批奏摺》（第一檔案歷史檔案館藏），《民族事務・蒙古》，第 20 卷，第 377 號。

〔註33〕《署川陝總督馬爾泰揭請酌定榆林邊境民人種地收租事宜並越界私墾治罪之例》（乾隆八年六月二十六日），張偉仁《明清檔案》，據清代內閣大庫原藏編。

〔註34〕《尚書班弟、總督根福奏爲覆議榆林附近民人口外耕地並定界加租恭摺》（乾隆八年十二月初七日 p141～167），《準格爾衙門檔案譯編》第一冊。

〔註35〕見《神木理事司員衙門爲催促報送黑牌子界地原定舊檔之事札飭鄂爾多斯札薩克固山貝子察克都爾色楞文及協理臺吉等文》（道光十四年十一月初二日 p372～377）；《神木理事司員衙門齊爲勘定黑牌子界地之事札準格爾貝子察克都爾色楞文》（道光十五年十一月初七日 p225～227）等。

時，《陝甘總督明山奏則》（乾隆 36 年）〔註36〕有部份內容可以相互參照，謹此說明。

康熙五十八年（1719 年），第一次勘定了陝蒙交界地區開墾地的範圍。當年，爲了息止蒙漢因開墾造成的糾紛，康熙帝命侍郎拉都渾踏勘，「即於五十里界內，有沙者，以三十里立界；無沙者，以二十里爲界；界內之地准人民租種，每牛一犋準蒙古徵粟一石、草四束，折銀五錢四分」〔註37〕，就是「大邊」長城外二三十里的地方允許農墾。《鄂爾泰檔》更爲詳細說明了地點：「於花馬池、鹽場堡、定邊所、磚井堡、安邊堡、柳樹澗、寧塞堡、靖邊所、鎮羅堡、鎮靖堡、龍舟堡、清平堡、威武堡、保寧堡、常樂堡、建安堡、高家堡、永興堡、孤山堡等地，均於二十里外立界；其懷遠堡、波羅堡、響水堡、榆林衛、雙山堡、柏林堡、大柏油堡、神木縣、鎮羌堡、木瓜園堡、清水營堡、皇甫川堡、霍堡營等地，沙丘巨大，可耕之地少，於三十里外立界」。《馬爾泰檔 1》和《馬爾泰檔 2》也對這些地點進行了簡要說明〔註38〕。據準格爾衙門檔案中記載〔註39〕，道光年間神木理事司員同知、盟長委派人員及準格

〔註36〕《陝甘總督明山奏則》（乾隆 36 年），《軍機處檔‧月摺包》，臺北故宮博物院藏，第 15643 號。

〔註37〕道光《榆林府志》卷 3《建置志上‧附邊界》。

〔註38〕《馬爾泰檔 1》言：「除去挨邊牆之有沙不能夠播種地方外，榆林、波羅等處以三十里立界；靖邊、常樂等處以二十里立界耕種。《馬爾泰檔 2》：「欽差侍郎拉都渾插立地界，榆林（今榆陽區駐地）、波羅（今橫山波羅鎮駐地）等處以三十里立界，靖邊（今靖邊縣新城堡鄉駐地）、常樂（今榆陽區牛家梁鄉常樂堡村）等處，以二十里立界耕種。」

〔註39〕《準格爾衙門檔案譯編》中漢譯文很多地名都是蒙文直譯。筆者查田清波《關於鄂爾多斯蒙古七旗地圖》所附地圖（1740 年）和《準格爾旗檔案譯編》（第一輯）所附地圖（1908 年），向哈爾巴根請教，能夠得出今名的附括號內。全文爲：「據查，……康熙五十八年，理藩院來文內來，欽差侍郎喇都混、都察院侍郎張呈報，勘定榆林附近口外地界之奏摺中，博日哈喇濟圖城（博日哈喇札城，鎮羌堡）至布拉格土多爾濟三十里，寧夏城（靖邊或長樂或寧塞堡？）至布頓什喇二十里，毛博日城至博日嘎蘇也和查干陶樂蓋（郡王旗的查干陶魯蓋，或烏審旗的察漢陀羅海）三十里，斡日圖城至哈日大壩三十里，沙日喇濟臺城（皇甫川堡）至巴日嘎蘇（札薩克旗札薩克駐地附近）三十里，博日套海城至哈日呼特勒三十里。」（《神木理事司員齊爲勘定黑牌子界地之事札準格爾貝子察克都爾色楞文》，道光十五年十一月初七 p225～227）。其中，準格爾旗劃界東以黃河爲界，西至鎮羌堡口外，十里長灘以西屬於府谷縣管轄，東則屬於山西偏關等縣管轄。「查禁自烏日圖套海（十里長灘）至博日哈勒紮（鎮羌堡）土城之諸牌界地」（《神木理事司員衙門爲查禁黑牌子界地事札準格爾旗貝子察克多爾色楞及協理臺吉等文》，道光十六年五月二十八

爾旗官員共同查閱準格爾舊檔，準格爾旗康熙五十八年劃界的範圍，也是以「二、三十里爲界」，也印證了相關內容。

雍正八年（1730 年），清廷對陝蒙交界地區開墾地進行了第二次勘界定界。當年，朝廷對陝蒙禁留地的開墾範圍及租賦歸屬問題產生了較大了爭論。理藩院尚書特古忒奏，邊牆外「五十里禁留之地，何得蒙古收租？奏請收賦，廷議准行。」〔註 40〕事實上，理藩院要求定租即由陝西收租外，還要求定界，即將開墾範圍拓展到邊牆外五十里。對此，《馬爾泰檔 1》和《馬爾泰檔 2》記載：先是雍正八年（1730 年），議政大臣議覆理藩院條奏：「口外五十里原係禁留之地，蒙古何得收取地租？委地方大員會同夷漢衙門，仍插立五十里定界折徵糧草，折徵糧草，係州縣內地官員收。」《清實錄》記載更爲詳細：（雍正九年九月）諭：「寧夏橫城口、及黃甫川邊外開地，與鄂爾多斯接壤。內地民人，越界耕種，而蒙古等私索租價。每至生事互爭，經該部堂官奏請，照例定界。朕遂降旨：交與該督撫確查定議。今據該地方官派員與鄂爾多斯之札薩克等會勘，請照原定之例分界。經大學士議政大臣等、議覆准行。……若照廷議立界，俾民人蒙古，各守疆址，彼此無爭，揆之事勢，似屬有益……。」〔註 41〕此次勘界，不僅將漢人開墾範圍向北拓展，由原來各旗離「大邊」長城 20～30 里不定，統一擴大到 50 里，同時剝奪了蒙旗臨時收租權，收歸到陝西所有。但是，這次擴界定租僅僅維持了一年多，即被廢棄。

雍正十年（1732 年），清廷對陝蒙交界地區開墾地進行了第三次勘界定界。《馬爾泰檔 1》和《馬爾泰檔 2》）記載，雍正十年，「鄂爾多斯地方荒旱，世宗憲皇帝特頒諭旨，照侍郎拉都渾酌定二十里舊界，仍令給租」，這也是《馬爾泰檔 1》存在的原因。顯然，這裡的「舊界」爲康熙五十八年（1719 年）所定的「邊牆外二三十里」，是相對於雍正八年（1730 年）所定的「邊牆外五十里」的「新界」而言。對於這短短三年內發生的變化，尚書班弟、總督根福在《班第檔》中回憶道，「雍正九年，以五十里爲界。隨即降旨：照舊地界

日 p413～414），「延榆綏道員處來文內稱：……今神木廳呈報查禁止事，稱烏日圖套海（十里長灘）東側之黑牌子界地屬陝西省管轄」（《神木理事司員衙門爲查禁黑牌子界地事札準格爾旗貝子察克多爾色楞及協理臺吉等文》（道光十六年十一月二十三日 p521～523）。

〔註40〕乾隆《靖邊縣志》卷 1《中外和耕》。

〔註41〕《清世宗實錄》卷 110，雍正九年九月乙丑。

交納租銀。」雍正十年（1732 年）的勘界活動，不僅解決了定租問題，即蒙古又獲得「舊界」的收租權，而且也解決定界問題，即仍令漢民回到長城二三十里舊界耕種。

由於現存史料對雍正八年至十年（1730～1732 年）陝蒙兩次勘界定界活動記載較略，學界對此也從未重視，所以一直言之不詳。但是，這次勘界活動極其重要，對理解諸多史料、解決記載不同的矛盾，意義重大，下文詳述。

乾隆元年（1736 年），清廷對陝蒙交界地區開墾地進行了第四次勘界定界。「乾隆元年（1736 年），和碩莊親王議准總兵米國正條奏，蒙古情願招民人越界種地收租取利者，聽其自便」〔註 42〕。事實上，米國正的奏摺中還有定邊界問題，即按照雍正八年（1730 年）各大臣議定的「新界」——邊牆外五十里重新設定邊界。《馬爾泰檔 2》對此有記載：「乾隆元年（1736 年），莊親王議覆米國正條奏，邊界照議設立，民人越界種地，蒙古情願收租取利者，聽其自便，各等因在案。」這也從一個側面反映，雍正十年（1732 年）至乾隆元年（1736 年）間，「舊界」（的北線）與「新界」（的北線）之間，也就是「大邊」長城 20～30 里外、直到 50 里之間的區域，法定上是不允許民人耕種的。但是，民人「越界」私墾過多，於是米國正重新要求按照雍正八年（1730 年）議定的新界定界，並規定舊界至新界之間的賦稅問題，使越界私墾合法化。對此，《清實錄》記載：乾隆元年（1736 年），和碩莊親王議覆延綏總兵米國正條奏，「榆林、神木等處邊口，越種蒙古餘閒套地，約三四千頃，歲得糧十萬石。邊民獲糧，蒙古得租，彼此兩便，事屬可行。其強種勒索者禁止。應如所請。從之」〔註 43〕。在此期間，是由蒙古收取「新界」和「舊界」所有地租的。

2、乾隆八年陝蒙勘界活動

幾年後的乾隆七、八年間（1742～1743 年），陝蒙兩地因為民人進一步私墾和地租收取權發生矛盾，從而朝廷進行了第五次勘界定界，並制定了《永遠租地章程》。乾隆七年（1742 年）初，由於私墾較多，在沒有會商陝西地方官的情況下，夷漢事務郎中（寧夏理事司員）六智僅聽取鄂爾多斯官員「照原定二、三十里為界地」的建議，收回漢民，即「新界」不允許漢民耕種，

〔註42〕 道光《榆林府志》卷 3《建置志上·附邊界》。乾隆《靖邊縣志》卷 1《中外和耕》也有此條，較略。
〔註43〕 《清高宗實錄》卷 15，乾隆元年三月丁巳。

並上報理藩院。理藩院聽從六智建議，上奏朝廷：將榆林民人開墾的邊地，「照原定之界立界牌、阿包，將界外民人收回界內」，「仍照舊界，彼此毋得侵越」；同時，加徵界內租銀，「除舊有銀租糜子之外，每斟再加租銀五錢、糜子五斗，舊日未給糜子之地，亦加給五斗」，乾隆七年九月二十二日朱批「依議」。這一點，《馬爾泰檔2》予以記載。

對此次蒙古收民劃界增租一事，陝西地方官員認爲有損漢人利益，表示反對。馬爾泰於十一月二十八日奏請：漢民仍舊耕種「五十里」範圍土地，僅在二三十里外的新墾田地上加租，「仍耕其地，量加其租」，五十里外，如蒙人私自雇人墾種，則租賦加倍，並奏請派員查清情況。前西安布政使等官員紛紛上奏，對馬爾泰的建議表示贊同，理藩院也改正了原來的觀點。帥念祖更是稱：「五十里禁留地內，原係中國版圖」，不能將舊界外種地民人收回，否則「窮民必致失所」；舊界內地利已盡，租賦已高，不能加租；舊界至至新界的墾地，可加租；而「禁留五十里之外，本爲蒙古之地」，清查後，如果蒙人仍許民人耕種，應將租息加倍。十二月二十日，乾隆朱批：依議。並派人與六智會同陝西地方官員和鄂爾多斯蒙官商量。此時，不僅明確了陝西擁有離邊「五十里」內土地的所有權，蒙古擁有離邊「五十里」外土地的所有權；仍是以「五十里」作爲漢人耕種的地段，反對撤民回到「二三十里」，甚至允許漢人耕種「五十里」外的蒙古土地。對此，鄂爾多斯盟長等官員仍堅持理藩院原定方案，致使帥念祖的方案事實上沒有實施。

乾隆八年（1743年）六月二十六日，馬爾泰上奏，是爲《馬爾泰檔2》。在該檔中馬爾泰詳細回憶了事情的經過，抄錄了自己的前奏（即《馬爾泰檔1》）、各官員的奏摺，並提出了新的方案，其中仍以「五十里」劃界不變。爲此，乾隆委派理藩院尚書班第等人親赴榆林、鄂爾多斯，經會商後蒙漢達成妥協，制定了《永遠租地章程》，獲准實行，是爲《班第檔》。同時，並繪製了《鄂爾多斯七旗分界圖》（見圖4-1）。需要補充的是，在乾隆五年（1740年），鄂爾多斯七旗之間劃分旗界〔註44〕，這也可以與圖4-2對照。

〔註44〕　參見《綏遠將軍謹奏審理確喇西狀告準格爾旗全體官員案件的審判情況之奏摺神木衙門轉發準格爾之理藩院下發的黏貼》（道光四年（日不詳）p326～343）；《神木理事司員劉智、巴雅爾、伊克昭盟盟長齊旺班珠爾等爲勘界存檔之事札札薩克協理臺宙札布、華興文》（乾隆五年十二月十五日 p4～6）；《理藩院爲勘定鄂爾多斯七旗地界札飭伊克昭盟長文》（乾隆六年二月十二日 p123～131）。

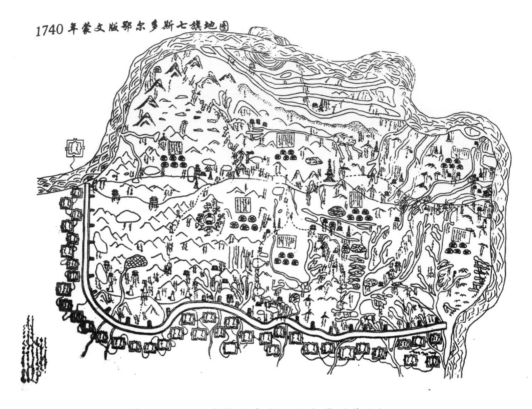

圖 4-1　1740 年鄂爾多斯七旗分界（蒙文）。

資料來源：《準格爾衙門檔案譯編》第 1 輯，內蒙古人民出版社出版，2008 年〔註45〕

　　《永遠租地章程》主要內容如下：

　　第一，**勘定開墾邊界**。根據漢民越過舊有邊界（即離邊「五十里」）對蒙旗的影響而分別定界：

　　一是鄂托克旗和烏審旗稍有越界，無大礙，允許民人照舊按照離邊「五十里」範圍耕種。分清界內界外給租，以後不得再越界耕種；

　　二是準格爾旗從未越界，仍照舊界，即按照離邊「二三十里」劃定；

　　三是郡王旗已越舊界（這裡指離邊「二三十里」形成的界限）百里，札薩克旗越舊界六七十里，其中，郡王旗越界的牛犋有八百餘，札薩克旗越界的牛犋有九百餘。規定：以五十里即禁留地爲「新界」，將新界外的牛

─────────────────────

〔註45〕　〔日〕田清波著，米濟生譯：《關於鄂爾多斯蒙古七旗地圖》，《鄂爾多斯研究文集》第二輯，第 1～71 頁。郝志成：《也論清代鄂爾多斯七旗的劃界問題》，《內蒙古師範大學學報》(哲社版)，2006 年 5 月，第 10～24 頁。田清波認爲該圖繪製於 1740～1744 年，郝志成認爲該圖繪製於 1740 年底。

牛犋收回到五十里之內。蒙古在該五十里地界內耕種的土地，仍屬蒙古耕種。如果「新界」安置不下收回的牛犋，則將該五十里地界內原有的蒙古三佐領向北遷走，並將該段剩下的牧地和蒙古已經耕種的土地一起讓出予以安置。

圖 4-2　1908 年鄂爾多斯七旗分界（蒙漢文）。

資料來源：《準格爾衙門檔案譯編》第 1 輯，內蒙古人民出版社出版，2008 年。

可見，郡王旗、札薩克旗仍以離邊「五十里」為界，並收回漢民。但是，蒙古可以在「五十里」外的自由土地上進行耕種，這反應出此時這兩個旗的蒙古自墾也達到一定規模。新的界內界外，皆可能存在農墾，為後世混同甚至蒙古招徠漢民進一步向旗內私墾，埋下了伏筆。

第二，釐定界內界外租賦。所納租銀、糜子，仍照馬爾泰原奏，界地之內外各增租項。原界二十、三十里內的墾地照舊出租，即「雍正八年（1730年）議定：官收每犋徵穀一石，草四束口纏、折銀五錢四分，後復賞給夷人，已加至一兩二三錢，不等」，《馬爾泰檔 2》對此予以記載。可見，《永遠租地章程》規定陝西擁有舊界的收租權。而原界（舊界）至新界之間的租地，除按原界租銀交納外，還要每犋再加租銀五錢、糜子五斗。《榆林府志》的記載印證了這一點，「界內者照舊租不加，……舊租糜子一石、銀一兩之……案上云：租銀五錢四分，此云銀一兩，以（乾隆）元年例：取利者，聽其自便故

也」〔註46〕。

第三，**設置管理機構**。首先，理藩院增設蒙員安邊理事同知，形成寧夏、安邊、神木三同知就近辦理陝寧與蒙事宜的格局。一切繁雜事項，均由同知就近審理；偷盜、人命等要案，則由理事司員、道員一同辦理。其次，在出口民人中設立管理機構。陝西地方官在出口民人中，每堡選總甲一人、牌頭四人，負責管理民人中的違法犯罪行為。

第四，**設立典冊查緝**。陝西地方官將牛隻數目、租地畝數、開店房等民人姓名、各自耕種田地等查明造冊，以便檢驗。

第五，**制定巡查制度**。每年春秋兩季，陝西官員和三處同知各出邊巡查一次，就近查辦蒙古民人相互狀告、私自越界、蒙古容留奸民等事。

《永遠租地章程》的制定，規範了陝蒙交界地區的開墾秩序，推動了農墾的發展，「中外民人，永無紛更滋擾之弊」〔註47〕。乾隆九年（1745年），川陝總督公慶復陳奏：「榆林口、鄂爾多斯蒙古地方，今春內地佃民初定章程，牛隻出口。……自四月下旬得雨，獲遍種秋苗。貧民與蒙古，彼此相安。業照原議辦理」，乾隆大悅，「甚好之事，非卿不辦，覽奏曷勝欣慰」。〔註48〕

3、乾隆八年陝蒙勘界的意義

通過對清前期陝蒙五次勘界特別是乾隆八年（1744年）勘界活動的探討，結合榆林地區的重要方志——乾隆《靖邊縣志》、乾隆《懷遠縣志》、嘉慶《定邊縣志》以及道光《榆林縣志》、道光《神木縣志》、道光《增修懷遠縣志》的相關內容〔註49〕，下文對黑界地的相關內容，進行更深一步的研究。

各部方志對乾隆陝蒙勘界的過程記載大略相同，但內容各有側重。其勘界內容，相較而言，道光《榆林府志》著眼於全府，較為詳細記載了《永遠租地章程》的內容：「有於界外稍出二三十里，仍照舊耕種；其並未出界，仍

〔註46〕道光《榆林府志》卷3《建置志上·附邊界》。

〔註47〕道光《榆林府志》卷3《建置志上·疆界附邊界》。

〔註48〕《清高宗實錄》卷217，乾隆九年五月（日不詳）。

〔註49〕參見乾隆《靖邊縣志》卷1《中外和耕》；乾隆《懷遠縣志》卷3《邊外》；嘉慶《定邊縣志》卷5《田賦志·中外和耕》；道光《榆林府志》卷3《建置志上·疆界附邊界》；道光《神木縣志》卷2《輿地下·蒙地》、卷3《建制上·牌界》；道光《增修懷遠縣志》卷4《邊外》。光緒《靖邊志稿》卷4《雜誌·中外和耕》；民國《榆林縣志》卷3《輿地志·疆界》等史志多傳抄此。雍正《神木縣志》和乾隆《府谷縣志》對此沒有記載。

照前辦理；有出界五十里之外，將種地民人收回五十里之內，給予空閒地畝耕種。」而道光《神木縣志》記載，「於舊界外再展二三十里，仍以五十里爲定界。此外不准占耕游牧。並令民人分別新舊界給租。」這樣的記載，原因是神木縣與準格爾旗南界僅有很少一部份接壤（鎮羌堡以西），而與郡王旗和札薩克旗南界完全接壤，按照《永遠租地章程》理應擴界。乾隆《懷遠縣志》記載，「無論界內界外，俱以舊年種熟之地爲界，任民耕種」，界內界外分別定租。因爲懷遠縣與烏審旗和鄂托克旗接壤，故僅對此規定。道光《懷遠縣志》同前。定邊縣與烏審旗和鄂托克旗接壤，嘉慶《定邊縣志》記載，「即以現耕種之地設立土堆，定位疆界」，符合本縣實際。

　　乾隆勘界活動是黑界地研究的一個重要前提，同時對甄別相關史料有著基礎性作用。以往的研究中，研究者根據榆林地區出現的這幾部志書對乾隆勘界活動的不同記載，得出了不同的結論，可據上文加以糾正。

　　比如，準格爾旗在嘉慶十八至十九年（1813～1814年）發生了重新勘定黑界地事件，道光十五年（1835年），神木理事同知松阿禮覆準格爾貝子文：「據查，康熙、雍正、乾隆年間所定（準格爾旗）二三十里牌界，爲允准內地民人耕種之地，並非黑牌子界地」〔註50〕。明確言及在雍正、乾隆年間，準格爾旗定二三十里牌界。如果按照榆林地方現存史志，就根本無法解釋「雍正年間準格爾的定界」，也無法解釋乾隆定界，準格爾定界「二三十里」。

　　又如，清末貽谷放墾時，光緒三十一年（1905年）正月，郡王旗要求劃歸新設的五原廳管轄，貽谷於二月二十三口諮詢晉、陝兩省督撫〔註51〕，又於三月初九日上奏光緒〔註52〕。光緒帝下旨：「著山西、陝西巡撫會商妥議具奏」〔註53〕。經會商山陝諸官「妥議核覆」，定議「查郡土、札薩克兩旗，地

〔註50〕《神木理事司員衙門爲勘定黑牌子界地札準格爾貝子察克都爾色楞及協理臺吉等文》（道光十五年三月初六 p19～20）。此文沒有標注具體的月份和日期，查《準格爾貝子察克都爾色楞會同辦理黑牌子界地設牌事宜呈神木理事司員衙門文》（道光十五年三月十六日 p63～65），該文抄錄上文，可補全具體的日期。
〔註51〕《貽谷爲郡王旗呈報加添開墾旗南地一段所留之地請禁私種願隸五原廳管轄分行綏遠將軍等處查照》，光緒三十一年二月二十三日，《清末內蒙古墾務檔案彙編》（綏遠、察哈爾部份），第479頁。
〔註52〕貽谷：《伊克昭盟郡王札薩克兩旗地由晉邊開闢蒙眾等均願就近歸五原廳治摺》，《墾務奏議》，沈雲龍主編，《近代中國史料叢刊續編》第十一輯，文海出版社。
〔註53〕《清德宗實錄》卷543，光緒三十一年三月戊子。

勢迤邐相連，兩旗放墾之地均在南境，至忽機圖溝（忽雞兔溝）而止，溝以南自康熙、雍正至光緒年間迭次展界，地畝俗稱新、舊牌子地，其南界悉接邊牆」〔註54〕。這裡言及郡王、札薩克雍正年間展界、但未言及乾隆年展界，且現有檔案、《清實錄》、貽谷原奏則相互援引，一一輔證，又是多名官員覆核定議的結果，史料價值極其高，其真實性不容質疑。

再加上民國五年（1916年）潘復《河套調查報告書》的附圖《前套墾地圖》（為清末放墾時地圖）〔註55〕，圖中很明確記載郡王旗「康熙年舊牌子」，「雍正年展界地」和「光緒十八年（1892年）展界」，共兩次展界，進一步加以輔證。但按照榆林地方現存史志，僅存乾隆展界，未言雍正展界。經系統瞭解乾隆八年定界以及由來，我們就可以發現：雍正時，郡王、札薩克兩旗已展界到「五十里」，乾隆定界時，兩旗仍以「五十里」定界，不存在展界問題。

4.2.2　準格爾「重定」黑界地事件

文獻中關於黑界地的集中記載，出現在清末貽谷放墾時的準格爾旗蒙文檔案中。當時，東協理臺吉丹丕爾反對開墾準旗黑界地，武力抗墾，直接導致貽谷被劾，綏西開墾進程遲滯。該事件也長期被描述為蒙古維護民族利益、反抗滿清暴政的典型事件，予以歌頌。所以，準旗黑界地在整個陝蒙交界地區黑界地研究中，有著典型意義。也正是因此，之前的學者僅根據清末貽谷放墾時的漢文檔案和現存的府縣志相結合進行研究，雖有一定的參照意義，但並不能完全反映準旗黑界地的變遷，更不能完整地說明整個區域黑界地的演變。

《準格爾旗衙門檔案》集中記載了在道光二年（1822年）至道光十八年（1838年）之間，準格爾旗黑界地的內容，筆者將其命名為準格爾「重定」黑界地事件。此事件歷時長達十七年，前後經歷六位神木理事同知〔註56〕。

〔註54〕《山西、陝西兩省巡撫會奏擬在該兩旗適中平衍之地增建東勝廳，以晉省磧口通判移駐，俾資控馭》，光緒三十二年（1906年）十二月十八日，《內蒙古中西部墾務志》第1章《郡王旗的報墾與丈放》。

〔註55〕潘復：《調查河套報告書》，民國十二年，北京京華印書局，伊克昭盟檔案館藏。從行程看，潘復主要沿著黃河對後套進行調查，未到陝蒙交界。其附圖《前套墾地圖》應是清末貽谷時墾務局所藏檔圖。

〔註56〕從準格爾旗檔案中，可見道光二年至道光十七年，先後有六任神木理事同知，有的檔案中記載了該官的名字，有的記載「本官自今年四月上任以來」、「本同知新近到任」、「本官上任後，查前任理事司員交代之檔冊後」、「本年三月初六日，神木理事司員松（阿禮）處覆文稱」、「本理事司員與本年六月二十

由於準格爾旗的故意隱瞞，甚至編造假檔案，對理藩院、綏遠城將軍的斥責置之不理，故一直久未查清，有關黑界地的一些問題語焉不詳。準格爾旗檔案中對此事件的直接記敘達百餘篇之多，十分複雜，加之前後篇漢譯文多有出入，必須認眞分析。因事體重大，對黑界地的出現、變遷以及研究當時的政治生態、司法關係，有著重要意義，須詳細說明。在仔細甄別分析後，筆者敘述事件原委：

1、準格爾「重定」黑界地事件的導火索

準格爾旗檔案中，較早明確出現「黑牌地」一詞，當屬嘉慶六年（1801年）二月，郡王旗與準格爾旗相互控告對方，「越界耕種黑牌子界地」〔註57〕，惜檔案對此記載並不詳細。較集中記述黑界地的是道光二年（1822年），準格爾旗四等臺吉碻喇西（亦譯喬拉什或特那巴扎爾）誣告管旗京章巴拉丹案。該案從道光四年到道光十八年（1824～1838年）長達十數年無法定案，成爲準格爾「重定」黑界地事件的導火索。

道光二年（1822年），碻喇西狀告巴拉丹「將蒙古人賴以爲生之牧場、耕地、所屬旗之閒散地，以及乾隆五年欽差呼樂圖、阿蘭泰等大臣劃定永不得耕種之封禁之地十里地及二十里地黑石牌（黑牌子）地方，連年租與內地民人雷大龍、魏和連、袁少志等幾千民人耕種。此等行徑，既損害旗民利益，又導致內地民人大量湧入搶佔本旗土地」〔註58〕。此案經綏遠將軍審理後，一直上訴至理藩院，之後碻拉西翻案，遂又重審。道光十一年（1831年）定案，基本上維持最初綏遠將軍的判決，確認碻喇西爲誣告〔註59〕。

六日至神木，接管前任理事司員松噶里之印」等。參照道光《神木縣志》卷5《人物志》和道光《榆林府志》卷14《職官志·近代文職》得出六個神木同知的名字和任職年限：札勒杭阿（道光2年至5年3月）；恒福（道光5年4月～8年3月）；成祥（道光8年4月～11年3月）（《神木縣志》此處誤）；明昆（道光11年4月～12年）；松阿禮（道光12年～15年6月）；塔爾尼善（道光15年7月～18年）。

〔註57〕《盟長喇什達爾濟爲會同辦理爭奪旗地事札準格爾旗貝子色旺喇什等文》（嘉慶六年二月初六日 p138）。

〔註58〕《臺吉碻喇西所屬旗蒙古申寃，向理藩院狀告準格爾旗大小官員之訴狀》（道光二年三月二十二日 p116～121）。另參見《神木理事司員衙門爲碻喇西狀告管旗章京巴拉丹一案札準格爾旗協理臺吉等文》（道光二年三月初八日 p114～116）；《神木理事司員衙門爲再次會審碻喇西和巴拉丹一案札準格爾旗貝子、協理臺吉蘇榮等文》（嘉慶（應爲道光）二年四月初九日 p133～137）。

〔註59〕《清宣宗實錄》卷199，道光十一年十月丙午。

其中，「查乾隆五年（1740 年）之檔案，據載，當時並未立黑石牌而永久查封，而實為劃分鄂爾多斯七旗之旗界。乾隆八年開荒邊界地，劃定界限之檔冊中亦未發現上述規定」〔註60〕。確喇西訴狀提及：嘉慶十八至十九年（1813～1814 年），準格爾旗因遭遇災荒，私行招人大範圍開墾，並向民人借債，引發理藩院對準格爾旗私墾及債務的關注，理藩院奏：「（準旗）嘉慶二十年（1815年）宣佈禁止耕種，如今是否仍有民人耕種，接到文書後是否已經查封，蒙民自己之土地現有多少，開墾耕種對牧地有多大威脅等事」，需查清造冊上報；準旗仍欠八萬餘兩債務，「此債如不還清，今後必然再起爭端」，需召集所有債主，停息，本金分期償還〔註61〕，進而引發準格爾旗「重定」黑界地事件。

2、準格爾「重定」黑界地事件的過程

文獻記載，自乾隆始，準格爾就以農耕立本，「本旗四十二蘇木，以畜牧為生者少，種田為生者多」〔註62〕。至道光四年（1824 年），全旗蒙古自耕土地「共計一千六百一十八牛犋。……定居輪流耕種已久。有些蒙古二三戶合耕一牛犋地，有些蒙古不會耕作，有些旗民當雇工，積攢下錢後購買牛犁逐漸學會耕作。本旗具體耕作人數之確切數目，實難統計。」〔註63〕私墾更是從未禁絕，道光五年（1825 年），神木理事同知派人查實，「準格爾旗貝子、協理臺吉、管旗章京、梅林、臺吉、甲喇等大小官員，皆有招引民人越界墾種之事」〔註64〕，

〔註60〕《綏遠將軍謹奏審理確喇西狀告準格爾旗全體官員案件的審判情況之奏摺神木衙門轉發準格爾之理藩院下發的黏貼》（道光四年（日不詳）p326～343）：「道光三年十二月二十三日奏入。諭旨：依議。欽此」。

〔註61〕《綏遠將軍謹奏審理確喇西狀告準格爾旗全體官員案件的審判情況之奏摺（神木衙門轉發準格爾之理藩院下發的黏貼）》（道光四年（日不詳）p326～343）。又見，《神木理事司員衙門為審理準格爾旗非法開墾及旗債案札準格爾旗協理臺吉等文》（道光四年七月十一日 P379～382）。

〔註62〕《貝子納木札勒多爾濟為鹽運事呈盟長文》（乾隆二十七年（日不詳）P42～43）。又見《理藩院為勘定鄂爾多斯七旗地界札飭伊克昭盟長文》（乾隆六年二月十二日 p123～131）；《準格爾旗貝子為彙報旗放債事呈神木理事司員衙門、盟長等處文》（道光四年閏七月（日不詳）p405～406）；《準格爾旗貝子為本旗蒙古非法招引民人耕種事呈神木理事司員衙門及盟長等處文》（道光四年閏七月十八日 P427～429）。

〔註63〕《準格爾旗為呈報所屬蒙古耕種土地事呈神木理事司員衙門、盟長等處文》（道光四年八月初二日 p453～455）。

〔註64〕參看《盟長處為轉行神木理事司員責令拘留招引民人私行耕種之蒙古官員一事札準格爾旗協理臺吉等文》（道光五年十月二十九日 p192）；《神木理事司員衙門札文所附記錄準格爾旗管領土地之官員放墾者之站單》（道光五年十月二

至道光十年（1830 年）「所屬旗土地被民人耕種殆盡」〔註65〕，由於貝子和大小蒙官縱容，私墾不絕，被查出的大小案件都無法處理〔註66〕。爲此，道光十三年（1833 年）十月，神木同知松阿禮札準旗貝子：「據查：屬旗境內准許蒙古耕種之三塊地段，原本有一座黑牌子，本爲界限標誌」，因準旗招民私墾黑界地嚴重，所以要「照舊立牌子分別界限」並嚴禁越界開墾〔註67〕。同時，神木司員、伊盟盟長、延榆綏道員共同向理藩院彙報了準旗越界案，擬設立界牌，封禁黑界地〔註68〕情況。

　　道光十四年（1834 年）二月初三日，準旗貝子覆文（松阿禮對該覆文回函中引用了原文，因兩文譯文略不同，將相關內容錄於括號內）謊稱：乾隆八年（1743 年）勘界時，準旗允許漢民耕種範圍即牌界，爲「邊牆外、本旗南界十里或二十里範圍內」；準旗牌界外不存在所謂的黑界地，「牌子界外，未曾分多少里爲黑牌子界（然於牌子牌以外，未有分明指定多少里爲黑牌子界地之事）」，即黑界地沒有劃定；準旗早以農業爲生，世代居住在牌界邊緣，蒙人在此自己開墾「一二里或者七八里」，並且人數眾多；如果封禁所謂的「黑界地」，必致蒙人流離失所。即使如此，但也會按照松阿禮所指定的地點，設立鄂博並派達慶看守〔註69〕。

　　　　　　十九日 p194～197）。

〔註65〕　《神木理事司員衙門爲飭令協助本處前去調查協理臺吉貢楚克多爾濟狀告貝子非法開墾旗地招民耕種一案之官員札準格爾旗貝子文》（道光十年八月初六日 p502）；《準格爾旗貝子爲其外出之際旗地被民人耕種殆盡之事呈盟長處文》（道光十年閏四月十五日 p377）。

〔註66〕　《道光五年之十二年放地招民之蒙人名單》（道光十三年七月至九月（日不詳）p247～263；《準格爾旗向延榆綏道衙門呈報導光五年以來涉嫌放地人員名單之文》（道光十三年十一月至次年正月（日不詳）p265～268）等。

〔註67〕　《神木理事司員等爲劃定牌子地邊界札準格爾旗衙門文》（道光十三年十月十二日 p235）。

〔註68〕　《神木理事司員衙門爲審辦越界墾種之事札準格爾旗貝子文》（道光十四年二月二十四日 p6～18）；《札薩克貝子察克都爾色楞等爲驅逐越界耕種之民人呈神木理事司員衙門文》（道光十四年正月二十三日 p.20～21）；《神木理事司員衙門爲勘查夥盤地邊界及租銀之事札準格爾貝子察克都爾色楞及協理臺吉等文》（道光十五年正月二十八日 p11～16）；神木理事司員衙門爲勘查夥盤地邊界及租銀之事札準格爾貝子察克都爾色楞及協理臺吉等文，道光十五年正月二十八日（p11～16）；《神木理事司員衙門爲劃清黑牌子界地事宜札準格爾旗貝子察克都爾色楞等文》（道光十四年八月十七日 p166～167）。

〔註69〕　《準格爾旗衙門爲勘定邊界，設立牌界之事呈神木理事司員衙門文》（道光十四年二月初三日 p104～105）；《神木理事司員衙門爲勘界立黑牌子之事札札薩

在道光十四年（1834 年）二月，松阿禮收到理藩院覆文：同意查禁設立牌界，查禁準格爾黑牌界，「惟四旗各旗給民人耕種之夥盤地，實屬何地？從何時開始輪流耕種？是否奏准？此種租銀是否分給蒙眾？仍未查明稟報」，理藩院要求松阿禮「將原檔冊詳細查看後，再呈報理藩院，以免再滋摻混、矇騙之事」，並轉飭此文〔註70〕。準旗貝子針對此文回覆仍堅持原意，「從未在牌子界外制定所謂牌子界；因所屬民眾皆靠耕種謀生，故在二里或三里，七里或八里地內放墾度日」〔註71〕。

同年二月二十九日，松阿禮結合理藩院的指示，回文給準旗：「貴旗來文內，並未說明一二里或七八里之黑牌子界何年劃定，初設時是否報院，有無覆文等」，要求準旗查實後彙報〔註72〕。之後，準旗貝子一直未回覆，「未呈報原檔冊」，松阿禮不得不取消了當年的例行秋巡準旗查界。神木理事司員衙門與盟長衙門兩處檔案一致：準旗設立牌界地為「二三十里」，而並非準旗所報的「一二十里」。鑑於查禁一事是奉旨所為，事體重大，「未經查核，不便草率設黑牌子實行封禁」，為此，松阿禮和盟長決定：「暫停設立黑牌子」，並「再次星馳札飭」準旗貝子移交該旗「勘界舊檔」〔註73〕。但準旗

克貝子察克都爾色楞等文》（道光十四年二月二十九日 p2～6），文內還有準旗劃立「牌子地」的具體地點。同時參看，《準格爾旗為辦理黑牌子界地致神木理事司員覆文》（道光十四年二月二十四日 p18～20），該文錄有，「本處從牌子界東側黃河岸始設立鄂博，西側直到札薩克臺吉圖們吉日嘎拉旗地界，並各派員交付守備達慶看守」。

〔註70〕《神木理事司員衙門為審辦越界墾種之事札準格爾旗貝子文》（道光十四年二月二十四日 p6～18）；《札薩克貝子察克都爾色楞等為驅逐越界耕種之民人呈神木理事司員衙門文》（道光十四年正月二十三日 p.20～21）；《神木理事司員衙門為勘查夥盤地邊界及租銀之事札準格爾貝子察克都爾色楞及協理臺吉等文》（道光十五年正月二十八日 p11～16）；《神木理事司員衙門為勘查夥盤地邊界及租銀之事札準格爾貝子察克都爾色楞及協理臺吉等文》（道光十五年正月二十八日 p11～16）；《神木理事司員衙門為劃清黑牌子界地事宜札準格爾旗貝子察克都爾色楞等文》（道光十四年八月十七日 p166～167）。

〔註71〕《準格爾旗為辦理黑牌子界地事致神木理事司員衙門》（道光十四年二月二十四日 p18～19），此文日期誤。

〔註72〕《神木理事司員衙門為勘界立黑牌子之事札札薩克貝子察克都爾色楞等文》（道光十四年二月二十九日 p2～6）；《盟長索諾木喇布齋根敦為呈交黑牌子界地原檔一事札札薩克貝子察克都爾色楞等文》（道光十四年十月十八日 p326～328）。

〔註73〕《神木理事司員衙門為劃清黑牌子界地事宜札準格爾旗貝子察克都爾色楞等文》（道光十四年八月十七日 p166～167）；《神木同知齊為巡查黑牌子界地札

不與理會，為此，松阿禮和盟長再次先後行文準旗，催促交出勘界舊案，擬分別呈報理藩院參核〔註74〕。

　　面對重壓，準旗貝子回覆：「查案，⋯⋯並無在原設牌子界地外，又增設多少黑牌子地一事」，繼續否認黑牌子地的存在；對於牌界外的開墾地，準格爾貝子認為是道光二年（1822年）審理吉確喇西一案，「司員、盟長等呈稱，可留二三里，或七八里空閒地，餘則墾種，等因記錄在案。此外，道光五年（1825年），綏遠城將軍衙門查辦時，仍同樣呈報之外，將一副本旗地圖蓋印一併呈送」。松阿禮堅持準格爾旗存在黑界地，準旗仍未彙報黑界地設定的時間和範圍，「貴旗原設黑牌子界地，長寬想必與他旗相同；⋯⋯想必各旗地界，定無長寬不一之事」，同時認為確喇西一案，「雖有保留二三里或七八里之空閒地之說，此乃當時貴旗所查處出之情，非此前所定之黑牌子界地原檔冊所記載，如何以此為憑證？」仍飭令報送黑牌子舊檔案〔註75〕。

　　道光十五年（1835年），松阿禮呈報理藩院，督飭準旗配合查案定界。理藩院要求松阿禮、盟長和準旗貝子會同查辦，松阿禮和盟長隨之先後飭令準旗移送黑界地檔案〔註76〕。準旗仍不理會，並在「黑牌子界西側，設立鄂博」，私自劃定黑牌子界。松阿禮認為不妥，並再次催促準旗報送黑牌子界地舊檔〔註77〕。此時，準旗貝子直接回答：「查案，本旗並無設定黑牌子界地為多少之檔冊。」〔註78〕

札薩克貝子察克都爾色楞等文》（道光十四年七月初八 p272）。

〔註74〕《神木理事同知員為查核黑牌子界地原檔之事諮札薩克貝子察克都爾色楞文》（道光十四年九月二十一日 p293～297）。

〔註75〕《神木理事司員衙門為催促報送黑牌子界地原定舊檔之事札飭鄂爾多斯札薩克固山貝子察克都爾色楞及協理臺吉等文》（道光十四年十一月初二日 p372～377）。

〔註76〕《神木理事司員衙門為勘查夥盤地邊界及租銀之事札準格爾貝子察克都爾色楞及協理臺吉等文》（道光十五年正月二十八日 p11～16）；《盟長索諾木喇布齋根敦為於黑牌子劃界立牌札札薩克固山貝子察克都爾色楞及協理臺吉等文》（道光十五年二月二十四日 p28～33）。

〔註77〕《神木理事司員衙門為勘定黑牌子界地札準格爾貝子察克都爾色楞及協理臺吉等文》（道光十五年三月初六 p19～20；《準格爾貝子察克都爾色楞會同辦理黑牌子界地設牌事宜呈神木理事司員衙門文》（道光十五年三月十六日 p63～65）。

〔註78〕《準格爾貝子察克都爾色楞會同辦理黑牌子界地設牌事宜呈神木理事司員衙門文》（道光十五年三月十六日 p63～65）。

　　雙方一直拉鋸，直到道光十五年（1835 年）六月，松阿禮離任，準旗仍拒不交出黑界地舊檔案。繼任的塔爾尼善繼續札飭，準旗貝子仍堅持原意〔註79〕，仍對塔爾尼善和盟長的發文置之不理，面對「貽誤成性」準旗貝子，塔爾尼善要求盟長派員取回準旗原檔，並擬定日期踏勘黑界地〔註80〕。準旗貝子回文：「據查，本旗夥盤地確爲十至二十里，然並未查出勘界牌界外多少裏之邊界之檔冊」，並要求推遲之前與塔爾尼善約定的踏勘日期〔註81〕。由於盟長未派人去取舊檔，於是塔爾尼善決定不要準旗送檔，僅根據盟長處和神木理事司員衙門處兩處檔案辦理，並決意於道光十五年九月二十三日勘查準旗黑牌子界，盟長呈稱：「對準格爾貝子拒交舊檔冊之事，待日後查禁黑牌子地，呈報理藩院之時，再行參奏懲處。」〔註82〕

　　道光十五年（1835 年）九月二十八日，塔爾尼善踏勘黑牌子地，核實盟長處、神木理事司員衙門處及準旗檔舊案，發現「其夥盤地（譯文有誤，應爲牌界地）數目相合」，應是長城外「二三十里」，「據查，所謂二三十里舊牌界地，實指康熙五十八年欽差侍郎喇都混奏准之牌界地」，要查明原牌界地的名字，設立鄂博〔註83〕。這樣，準旗貝子「未上呈眞實檔案，以收地爲由推託，未報明其耕地（應爲旗地）內有無私墾之事」〔註84〕，最終被查證屬實。

　　因時値初冬，難以用「土石做標，故暫與此牌界地內設立標記，再與此地設立鄂博」〔註85〕，於是道光十六年（1836 年）六月至七月間，準旗派人

〔註79〕 《準格爾貝子察克都爾色楞及協理臺吉等爲上報檔冊之事呈神木理事司員、盟長、副盟長文》（道光十五年閏六月（日不詳）。本檔無具體日期，但從「前任神木理事司員同知每年輪流巡查」及與前後排列檔案的關係，當係準旗貝子給新任神木理事同知的彙報。該譯文錯誤較多，通過上下文意思可知，準旗貝子仍從原議，並未改變。

〔註80〕 《盟長索諾木喇布齋根敦爲催促上報黑牌子地舊檔札札薩克固山貝子察克都爾色楞文》（道光十五年七月初八 p154～158）。

〔註81〕 《札薩克固山貝子察克都爾色楞等爲另約定日期查禁黑牌子界地呈盟長索諾木喇布齋根敦文》（道光十五年七月二十三日 p158～159）．

〔註82〕 《盟長索諾木喇布齋根敦爲會同巡查黑牌子之事札札薩克固上貝子察克都爾色楞文》（道光十五年九月十五日 p194～198）。

〔註83〕 《神木理事司員衙門齊爲勘定黑牌子界地之事札準格爾貝子察克都爾色楞文》（道光十五年十一月初七 p225～227）。

〔註84〕 《盟長索諾木喇布齋根敦爲會同巡查黑牌子之事札札薩克固上貝子察克都爾色楞文》（道光十五年九月十五日 p194～198）。

〔註85〕 《神木理事司員衙門同知爲黑牌子界地勘界事札準格爾旗貝子察克多爾色楞及協理》（道光十六年五月二十八日 p413～414）。

「依去年所立之標誌」設立鄂博〔註86〕。隨後，陝西延榆道綏道員與神木理事同知報理藩院，對準旗設立牌界地事進行結案〔註87〕。與此同時，神木廳呈報：烏日圖套海（今準旗十里長灘）東側（應爲西側）之黑牌子界地，屬於陝西省（應是府谷縣）管轄」，要求在準旗的「鄂托克邊界」等地設立鄂博，以便與陝西府谷縣區分〔註88〕。對該處設立鄂博一事，準旗仍是拖延，直至道光十七年（1837 年）正月也未理會〔註89〕。準旗貝子不僅沒有受到相應處罰，反而在道光十六年十二月，朱批補授爲副盟長〔註90〕。可見，道光十六年（1836 年）之前，陝蒙劃界只是重設了康熙五十八年（1719 年）準旗的舊牌界地，即黑界地的南界，並明確黑界地作爲查禁地，要求勘定黑界地的北界和範圍。

道光十六年（1836 年），民人智彥士（翟言思）等人狀告準旗貝子欠債不還，直至御前。起因是之前，準旗貝子借民人巨債無法償還，以放墾黑界地作爲抵押。但是後來嚴禁私墾，蒙人驅逐民人，致使民人受損。此案最初經綏遠將軍審理，民人停息、準旗貝子分期還錢。但十年已過，貝子一分未還，於是民人上告〔註91〕。道光指令欽差大臣、刑部右侍郎惠吉會同綏遠城將軍審結後，指令嚴查準旗黑界地私墾，「該旗黑界，與山西河曲縣、陝西府谷縣民地毗連。著該撫等轉飭該管道府，於每年春融後，親往履勘有無蒙古人等越耕情事，出具印結，由該撫諮報理藩院備查，以杜爭端而符定制」〔註92〕。

〔註86〕《準格爾旗貝子察克多爾色楞爲派員設立牌界事呈欽命駐神木辦理蒙古民人事務同知衙門文》（道光十六年七月十二日 p414）。

〔註87〕《神木理事司員衙門爲查禁黑牌子界地事札準格爾旗貝子察克多爾色楞及協理臺吉等文》（道光十六年十一月二十三日 p521～523）。

〔註88〕《神木理事司員衙門爲查禁黑牌子界地事札準格爾旗貝子察克多爾色楞及協理臺吉等文》（道光十六年十一月二十三日 p521～523）；《副盟長察克都爾色楞及協理臺吉等爲押送涉案人員事呈綏遠將軍衙門文》（道光十八年三月三十九日 p277～278）。

〔註89〕《神木理事司員衙門爲清理黑牌子界地事札準格爾旗貝子察克多爾色楞及協理臺吉等文》（道光十七年正月二十八日 p9）。

〔註90〕《盟長端多布色楞爲移付理藩院關於任命副盟長之公文事札札薩克貝子察克多爾色楞及協理臺吉等文》（道光十七年二月二十三日 p20～21）。

〔註91〕《神木理事司員衙門爲督促償還翟言思旗債事札準格爾旗貝子察克多爾色楞及協理臺吉等文》（道光十六年七月十二日 p426～427）。

〔註92〕《清宣宗實錄》卷308，道光十八年四月丙辰。又見《清宣宗實錄》卷306，道光十八年二月丙辰。《蒙張端多布色楞爲轉付理藩院公文事札札薩克貝子察克都爾色楞及協理臺吉等文》（道光十八年四月二十八日 p487～489）。

經檢索，這段文字是《清實錄》中，伊盟第一次也是唯一一次出現「黑界」字樣。此案也導致準旗貝子的副盟長之職被奪〔註93〕。

3、準格爾旗「重定」黑界地事件的結果

在審理智彥士案的過程中，準旗貝子（時為副盟長）彙報：「經查，本旗早已無黑牌子界地。查案，康熙五十九年、雍正九年、乾隆八年，多次經由欽差大臣奏准，未於本旗指定黑牌子界地。惟於夥盤地地頭設立輪番地。道光三年，確喇西狀文中亦無黑牌子界地一事。另，官員已查核呈報將軍衙門旗界四至圖，且於道光十六年神木同知理事司員衙門之使、前任盟長貝勒旗之協理官員會同查辦此案。依原檔冊，與布日干圖多爾濟、……等夥盤地頭設立輪番地」〔註94〕。這進一步說明，準旗黑牌子地是在乾隆八年（1743年）之後設立的，但是一直沒有明確具體範圍；同時，準旗黑牌子地早就沒有了。道光十六年（1836年），神木理事司員只是重新設立了牌界地（夥盤地，即輪番地）的範圍。

民人智彥士越耕黑界地、準旗欠債不還的案件等事情促進了準格爾旗黑界地北界的重置。「道光十八年（1838年），……奉旨禁封黑牌子界地十幾里，交付達慶輪流巡查」〔註95〕。經過勘界後，道光十九年（1839年）「復設」〔註96〕準旗黑界地，「據查，……今年春，本處派協理官員等，設立寬為十或十五之黑牌子，嚴加查禁，並交付各達慶看守」〔註97〕。黑界地「實為查禁之地」、「乃朝廷禁墾之地」。

查閱已有的蒙文漢譯檔案，至光緒三年（1877年）六月〔註98〕，甚至到

〔註93〕 《盟長端多布色楞為知會理藩院審案結果事致札薩克貝子察克都爾色楞及協理臺吉等文》（道光十八年六月二十五日 p346～351）。此文引用了民人智彥士越耕黑界地、準旗欠債不還的案件審判的結果。

〔註94〕 《副盟長察克都爾色楞及協理臺吉等為押送涉案人員事呈綏遠將軍衙門文》（道光十八年三月三十九日 p277～278）。

〔註95〕 《札薩克貝子察克都爾色楞及協理臺吉等為禁止民人於蒙地埋葬死者呈神木事司員衙門文》（道光二十五年三月二十五日 p265～266）。

〔註96〕 《準格爾旗貝子察克多爾色楞及協理臺吉等為辦理民人開墾黑牌子界地事呈神木理事司員衙門文》（道光二十年四月二十六日 p420）。

〔註97〕 《準格爾旗貝子察克都爾色楞及協理臺吉等為查禁民人耕種黑牌子界地事諮河曲縣衙門文》（道光十九年六月十一日 p111～112）。

〔註98〕 參見：《神木理事司員衙門為查禁黑牌子界地事札準格爾旗貝子察克都爾色楞及協理臺吉等文》（道光十九年三月十五日 p51～52）；《神木理事司員衙門為查看旗地及黑牌子地事札準格爾旗貝子察克多爾色楞文》（道光二十一年八月

清末貽谷放墾前，黑界地的法律地位一直沒有改變。

①準旗貝子都按時向神木同知出具未耕種黑界地的甘結；

②對出現的偶而越界耕種蒙旗的現象嚴格查處，但是這些私耕相對於道光前20年並不嚴重；

③神木同知和準旗嚴格都較嚴格地執行禁令：每年神木理事同知曉諭蒙旗，且定期巡查，準格爾貝子按時上報，至清末貽谷放墾前，黑界地在法律上被禁止開墾，並由蒙官專門看管，地域上基本沒有變化〔註99〕。

二十八日 p109～111）；《準格爾旗貝子察克多爾色楞及協理臺吉等爲查禁黑牌子地事呈寧夏道臺衙門及神木理事司員衙門文》（道光二十年四月二十二日 p412～413）；《札薩克貝子察克都爾色楞等爲禁墾旗地之事呈榆林城延榆綏道、知府衙門文》（道光二十三年四月二十五日 p65～66）；《準格爾旗貝子爲黑牌子界地事諮榆林延榆綏知府衙門文》（咸豐四年四月（日不詳）p90）；《神木理事司員衙門爲查禁旗地事札準格爾旗貝子文》（咸豐四年七月二十四日 p192～193）；《梅林色登報告黑牌子界地之呈文》（咸豐五年三月十日 p17—18）；《札薩克貝子札那格爾迪、協理臺吉等爲黑界地事宜致榆林延榆綏道員知府衙門之文》（咸豐五年六月初二日 p11，哈斯巴根譯）；《貝子札那格爾迪、協理臺吉等爲查封旗地事宜諮榆林城延榆綏道知府之文》（咸豐七年一月至五月間（日不詳）p60）；《鄂爾多斯札薩克固山貝子升一級札那格爾迪協理臺吉等爲奏報黑牌子界地內無漢民居住事宜呈駐神木辦理蒙古民人事務理事司員衙門之文》（咸豐七年秋 p139，哈斯譯）；《臺吉達卿索諾木拉布丹爲奏報查看黑牌子界地事宜呈准噶爾貝子旗衙門之文》（咸豐七年六月十二日 p96，哈斯譯）；《筆貼式梅林僧格爲查看黑牌子界地，更新邊界傲包事宜呈准噶爾貝子旗衙門之文》（咸豐七年五月二十八日 p86，哈斯譯）；《達卿臺吉索諾木拉布丹爲上報查看黑牌子界地事宜呈准噶爾貝子旗衙門之呈文》（咸豐八年六月至八月間（日不詳）p272，哈斯譯）；《達慶梅倫哈拉胡爲所管界址情形事呈札薩克衙門文》（咸豐十年五月二十七日 p232）。

〔註99〕《神木理事司員衙門爲巡查蒙古私行招募民人耕種黑牌子界地事札準格爾旗貝子察克都爾色楞及協理臺吉等文》（道光十九年九月二十四日 p174～175）；《準格爾旗貝子察克多爾色楞及協理臺吉等爲辦理民人開墾黑牌子界地事呈神木理事司員衙門文》（道光二十年四月二十六日 p420）；《神木理事司員衙門爲會盟事札準格爾旗貝子察克多爾色楞文》（道光二十年四月二十六日 p424）；《神木理事司員衙門爲審理開墾黑牌子界地事札準格爾旗貝子察克多爾色楞及協理臺吉等文》（道光二十年十月二十四日 p497～498）；《神木理事司員衙門爲已完結民人耕種黑牌子地一案札準格爾旗協理臺吉文》（道光二十一年七月十二日 p90～91）；《盟長棍藏拉布坦札木蘇爲出關巡查旗地時查出私行招募民人耕種封禁土地事札準格爾旗貝子察克多爾色楞、協理臺吉文》（道光二十二年四月二十六日 p261～265）；《神木同知何氏爲巡查旗界諮準格爾旗貝子文》（道光二十三年閏七月二十六日 p179～180）；《神木同知覺羅規爲查辦越界耕種事諮鄂爾多斯準格爾札薩克貝子察克都爾色楞文》（道光二十四年

4.3 黑界地及相關概念總結

上文對有關黑界地的史料進行了耙梳，我們對準格爾旗黑界地產生的時間、過程、範圍等，有了初步的結論。下文將進一步對陝蒙交界地區整個黑界地進行系統研究，同時辨析黑界地與牌界地、白界地（白借地）、夥盤地、新牌界、舊牌界等地理概念，進而瞭解清代前、中期以黑界地爲中心的陝蒙交界地帶土地利用格局〔註100〕。

4.3.1 黑界地的產生時間和過程

在準格爾旗重設黑牌子事件中，多次述及黑牌子界地。爲了釐清黑牌子地的問題，羅列史料並論述如下：

道光十三年（1833年）十月十二日，神木同知松阿禮覆文準格爾貝子：「據查：屬旗境内准許蒙古耕種之三塊地段，原本有一座黑牌子，本爲界限標誌。今貴旗蒙古私招民人越牌子界開墾之事頗多，應照舊立牌子分別界限，以禁越界開墾。」〔註101〕

道光十四年（1834年）二月二十四日，神木同知、伊盟盟長、延榆綏道共同查實後上報理藩院並經理藩院肯定：「又查得，鄂爾多斯烏審、札薩克、郡王、準格爾四旗均與民人可耕種之夥盤地接壤，地界内留有黑牌子界，以區分内外。今因準格爾旗内破壞黑牌子耕

六月二十七日 p93～94）；《札薩克貝子察克都爾色楞及協理臺吉等爲禁止民人於蒙地埋葬死者呈神木事司員衙門文》，道光二十五年三月二十五日（p265～266）；《神木理事司員覺羅桂爲派官員會同巡查越界墾種之事札鄂爾多斯準格爾貝子察克都爾色楞文》（道光二十六年七月二十三日 p224～225）；《神木理事司員覺羅桂爲審理巡查越界墾種之事札鄂爾多斯準格爾貝子察克都爾色楞文》（道光二十六年七月二十三日 p225）；《札薩克貝子札那格爾迪、協理臺吉等爲知會民人在黑牌子界地内建造房屋等事諮神木理事衙門文》（咸豐八年八月初八 p303～304）；《管理山路之達慶等之甘結》（光緒三年三月初一日 p55）（哈斯譯）；《達慶寶魯德爲修理邊界鄂博事宜呈准格爾旗衙門》（光緒三年六月十五日 p198，哈斯譯）等。

〔註100〕 本節内容已發表，詳見吳承忠、韓光輝、舒時光：《清陝西內蒙「黑界地」的由來與發展研究》，《西南民族大學學報》（人社版），2014年第5期，第201～206頁；吳承忠、韓光輝、舒時光：《清陝蒙黑界地的範圍研究》，《中國農史》，2014年第5期，第77～87頁。

〔註101〕 《神木理事司員等爲劃定牌子地邊界札準格爾旗衙門文》（道光十三年十月十二日 p235）。

種者甚多，後牌署理神木同知印務之知州前往牌界地，會同協理臺吉等設立牌界，令日後不得越界耕種。……又所呈報之鄂爾多斯烏審、札薩克、郡王、準格爾四旗，其地均與民人耕種之夥盤地接壤，只隔一黑牌子界地。因在準格爾旗內破壞黑牌子地界耕種者甚多之事，令署理神木同知印務之知州前往牌界地，會同協理臺吉等查禁，擬定永不得越界耕種之例。」〔註102〕

　　道光十五年（1835 年）四月前後（月、日具體不詳），神木理事同知松阿禮覆文準格爾貝子：「據查，康熙、雍正、乾隆年間所定（準格爾旗）二三十里牌界，爲允准內地民人耕種之地，並非黑牌子界地。彼時，蒙古以游牧爲生。後蒙古牲畜減少，耕種者愈多，若不設黑牌子界地，無法分清內外邊界，故有黑牌子界地一說。故有設牌之年，亦有設牌之檔冊。且黑牌子界地非僅存於準格爾一旗，亦可參照現有旗制。」〔註103〕

　　道光十六年（1836 年）九月，神木理事同知塔爾尼善實地踏勘準旗黑界地，查看本衙門、盟長以及準格爾旗處三處檔案，「據查，所謂二三十里舊牌界地，實指康熙五十八年欽差侍郎喇都混奏准之牌界地」，要查明原界牌地的名字，設立鄂博。三處檔案中沒有黑界地的規定。〔註 104〕道光十七年（1837 年），塔爾尼善認爲，「貴旗黑牌子界地並爲標明查禁之界，故理應照例設鄂博爲適，此事須呈報理藩院，切務拖延。」〔註105〕

〔註 102〕《神木理事司員衙門爲審辦越界墾種之事札準格爾旗貝子文》（道光十四年二月二十四日 p6〜18）；《札薩克貝子察克都爾色楞等爲驅逐越界耕種之民人呈神木理事司員衙門文》（道光十四年正月二十三日 p20〜21）；《神木理事司員衙門爲勘查夥盤地邊界及租銀之事札準格爾貝子察克都爾色楞及協理臺吉等文》（道光十五年正月二十八日 p11〜16）；神木理事司員衙門爲勘查夥盤地邊界及租銀之事札準格爾貝子察克都爾色楞及協理臺吉等文》（道光十五年正月二十八日 p11〜16）。

〔註 103〕《神木理事司員衙門爲勘定黑牌子界地札準格爾貝子察克都爾色楞及協理臺吉等文》（道光十五年三月初六 p19〜20。《準格爾貝子察克,都爾色,楞會同辦理黑牌子界地設牌事宜呈神木理事司員衙門文》（道光十五年三月十六日 p63〜65），該文抄錄前文。

〔註 104〕《神木理事司員衙門齊爲勘定黑牌子界地之事札準格爾貝子察克都爾色楞文》（道光十五年十一月初七日 p225〜227）。

〔註 105〕《神木理事司員衙門爲清理黑牌子界地事札準格爾旗貝子察克多爾色楞及協

　　道光十八（1838 年）年三月，審理智彥士（翟言思）案過程中，準旗貝子（時爲副盟長）押送涉案人員去綏遠城時，他彙報：「經查，本旗早已無黑牌子界地。查案，康熙五十九年，雍正九年，乾隆八年，多次經由欽差大臣奏准，未於被旗指定黑牌子界地。惟於夥盤地地頭設立輪番地。」〔註106〕

　　道光十八年（1838 年），道光帝諭旨：「該旗（準旗）黑界，與山西河曲縣、陝西府谷縣民地毗連。著該撫等轉飭該管道府，於每年春融後，親往履勘有無蒙古人等越耕情事，出具印結，由該撫諮報理藩院備查，以杜爭端而符定制。」〔註107〕

　　道光十九年（1939 年），時任神木理事同知札準旗貝子，奉旨重新設立準旗黑旗地，「寬爲十或十五之黑牌子」，並設蒙官看守，嚴禁查禁，「據查，……貴旗黑牌子界地實爲查禁之地」、「黑牌子界地乃朝廷禁墾之地，絕不可與牧地相提並論」〔註108〕。之後，要求神木同治和準旗在嚴格執行，直至清末。

上面的史料中，都是作爲陝蒙交界地區主管包括開墾在內的蒙漢事務的最高長官——神木同知與準格爾旗貝子的官方文件，同時都用了「據查」、「查得」字樣，是查檔所得。其中，第二則史料的內容是神木同知、伊盟盟長、延榆綏道員共同查實後上報理藩院並經理藩院肯定，史料價值不容質疑。

理臺吉等文》（道光十七年正月二十八日 p9）。

〔註106〕《副盟長察克都爾色楞及協理臺吉等爲押送涉案人員事呈綏遠將軍衙門文》（道光十八年三月三十九日 p277～278）。

〔註107〕《清宣宗實錄》卷308，道光十八年四月丙辰。又見《清宣宗實錄》卷306，道光十八年二月丙辰；《蒙張端多布色楞爲轉付理藩院公文事箚薩克貝子察克都爾色楞及協理臺吉等文》（道光十八年四月二十八日 p487～489）；《盟長端多布色楞爲知會理藩院審案結果事致札薩克貝子察克都爾色楞及協理臺吉等文》（道光十八年六月二十五日 p346～351），此文有民人智彥士越耕黑界地、準旗欠債不還的案件審判的結果。

〔註108〕《神木理事司員衙門爲查禁黑牌子界地事札準格爾旗貝子察克都爾色楞及協理臺吉等文》（道光十九年三月十五日 p51～52）；《札薩克貝子察克都爾色楞及協理臺吉等爲禁止民人於蒙地埋葬死者呈神木事司員衙門文》（道光二十五年三月二十五日 p265～266）；《準格爾旗貝子察克多爾色楞及協理臺吉等爲辦理民人開墾黑牌子界地事呈神木理事司員衙門文》（道光二十年四月二十六日 p420）；《準格爾旗貝子察克都爾色楞及協理臺吉等爲查禁民人耕種黑牌子界地事諮河曲縣衙門文》（道光十九年六月十一日 p111～112）。

　　道光年間準旗「重定」黑界地事件中，準旗貝子一直認爲沒有設置黑牌子界，也沒有黑牌子檔。準旗「未在牌子界外制定所謂的黑牌地」，也沒有黑牌子檔案，僅僅是「世代沿牌子界居住，開墾一、二里、或七八地謀生者，人數眾多」〔註109〕；舊牌界外開墾的這些地畝，只是按照傳統習慣而成，並沒有設立鄂博（界堆），也沒有設定界限爲多少里的檔冊〔註110〕。後來，準旗貝子只是承認了黑牌子的確存在，但是仍未承認有黑牌子檔和黑界地究竟有多寬，同時仍否認黑牌子檔案的存在。「據查，道光十五年閏六月二十七日神木同治衙門來文稱：貴貝子報稱，民人耕種之夥盤地與黑牌子地相鄰」，「據查，⋯⋯，然並未查出勘界牌界外多少里之邊界之檔冊」〔註111〕。從神木理事司員同治塔爾尼善查檔結果及繼任的奏報看，雖然準旗貝子私墾以及故意拖延辦理的事實被證實，但準旗的確沒有黑牌子檔案，也沒有設立黑牌子的北界爲多少里，這一點準旗貝子是誠實的。

2、黑界地的初步認識

　　我們結合上面的論述，可以得出對黑牌子界的認識：

　　第一，黑界地（黑牌子地）出現在乾隆八年（1743年）之後。在蒙漢經過康熙、雍正、乾隆共五次定界時，「彼時，蒙古以游牧爲生」，沒有必要設立黑牌子界。對於準旗而言，神木理事同知松阿禮認爲，「據查，康熙、雍正、乾隆年間所定（準格爾旗）二三十里牌界，爲允准內地民人耕種之地，並非黑牌子界地」。後來準旗查檔，「經查，本旗早已無黑牌子界地。查案，康熙五十九年、雍正九年、乾隆八年，多次經由欽差大臣奏准，未於被旗指定黑牌子界地。惟於夥盤地地頭設立輪番地」，也與證實。可見，黑界地是在乾隆八年（1743年）產生的。乾隆八年（1743年）勘界活動以及之前的康熙、雍正多次勘界活動，只是指定了夥盤地（輪番地）的範圍。同時，前文已經討

<hr/>

〔註109〕《準格爾旗衙門爲勘定邊界，設立牌界之事呈神木理事司員衙門文》（道光十四年二月初三日 p104～105）；《準格爾旗爲辦理黑牌子界地事致神木理事司員覆文》（道光十四年二月二十四日 p18～20）；《神木理事司員衙門爲勘界立黑牌子之事札札薩克貝子察克都爾色楞等文》（道光十四年二月二十九日 p2～6）。

〔註110〕《準格爾貝子察克都爾色楞爲會同辦理黑牌子界地設牌事宜呈神木理事衙門文》（道光十五年三月十六日 p63～65）；《準格爾貝子察克都爾色楞及協理臺吉等爲上報檔冊之事呈神木理事司員、盟長、副盟長文》（本檔翻譯有問題）（道光十五年三月～閏六月，日不詳 p76～77）。

〔註111〕《札薩克固山貝子察克都爾色楞等爲另約定日期查禁黑牌子界地呈盟長索諾木喇布齋根敦文》（道光十五年七月二十三日 p158～159）。

論了乾隆八年劃界的經過和結果，的確沒有劃定黑牌子地。

第二，黑牌地的出現是蒙人農耕的結果，其性質是區分蒙漢各自耕種農地的界限。乾隆八年勘界前，蒙古主要以游牧爲生，自己農墾較少，所以沒有必要設置黑界地，農墾比較發達的準格爾旗境內，「准許蒙古耕種之三塊地段」而已，其他旗可想而知。但是，隨著蒙旗「耕種者愈多」，同時民人私墾北侵，所以設置黑牌子地，「分清內外邊界」，成爲一個新的「界限標誌」。黑界地在夥盤地外、蒙旗南境，是新的蒙漢農墾地的標誌，法令禁止開墾。如準旗，原來在旗內允許耕種的三段地畝的南面「原本有一座黑牌子」，「世代沿牌子界居住，開墾一、二里、或七八地謀生者，人數眾多」。可見，隨著蒙古農業的發展，指定了黑牌子界，蒙漢分別在界北、界南傍界耕種，以便區分。從準格爾旗檔案看，自乾隆二十七年（1762 年）起，準旗蒙人農業已經快速發展，「本旗四十二蘇木，以畜牧爲生者少，種田爲生者多」〔註112〕，次年的一次旱災，竟然影響到準旗蒙民的生存，準旗不得不向理藩院申請賑濟，「今年本旗地方夏季無雨，莊稼歉收，事農耕之旗民生計困難。而游牧之屬民亦難以維持生計」〔註113〕，可見準旗農業的權重。札薩克旗和郡王旗地土狹小，在乾隆八年勘界時，民人私墾離邊最遠者達百里，所以在乾隆二十七（1762 年）年前後，蒙人農墾發展規模也估計不會小於準旗。所以，此時最有可能出現黑牌界。

第三，黑界地出現後，長期沒有設定北界，同時蒙人對黑界地的範圍只是一個模糊的概念，乾隆六十年至嘉慶六年（1795～1801 年）間，極有可能設置了黑界地，並有了黑牌子界的檔案。從準格爾旗檔案看，乾隆五十四年（1789 年）前，準旗只是對牌界地內（實際是夥盤地）的一些禁止案件進行查禁，如蒙漢勾結在牌界地私自開窯挖煤〔註114〕、借債〔註115〕、私自買賣官

〔註112〕 《貝子納木札勒多爾濟爲鹽運事呈盟長文》（乾隆二十七年（月日不詳）p42 ～43）。

〔註113〕 《札薩克貝子納木札勒多爾濟爲賑災之事呈理藩院文》（乾隆二十八年十二月初十日 p52）。

〔註114〕 《副盟長納木札勒多爾濟爲禁止開煤窯諮河曲知縣文》（乾隆三十八年四月初九日 p97～98）；《副盟長納木札勒多爾濟爲禁止開煤窯呈神木理事司員衙門文》（乾隆三十八年四月初十日 p99～100）；《納木札勒多爾濟爲查封煤窯呈神木理事司員衙門文》（乾隆三十八年（日不詳）p109～110）。

〔註115〕 《札薩克貝子納木札勒多爾濟爲地主汪術克討地租銀諮河曲知縣衙門文》（乾隆三十八年五月十七日 p106）；《貝子色旺喇什爲交易糾紛諮托克托通判衙門文》（乾隆四十三年二月初四日 p399～400）。

馬〔註116〕、越界撈城〔註117〕、越界放牧燒毀牧場〔註118〕，但卻沒有民人越耕黑牌地的內容。

自乾隆五十年（1785年），蒙人開始招租漢人墾種〔註119〕。乾隆五十四年後，由於天災，出現蒙人向漢民借貸、私自合夥耕種黑界地的事件，「經查，本旗貝子、協理等絕無圖利招民墾種地畝之事。只因年景不好，貧苦下民因生計窮迫，才有收銀出租地畝之事」〔註120〕，盟長棟羅布色稜進京返回路過準旗時，「曾遇見民人越界種地、蓋房、開場儲草、開墾，以致使眾人無法放養備用軍馬與四項牲畜。」準旗回稟，「前兩年，與民人合夥種地以渡饑荒之事屬實。後來，自知違例生事過失，已向前任理事司員呈報，並派員將民人驅逐出境。」〔註121〕然而蒙古無法還帳，民人繼續私種。之後，準格爾檔案內出現了大量此類糾紛〔註122〕。

〔註116〕《理藩院爲曉諭嚴禁沿邊牆一帶買賣官馬札飭伊克昭盟長喇什色稜文》（乾隆三十八年八月十八日 p266～268）。
〔註117〕《札薩克貝子沙都爾札布及札薩克頭等臺吉旺札勒車布登多爾濟等爲會盟勘定地界聯印出具之甘結》（乾隆三十九年六月初一日 p195～197）。
〔註118〕《神木理事司員衙門爲查辦王統綏越界放牧一案札準格爾貝子文》（乾隆五十六年三月二十一日 p77）。
〔註119〕《札薩克貝子色旺喇什爲民人私墾地畝事宜呈神木理事司員衙門文》（乾隆五十六年九月十九日 p24～25）。內有：「乾隆五十年始與民人李耙子合夥種地，後因衙門派官向前任理事司員告狀責令停止，並將地畝封禁。」《薩拉齊通判納福爲傳喚蒙漢合同中介入諮準格爾貝子文》（乾隆五十六年六月二十四日 p125～126），內有：「其（越界民人楊漢斌）供稱：於（乾隆）五十二年，小的以每年八十兩銀向鄂爾多斯蒙古尼日巴、晗札卜，臺吉德木楚嘎、喇嘛確登等，租種一塊地」；《札薩克貝子色旺喇什爲審辦民人欠款事宜諮偏關縣衙門文》（乾隆五十六年九月初一日 p23～24）。內有：「我兄腦門達賴在札哈不拉嘎地方有三牛棋地畝。五十四年、五十五年，偏關縣民人管宓、劉文備、王太、黃佳音等私行墾種該地畝」。
〔註120〕《神木理事司員爲放墾之事札準格爾貝子文及準格爾貝子之回執》（乾隆五十六年四月初八 p82～83）。
〔註121〕《盟長棟羅布色稜爲從速辦案札飭札薩克貝子色旺喇什文》（乾隆五十六年四月二十五日 p98～99），《神木理事司員衙門爲放墾之事札準格爾貝子文》（乾隆五十六年四月十七日 p92）。
〔註122〕《札薩克貝子色旺喇什爲辦理蒙古民人債務事宜諮薩拉齊通判衙門文》（乾隆五十六年五月初八日 p9～10）；《札薩克貝子色旺喇什爲租地糾紛案諮托克托通判衙門文》（乾隆五十六年五月二十三日 p12～13）；《札薩克貝子色旺喇什爲私墾事件呈神木理事司員衙門文》（乾隆五十六年五月二十三日 p14）；《副盟長爲民人開墾事件札札薩克貝子色旺喇什文》（乾隆五十六年六月（日不詳）p124）；《薩拉齊通判納福爲傳喚蒙漢合同中介入諮準格爾貝子文》（乾隆五十六年六月二十

　　從準旗的彙報看，似乎驅逐漢民、封禁黑界地效果顯著，但事實並非如此。準旗於五十六、七年（1791～1792年）後彙報：「越界耕種之民人多數已離去」〔註123〕，乾隆五十八年（1793年）準旗彙報：「經巡查，……（民人越界）所種地畝皆平毀，令其限期離開本旗境蒙古與民人合夥種地一案，現已全部清理完結。」〔註124〕乾隆五十八年，漢民開始在牌界地（實際是夥盤地）造蓋房〔註125〕。但是，乾隆五十九年（1794年），新履新的神木同知卻認為：「本官到任後，經查看檔冊，發覺近幾年來，貴旗蒙古每年私行招募民人，合夥越界墾種地畝，且竟編造謊言，隱瞞不報，或藉故推諉，從不盡力查禁，實屬可恥可惡。前任理事司員，雖經屢次飭交各自地方實力查禁，然據探察訪得，貴旗從未遵照辦理。去年招募民人開墾地畝，幾至無法無天之地步。據查，劃定地界後，民人種地，均有區別。界外由民人種地，界內供蒙古居住。禁私行招募民人越界墾種，是為向來遵守定例，皆記錄在案。現查得，貴旗界內地畝，四處均招募民人開墾種地。」〔註126〕其踏勘準旗「烏日圖灣等地，蒙人為得利與民人合種，而分不清界牌內外」〔註127〕。這一方

四日 p125～126）；《神木理事司員為查報之事札準格爾貝子文及回執》（乾隆五十六年七月初 p128～130）；《神木理事司員衙門為催辦事宜札準格爾貝子》（乾隆五十六年七月初八日 p133～136）；《札薩克貝子色旺喇什為審辦民人欠款事宜諮偏關縣衙門文》（乾隆五十六年九月初一日 p23～24）；《札薩克貝子色旺喇什為民人私墾地畝事宜呈神木理事司員衙門文》（乾隆五十六年九月十九日 p4～25）；《札薩克貝子色旺喇什為驗屍事宜呈神木理事司員衙門文》（乾隆五十六年九月十九日 p26～27）；《神木理事司員衙門為結案札準格爾貝子文》（乾隆五十六年十月初十日 p162～165）；《協理臺吉色旺森如卜等為禁墾事宜呈神木理事司員衙門文》（乾隆五十六年十二月十三日 p61～63）；《神木理事司員衙門為傳喚涉案人札準格爾貝子文》（乾隆五十七年二月二十日 p216～217）；《歸化城副都統衙門為土地糾紛事件諮準格爾貝子文》（乾隆五十七年四月初四 p211～224）。

〔註123〕《協理臺吉色旺森如卜等為禁墾事宜呈神木理事司員衙門文》（乾隆五十六年十二月十三日 p61～63）；《神木理事司員衙門為嚴禁民人越界墾種札準格爾貝子文》（乾隆五十七年正月二十日 p189～190）。

〔註124〕《神木理事司員衙門為查禁事宜札鄂爾多斯札薩克貝子文》（乾隆五十八年三月二十一日 p329～332）．

〔註125〕《札薩克貝子色旺喇什為審斷案件諮清水河通判衙門文》（乾隆五十八年九月二十三日 p365～366）。

〔註126〕《神木理事司員為查禁旗地札準格爾貝子文及其覆文》（乾隆五十九年三月二十五日 p412～414）。

〔註127〕《副盟長札薩克貝子喇什多爾濟、協理臺吉等致鄂爾多斯準格爾旗札薩克貝子書》（乾隆五十九年四月二十日 p4）（見 N·哈斯巴根：《18～20世紀前期鄂爾多斯農牧交錯區研究──以伊克昭盟準格爾旗為中心》，內蒙古大學博士

面說明準旗檔案中尤其是準旗上報的相關信息，有作假的成分，另一方面也說明私墾無法阻擋。此則檔案也說明（乾隆八年）劃定勘界後，「界外由民人種地，界內供蒙古居住」，顯然，至乾隆五十九年（1794 年），沒有黑界地的出現，因爲黑界地是不允許蒙人居住的。之後私墾繼續蔓延，嘉慶二年（1797 年），「本官奉命查閱檔案，方知貴旗每年皆有蒙古夥同民人擅自越界耕種旗地之事，此舉實屬違例」〔註128〕。通過以上分析，自乾隆五十年（1785 年）個別蒙人招租漢人墾種，尤其是乾隆五十四年（1789 年）後準旗公開招墾開始，至乾隆五十八年至五十九年（1973～1794 年），黑界地大量被開墾。此後，設定黑界地北界，將黑界地作爲蒙漢農地新的界限，極有可能提上議事日程。

　　從內蒙古檔案館所藏郡王旗、鄂托克旗等蒙文檔案看，在嘉慶初年，已經有了神木同知要求郡工審理蒙古「梅林納木吉拉擅自放墾黑界地，供札蘭納木色楞、章京召德巴、桂木札布等人開墾一案」〔註129〕。而準格爾旗檔案中，在嘉慶六年（1801 年）二月，郡王旗與準格爾旗甚至相互控告對方，「越界耕種黑牌子界地」〔註130〕。到了嘉慶十七年（1812 年），又出現了「本塔

論文，2005 年，第 18 頁；《準格爾旗札薩克衙門檔案選編》無）。該文神木同治在《神木理事司員爲查禁旗地札準格爾貝子文及其覆文》（乾隆五十九年三月二十五日 p412～414）中的引述。

〔註128〕《神木理事司員衙門爲辦理民人越界墾種事札準格爾旗貝子色旺喇什等文》（嘉慶二年二月十九日 p13）。同時參看《殺虎口驛傳道衙門爲開墾事件諮鄂爾多斯札薩克旗貝子文及回執》（乾隆五十六年五月十七日 p104～105）；《神木理事司員爲審辦越界墾種地畝事件札準格爾貝子文》（乾隆五十九年八月二十日 p461～464）；《準格爾旗貝子色旺喇什等爲審辦民人越界耕種事呈神木理事司員衙門文》（嘉慶元年六月初五日 p205）；《神木理事司員衙門爲辦理民人越界耕種事札準格爾旗貝子色旺喇什等文》（嘉慶元年六月二十五日 p196～197）；《神木理事司員衙門爲辦理民人越界墾種事札準格爾旗貝子色旺喇什等文》（嘉慶二年正月二十日 p15）；《神木理事司員衙門爲審辦民人強行耕種事札準格爾旗貝子色旺喇什等文》（嘉慶二年七月初七日 p24）；《神木理事司員衙門爲審辦放墾蒙地事札準格爾旗貝子色旺喇什等文》（嘉慶二年七月日不詳 p55）；《神木理事司員衙門爲辦理民人越界墾種事札副盟長、準格爾旗貝子色旺喇什文》（嘉慶五年四月十三日 p99）。這些檔案，基本囊括了準格爾旗檔案中該時段土地開墾糾紛案件。

〔註129〕《神木理事同知爲審理蒙人擅開黑界地案札鄂爾多斯札薩克郡王文》（嘉慶初年三月初二日），《鄂爾多斯左翼中旗（郡王旗）札薩克衙門檔案》（1649～1949），檔案號 513-2-771，內蒙古檔案館藏。

〔註130〕《盟長喇什達爾濟爲會同辦理爭奪旗地事札準格爾旗貝子色旺喇什等文》（嘉慶六年二月初六日 p138）。

格爾之子等十四蒙人招引漢人（文字不清）等十七人越界開墾」〔註131〕。與準格爾旗相鄰的郡王旗，在嘉慶初年已經對黑界地有了明確的概念，蒙古官員與神木同知一同嚴懲擅墾黑界地的蒙人、越界開墾黑界地的民人。可見，乾隆六十年至嘉慶六年（1795～1801 年），與陝西相鄰的鄂托克、烏審、札薩克、郡王四旗都劃定了黑界地範圍並有檔冊。嗣後，道光十五年（1835 年）四月，松阿禮才會說「據查……故有黑牌子界地一說。故有設牌之年，亦有設牌之檔冊」〔註132〕。

從準格爾檔案看，嘉慶五年至十七年（1800～1812 年），檔案中僅有準旗官員對民人越界私墾的查處，「（偏關）通判衙門無視律例，一味包庇縱容，致使越界耕種民人與日俱增」，並無神木同知對準旗越界的斥責〔註133〕。嘉慶

〔註131〕 《神木理事同知爲郡旗所屬蒙人招引漢民開墾黑界地案札鄂爾多斯札薩克郡王旗協理臺吉谷尤爾札布》（嘉慶十七年八月初三日），《鄂爾多斯左翼中旗（郡王旗）札薩克衙門檔案》（1649～1949），513-2-830。

〔註132〕 《神木理事司員衙門爲勘定黑牌子界地札準格爾貝子察克都爾色楞及協理臺吉等文》（道光十五年三月初六日 p19～20）。《準格爾貝子察克都爾色楞會同辦理黑牌子界地設牌事宜呈神木理事司員衙門文》（道光十五年三月十六日 p63～65）抄錄前文。

〔註133〕 《鄂爾多斯札薩克固山貝子色旺喇什爲嚴懲越界搶種之民人事呈神木理事司員衙門文》（嘉慶十二年四月二十六日 356～460）。同時參見《副盟長色旺喇什爲嚴懲越界搶種民人事呈綏遠城將軍衙門文》（嘉慶十一年三月二十三日 p439～440）；《副盟長色旺喇什爲嚴懲越界搶種民人事諮河曲縣知縣衙門文》（嘉慶十一年三月二十四日 p440～442）；《副盟長色旺喇什爲嚴懲越界搶種民人事諮偏關縣知縣衙門文》（嘉慶十一年四月初六日 p442）；《副盟長色旺喇什爲嚴懲越界搶佔民人事諮托克托通判衙門文》（嘉慶十一年四月初七日 p443～444）；《副盟長色旺喇什爲嚴懲越界搶種民人事呈歲綏遠城將軍衙門文》（嘉慶十一年五月初九日 p452～456）；《伊克昭盟盟長鄂爾多斯札薩克貝子色旺喇什及協理臺吉等爲嚴懲越界任意搶掠民人事呈神木理事司員衙門文》（嘉慶十一年八月十三日 p431～434）；《盟長札薩克多羅貝勒索諾木喇布齋根敦爲傳喚任意耕種人員事諮偏關縣衙門文》（嘉慶十一月九月十七日 p428～429）；《盟長色旺喇什爲驅逐私行耕種之民人事諮殺虎口驛站道吏衙門文》（嘉慶十二年二月十七日 p102～104）；《盟長色旺喇什爲押回私自留居蒙地開設店鋪民人事諮偏關縣衙門文》（嘉慶十二年二月十七日 p105）；《盟長色旺喇什爲強行驅逐於旗地開採礦產之民人事諮清水廳通判衙門文》（嘉慶十二年三月初三日 p108）；《盟長準格爾旗貝子爲嚴懲搶佔旗地開設店鋪傷害官員之民人呈神木理事司員衙門》（嘉慶十二年五月十七日 p116～117）；《盟長色旺喇什爲嚴懲於旗地重新開礦之民人呈神木理事司員衙門文》（嘉慶十二年五月二十日 p112～114）；《盟長色旺喇什爲懲治私自砍伐樹木民人呈神木理事司員衙門文》（嘉慶十二年十月十二日 p326～328）；《盟長色旺喇什爲辦理

十八、十九年（1813～1814 年），準旗因爲欠民人債務無法歸還，於是貝子等官員共議：公開放墾土地，「將所屬之閒棄牧場分爲上、中、下三個等級，共計七百三十七犁土地租與民人耕種」，嘉慶二十年（1815 年）封閉〔註 134〕。這兩年，準格爾檔案卻沒有了越界耕種的任何記載。儘管嘉慶二十年（1815年）封閉了黑界地，但是，準旗官員和陝、山兩省官員似乎仍採取放任的態度，致使私墾已經無法控制，嘉慶二十五年（1820 年），神木同知言：「案查，本官繼任以來，不時有人揭發貴旗蒙古夥同民人越界耕種之事，另有因越界民人爭地狀告而敗露者。此情顯係貴貝子未實力查禁所致」〔註 135〕。於是發生了道光二年（1822 年），準格爾旗四等臺吉確喇西狀告全旗官員放墾黑牌子地案件，控訴蒙旗大小官員私墾「蒙古人賴以爲生之牧場、耕地、所屬旗之閒散地，以及乾隆五年（1740 年）欽差呼樂圖、阿蘭（爾）泰等大臣劃定永不得耕種之封禁之地十里地及二十里地黑石牌（黑牌子）地方」〔註 136〕，並

越界耕種棟素海驛站之事呈理藩院文》（嘉慶十四年三月十五日）。這些檔案，基本囊括了準格爾旗檔案中該時段土地開墾糾紛案件。

〔註 134〕《綏遠將軍謹奏審理確喇西狀告準格爾旗全體官員案件的審判情況之奏摺》（道光三年十二月二十三日 p326～343）。同時參看，《神木理事司員爲審理越界開礦事札準格爾旗貝子文》（嘉慶十九年六月十五日 p256）；《準格爾旗貝子額爾德尼桑、協理臺吉等會同審理越界耕種官員、旗民事呈副盟長札薩克固山貝子諾顏文》（嘉慶十九年八月二十五日 p363～364）；《準格爾旗貝子爲懲罰逼債之旗債主事諮托克托廳通判文》（嘉慶二十年三月二十四日 p426）。這些檔案，基本囊括了準格爾旗檔案中該時段土地開墾糾紛案件。

〔註 135〕《神木理事司員衙門爲查禁越界耕種民人事札準格爾旗貝子文》（嘉慶二十五年三月初十 p604～605）；《歸化城副都統衙門爲查封乃林郭勒河煤礦事札準格爾旗貝子文》（嘉慶二十年三月二十五日 p421～424）記載：「神木理事司員衙門，神木衙門來文內稱：已責令清水河廳通判衙門押回所屬民人，查封煤窯等因前來。然清水河廳通判疏於公務，未將此等民人押回嚴懲，懇請副都統衙門查辦並催促清水河廳通判衙門，速將此等民人押回查辦」；《托克托廳通判爲辦理旗民夥同民人越界耕種之事諮準格爾旗貝子文》（嘉慶二十年五月二十五日 p488）記載：「據查，貴旗乃封禁之地，理應查禁民人越界耕種。然今年，貴旗蒙古私行招募民人越界耕種。」

〔註 136〕《臺吉確喇西所屬旗蒙古申冤向理藩院狀告準格爾旗大小官員之訴狀》（道光二年三月二十二日 p116～121 年。另參看：《神木理事司員衙門爲確喇西狀告管旗章京巴拉丹一案札準格爾旗協理臺吉等文》（道光二年三月初八日 p114～116）；《神木理事司員衙門爲再次會審確喇西和巴拉丹一案札準格爾旗貝子、協理臺吉蘇榮等文》（嘉慶（應爲道光）二年四月初九日 p133～137）；《綏遠將軍謹奏審理確喇西狀告準格爾旗全體官員案件的審判情況之奏摺》（道光四年日不詳 p326～343），有「道光三年十二月二十三日奏入，諭旨依議」）。

引發準旗「重定」黑界地事件。我們發現，在道光二年（1822 年）確喇西案件之前，陝西神木同知、陝西地方官員和準旗都只是要求按照牌界地的範圍，查禁牌界地外的土地私墾，重點在牌界地北界即黑界地南界，而對黑界地的範圍以及北界並沒有清晰的認識。

確喇西案件後，事實上劃定了準旗黑界地的範圍。但是沒有記錄在檔案內，所以在準旗重新劃定黑界地案件中，貝子一直強調，「查案，……並無在原設牌子界地（舊牌界，即夥盤地）外，又增設多少黑牌子地一事」，否認黑牌地的存在；對於夥盤地外的開墾地，準格爾貝子認爲是道光二年（1822 年），審理吉確喇西一案，「司員、盟長等呈稱，可留二三里，或七八里空閒地，餘則墾種等，因記錄在案。此外，道光五年（1825 年），綏遠城將軍衙門查辦時，仍同樣呈報之外，將一副本旗地圖蓋印一併呈送」，神木同治松阿禮也確認：確喇西一案「有保留二三里或七八里之空閒地之說」〔註 137〕。準格爾旗重訂黑界地的結果，事實也證明準格爾旗的確沒有劃定黑界地的北界、沒有黑牌子檔案的存在。

仔細查閱準格爾檔案，檔案中沒有確喇西案件審理過程中有關「保留二三里或七八里之空閒地」的直接檔案記載。但是存在以下史實：

一是道光八年（1828 年），伊克昭盟盟長有關確喇西案件的回憶：道光二年確喇西狀告放墾黑石牌禁地一案時，詢問準格爾旗協理臺吉蘇榮，他稱「本旗歷來牲畜稀少，向以農耕維生。原有之開墾少則二三里，多則七八里不等，皆屬蒙古自己之地」；道光四年（1824 年），準旗官員又稱，「蒙古（準旗）自行耕種之土地面積約爲一千六百十八牛犋」；道光七年（1827 年）時，盟長派人核查準旗，發現「原黑石牌界現已全部廢棄，已開墾耕種之地連綿不斷，任意之民人比比皆是」。盟長認爲自己久受準旗欺騙，要求「停止耕種黑牌界限之荒地，仍在原來所說之二三里、七八里等範圍內耕種，且耕種面積不得超過一千六百十八牛犋」〔註 138〕。從這裡，我們也發現，作爲當時查案者的盟長，以準旗一面之言作爲定案的依據之一，且以僅以「乾隆五年未有黑石牌而永久查封的檔案」爲由認爲確喇西誣告，確有不妥。且這裡有明確的漢

〔註 137〕 《神木理事司員衙門爲催促報送黑牌子界地原定舊檔之事札飭鄂爾多斯札薩克固山貝子察克都爾色楞及協理臺吉等文》（道光十四年十一月初二日 p372～377）。

〔註 138〕 《盟長處爲謹慎對待耕種面積及非法招引民人耕種事札準格爾旗協理臺吉等文》（道光六年二月二十日 p222～223）。

民越界，致使「原黑石牌界已全部廢棄」的說明。

　　二是確喇西狀告準旗大小官員私墾「蒙古人賴以為生之牧場、耕地、所屬旗之閒散地以及永不得耕種之封禁之地十里地及二十里地黑石牌（黑牌子）地方」一事，已經將蒙民牧場、耕地、閒散地以及黑牌地進行了區分，而且指明黑界地是「永不得耕種之封禁地」，並且寬「十里地至二十里地」。道光十九年（1839年）準旗「復設」〔註139〕黑界地，且其寬度不是確喇西案件後神木同知等官員確定的「二三里、七八里」，而是「十或十五里」，與確喇西訴狀中的「十里地至二十里地」竟然如此相近，且用了「復設」字眼，所以確喇西所言的準旗黑界地及其範圍並非隨意編造。

　　三是道光五年（1825年）對準旗黑界地進行了重新定界。準格爾旗檔案中，道光五年（1825年），時神木同知成祥敕令核查新舊牌子地，言：「據查，貴旗二三十里土地內土地可合法招引民人前來耕種，此地以北有一石碑，乃蒙古民人土地之界碑，原立之石碑其地界寬度幾許，貴旗檔案應有明確記載。又，不久前所立之新石牌，貴旗亦十分清楚。」〔註140〕這裡，離長城二三十里、可合法招民開墾的「蒙古民人土地之界碑」，顯然是康熙五十八年設立的牌界地。而新石碑當是新允許開墾的「少則二三里，多則七八里不等」的黑界地。惜準格爾旗未按要求奏報神木衙門、盟長、理藩院，所以該三處一直沒有檔案記載，致使後來勘界十分困難。此後至道光十四年（1834年）朝廷要求封閉黑界地之前，準旗和神木理事衙門都承認黑界地的存在。如道光五年（1825年），神木理事司員查實準旗私墾的官員有：大達慶班圖魯所管蒙旗上，甲喇貢楚克等15人，「放墾黑石牌子土地」，大達慶白音夫所管蒙旗上，甲喇色楞喇西「放墾黑石牌子土地」〔註141〕。道光六年（1826年），神木同知巡查準旗沙日勒吉泰小鎮時發現，張福成擅自搭建窩棚居住，「並強行霸佔黑石牌封禁之地」，「其所佔石牌地面積不大，但確屬私行耕種，故當即下令拆毀窩棚，封禁黑石牌地方」〔註142〕。道光八年（1828年），「民人吉嚴思告

〔註139〕《準格爾旗貝子察克多爾色楞及協理臺吉等為辦理民人開墾黑牌子界地事呈神木理事司員衙門文》（道光二十年四月二十六日 p420）。

〔註140〕《神木理事司員衙門為敕令核查新舊牌子地一事札準格爾旗協理臺吉等文》（道光五年八月初一日 p132）。

〔註141〕《神木理事司員衙門札文所附記錄準格爾旗管領土地之官員放墾者之站單》（道光五年十月二十九日 p194～197）。

〔註142〕《神木理事司員衙門為審理擅自越界開墾案札準格爾旗貝子文》（道光七年三月二十二日 p41）。

準格爾旗官員私招民人開墾哈拉黑牌子界」〔註143〕，哈拉黑牌子界即哈拉寨牌界（今神木縣哈鎮），據乾隆《府谷縣志‧邊防》記載，「清水口外南自邊牆正口臺起至北哈拉寨牌界止，長四十里」〔註144〕，顯然在牌界地之外，當屬黑牌子地。

顯然，道光二年至五年（1822～1825年），準旗實際上是劃分了黑界地。根據準旗農墾發展的規模，相鄰的郡王旗和札薩克旗農墾規模不會小於準旗，此時各旗也有可能重新劃定了黑界地的北界。總之，不論各旗黑界地之前是否劃界，但到了道光二年至五年（1822～1825年），包括準格爾旗在內的各旗對黑界地有了相當程度地重視。

事實上，郡王旗在道光二年（1822年），就由郡王每年出具甘結，上報神木理事司員，「按例：出長城到我旗境內種地的漢人，在五十里範圍內必須春天耕作，秋天收完莊稼回歸長城內。請神木理事同知督促各地官員，使漢人進入長城。另呈報，在我旗境內，每到春季有漢人出長城做買賣，秋天歸去，絕無蒙漢人串通種地或漢人定居事宜，為此呈報。」〔註145〕郡王旗貝子稱：道光六年（1826）前，「催頭趙中年、吳俊德等人幾次誣陷我旗梅林納木吉拉等二十七人偷墾黑界地，我旗正盡力查清事實」，道光六年，「因開墾黑界地，對章京桂木道爾吉等十四人行鞭刑，並把開墾的牌界地恢復原狀，修復地標堆子，出具甘結，下不為例。章京桂木道爾吉等人所開墾之地，雖與黑界地相接，但有明顯的界限。據查：之前，我處多次檢查，沒有任何越界事，而且前不久，我旗協理貢其格和神木理事司員所派劉鍾一起到牌界地查看，共同確定：除了札蘭納木吉拉開墾幾頃外，在牌界地無此類事。」〔註146〕此時，對「黑界地」的概念、地理位置、法律屬性都有了明確認識，「黑界地」和「牌界地」雖然相連但有明顯的界限；對黑界地的查處有了固定的人員：神木理事司員派員、蒙旗官員；對確查的私墾黑界地案件的處理：蒙人鞭刑，並出

〔註143〕《道光五年至十二年放地招民之蒙人名單》（道光十三年六月至九月間日不詳 p247～263）。

〔註144〕乾隆《府谷縣志‧邊防‧清水營堡》。

〔註145〕《鄂爾多斯札薩克多羅郡王、濟農額爾恒畢力格、協理臺吉呈駐神木理事司員衙門之甘結》（道光二年十二月十七日），《鄂爾多斯左翼中旗（郡王旗）札薩克衙門檔案》（1649～1949），513-2-667。

〔註146〕《鄂爾多斯札薩克多羅郡王巴佈道爾吉、協理臺吉因牌頭誣陷所屬旗民擅墾黑界地呈神木理事司員衙門文》（道光六年十二月初三日），《鄂爾多斯左翼中旗（郡王旗）札薩克衙門檔案》（1649～1949），513-2-931。

具甘結，私墾的黑界地恢復原狀、修復地標堆子。

　　道光六、七年（1826、1827 年）的一則檔案，記載了對私墾黑界地的司法處理程序。蒙旗可申請先審理越界私墾黑界地的民人，但隨後必須交由神木理事司員衙門決斷，再轉交於民人所屬縣衙受罰。因郡王旗審理「搶佔黑界地放墾的漢人刀敖、仇子一案」，神木理事司員衙門派員去郡旗查詢，郡旗遲延回覆。後神木理事司員衙門同知得知：郡旗直接將犯罪民人交給所屬縣衙，爲此，神木理事司員衙門發文斥責郡旗：「此等搶佔黑界地開墾之事，本爲要事，按例應先到我衙門審理決斷，再轉交府谷縣懲罰。不料，貴協理臺吉擅自推遲時間，還擅自將犯人交往別處（下文丟失）。」〔註147〕

　　道光十三年（1833 年）的另一則案件，也記載了處理民人越過黑界地、開墾蒙人戶口地的處理程序。郡王旗喇嘛巴圖札布認爲準旗喇嘛伊希與漢人鄧夢碎串通，越界開墾其祖傳戶口地，到神木理事司員衙門告狀。神木理事司員衙門令原被告、民人兩造，當面質問，審理發現：「漢人鄧夢碎並非與伊希串通開墾，而是伊希之雇傭，並且開墾時伊希未指明地標」。爲了進一步明確案情，神木理事司員同知派員實地勘察涉案地，「經詳察詢問，定東沿巴彥吉日和多素、西沿大路，南至哈日察顏和，北爲烏拉蓋札布顏和至烏順札布顏和，這一塊地是本人祖傳的戶口地」，爲此責令原告出具甘結，承認服從判決，保證定爭止息〔註148〕。可見，在道光初年，郡王旗已經對黑界地的管理有了一系列組織和程序。

　　可以明確的是，乾隆八年（1743 年）勘界時，《永遠租地章程》規定，準格爾旗「從未越界，仍照舊界」，即按照離邊「二三十里」劃定，這一點上文已經明確。準旗是唯一以康熙五十八年（1719 年）所定的「二三十里」邊界劃定的，有其特殊性。所以，按照傳統概念中的「黑界地」劃分範圍，可能沒有定界，也沒有檔案記載。所以，準旗黑界地糾紛產生後的很長時間內，從中央的理藩院到神木同知理事司員衙門、盟長以及準旗蒙官、蒙民對其只是一個模糊概念，並沒有共同的清晰認識。

〔註147〕《神木理事司員衙門爲審理民人越界案擅自推遲時間違法規程札鄂爾多斯郡王旗掌印協理臺吉額爾登達來文》（嘉慶六、七年），《鄂爾多斯左翼中旗（郡王旗）札薩克衙門檔案》（1649～1949），513-2-933。原文因丟失文件，無時間，從前後文排列順序看，當爲嘉慶六、七年，不會晚於嘉慶三十年。

〔註148〕《郡王旗喇嘛巴圖札布呈神木理事司員的甘結》（道光十三年八月十五日），《鄂爾多斯左翼中旗（郡王旗）札薩克衙門檔案》（1649～1949），513-2-984。

　　在確喇西案件中，四等臺吉確喇西誤指黑界地為十里禁墾地，是在「乾隆五年欽差呼樂圖、阿蘭（爾）泰等大臣劃定」，在審理過程中，準旗協理臺吉蘇榮辯稱：「據查，貝子察克多爾色楞旗蒙古向來以耕種為生，耕種向無明確界限，僅以所屬蒙古、民人傳統分界為據」〔註149〕。在準旗「重定」黑界地事件中，準格爾旗貝子一直辯稱，「世代沿牌子界居住，開墾一、二里或七、八里謀生者，人數眾多」〔註150〕否認了確喇西案件後「司員、盟長等呈稱，可留二三里，或七八里空閒地，餘則墾種」，實際上是對黑界地的重新劃定。可以發現，此時準旗大小官員對黑界地的概念並不明晰，黑界地只是根據「所屬蒙古、民人傳統分界」來確定的大概的地理範圍。但是，通過郡王旗檔案看，同時期神木同知、郡王、蒙官蒙民以及漢民對郡王旗黑界地卻是相當的熟悉，對越墾黑界地也有規範的處理方式。這只能說，對黑界地的認知模糊也許只是存在於準旗一旗和當時審理的上下官員中，也說明當時神木理事司員衙門的檔案並不完備。

　　除準旗外，從中央到地方的各級官員也是如此。如，道光十四年（1834年），理藩院奏「惟四旗各旗給民人耕種之夥盤地實屬何地？從何時開始輪流耕種？是否奏准？此種租銀是否分給蒙眾？仍未查明稟報」，理藩院要求松阿禮「將原檔冊詳細查看後，再呈報理藩院，以免再滋摻混、矇騙之事」〔註151〕。又如，道光十五年（1835年）四月，神木理事同知松阿禮奏報，「據查，……

〔註149〕　《神木理事司員衙門為再次會審確喇西和巴拉丹一案札準格爾旗貝子、協理臺吉喇西蘇榮等文》（嘉慶二年四月初九日（p133～137）。通過內容看，此檔日期有誤，應為「道光二年」。

〔註150〕　《準格爾旗衙門為勘定邊界，設立牌界之事呈神木理事司員衙門文》（道光十四年二月初三日 p104～105）；《準格爾旗為辦理黑牌子界地事致神木理事司員覆文》（道光十四年二月二十四日 p18～20）；《神木理事司員衙門為勘界立黑牌子之事札札薩克貝子察克都爾色楞等文》（道光十四年二月二十九日 p2～6）。

〔註151〕　《神木理事司員衙門為審辦越界墾種之事札準格爾旗貝子文》（道光十四年二月二十四日 p6～18）；《札薩克貝子察克都爾色楞等為驅逐越界耕種之民人呈神木理事司員衙門文》（道光十四年正月二十三日 p20～21）；《神木理事司員衙門為勘查夥盤地邊界及租銀之事札準格爾貝子察克都爾色楞及協理臺吉等文》（道光十五年正月二十八日 p11～16）；《神木理事司員衙門為勘查夥盤地邊界及租銀之事札準格爾貝子察克都爾色楞及協理臺吉等文》（道光十五年正月二十八日 p11～16）；《神木理事司員衙門為劃清黑牌子界地事宜札準格爾旗貝子察克都爾色楞等文》（道光十四年八月十七日 p166～167）。

且黑牌子界地非僅存於準格爾一旗，亦可參照現有旗制」〔註152〕，「貴旗原設黑牌子界地長寬想必與他旗相同；……想必各旗地界，定無長寬不一之事」，同時認爲確喇西一案「雖有保留二三里或七八里之空閒地之說。此乃當時貴旗所查處出之情，非此前所定之黑牌子界地原檔冊所記載，如何以此爲憑證？」〔註153〕繼任神木同知塔爾尼善和盟長，由於沒有檔案，一直無法確知準旗黑界地範圍，也沒有引用其他旗黑界地的範圍進行確證。另外一個現象，準格爾旗檔案及其他檔案中，「黑界地」、「牌界地」、「夥盤地」（排除誤譯因素）大量混用，在道光十八年（1838年）皇帝下旨禁墾準旗黑界地及嚴查陝蒙沿邊黑界地，以及道光十九年（1839年）準格爾「復設」黑界地之後，相關地理概念有所明確，但混用情況仍時有發生。烏審旗和郡王旗蒙文檔案中也是如此。

　　爲什麼在道光十四年（1834～1838年）從中央到地方各級官員對黑界地處於一個模糊觀念，原因就在於在此之前，黑界地已經完全被開墾。這一點必須結合漢籍文獻進行敘述（詳見下文）。

　　第四，黑界地存在於陝蒙交界的五旗蒙地南側、夥盤地外，是蒙旗的禁墾土地。神木同知松阿禮管轄與陝西交界的「烏審、札薩克、郡王、準格爾四旗」，這四旗都存在黑界地。因鄂托克旗屬寧夏理事同知管轄，所以松阿禮沒有言及，但理應也存在黑界地。郡王旗在嘉慶初年就有了明確的黑界地概念，肯定存在黑界地，這一點上文已經論述。

　　同時，上文已經詳細說明，神木理事司員、伊盟盟長、延楡綏道共同查實後上報理藩院並經理藩院肯定，黑界地與「夥盤地」接壤，烏審等四旗與「均與民人耕種之夥盤地接壤，只隔一黑牌子界地」。可見，黑界地位於蒙旗土地，其南便是夥盤地。黑界地是蒙漢農地的標誌，是禁止蒙漢民進入開墾的土地，「實爲查禁之地」、「乃朝廷禁墾之地」〔註154〕，應該明令禁止。從準

〔註152〕《神木理事司員衙門爲勘定黑牌子界地札準格爾貝子察克都爾色楞及協理臺吉等文》（道光十五年三月初六 p19～20）；《準格爾貝子察克都爾色楞會同辦理黑牌子界地設牌事宜呈神木理事司員衙門文》（道光十五年三月十六日 p63～65）抄錄前文。

〔註153〕《神木理事司員衙門爲催促報送黑牌子界地原定舊檔之事札飭鄂爾多斯札薩克固山貝子察克都爾色楞及協理臺吉等文》（道光十四年十一月初二日 p372～377）。

〔註154〕《神木理事司員衙門爲查禁黑牌子界地事札準格爾旗貝子察克都爾色楞及協理臺吉等文》（道光十九年三月十五日 p51～52）。

格爾檔案看，乾隆五十年（1785 年），官方就明令查禁漢人越過夥盤地進入黑界地進行耕種。道光初年，由於準旗私墾黑界地嚴重，才引發了黑界地「重定」事件，在檔案中，準旗貝子也承認此事：「據查，道光十五年閏六月二十七日神木同治衙門來文稱：貴貝子報稱，民人耕種之夥盤地與黑牌子地相鄰」〔註 155〕。

　　總之，黑界地出現在乾隆八年（1743 年）陝蒙勘界後，是隨著蒙人農業發展而自然出現的、位於牌界地北界、蒙旗南界的新的蒙漢農墾區分界帶，大約出現於乾隆二十七年（1762 年）前後，乾隆六十年至嘉慶六年（1795～1801 年）劃定北界並備檔（準旗無檔案）。黑界地是蒙旗土地，是蒙旗對所轄土地的邊界區域的隔離地帶，法律上禁止民人私墾和蒙人放牧與耕種。由於道光年間，各旗黑界地私墾嚴重，道光十八年（1838 年）諭旨嚴禁私墾、派員嚴查。自此，各旗黑界地在法律上作為獨立的地域一直存在，直至清末貽谷開墾。

4.3.2　夥盤地與北面 10 里黑界地共同組成牌界地

　　與黑界地相關的概念，有牌界地、舊牌界和新牌界、夥盤地、50 里禁墾地，爭論很多。準格爾旗檔案中，在道光十九年（1839 年）重定黑界地前，牌界地、夥盤地和黑界地經常混用（排除翻譯因素）。同時《準格爾旗檔案》的漢譯文中有：道光十五年（1835 年）四月，神木理事同知松阿禮，「據查，……且黑牌子界地非僅存於準格爾一旗，亦可參照現有旗制」〔註 156〕，「貴旗原設黑牌子界地長寬想必與他旗相同；……想必各旗地界，定無長寬不一之事」〔註 157〕。松阿禮用了兩個「想必」，顯然對各旗黑界地的長寬並不確定。他認為準旗黑界地北界應有所劃定，黑牌地也應有記錄的檔案，但這兩點被證明是錯誤的。為此，必須結合其他旗的蒙古檔案以及漢籍文獻來進一步說明。

〔註 155〕 《札薩克固山貝子察克都爾色楞等為另約定日期查禁黑牌子界地呈盟長索諾木喇布齋根敦文》（道光十五年七月二十三日 p158～159）。

〔註 156〕 《神木理事司員衙門為勘定黑牌子界地札準格爾貝子察克都爾色楞及協理臺吉等文》（道光十五年三月初六 p19～20）；《準格爾貝子察克都爾色楞會同辦理黑牌子界地設牌事宜呈神木理事司員衙門文》（道光十五年三月十六日 p63～65）抄錄前文。

〔註 157〕 《神木理事司員衙門為催促報送黑牌子界地原定舊檔之事札飭鄂爾多斯札薩克固山貝子察克都爾色楞及協理臺吉等文》（道光十四年十一月初二日 p372～377）。

1、牌界地即夥盤地與北面 10 里黑界地

根據漢文史料記載，黑界地肯定不會出現在乾隆八年勘界之前。現存道光前撰修的史志中，並沒有黑界地的記載，道光後的史志卻出現了黑界地的記載〔註158〕。但是乾隆《府谷縣志》、乾隆《靖邊縣志》、乾隆《懷遠縣志》、嘉慶《定邊縣志》記載了允許漢民開墾的範圍，後三志書甚至還附有地圖。直到道光二十一年（1841 年）前後編纂的《榆林府志》、《懷遠縣志》、《神木縣志》中，才出現黑界地的記載。黑界地是蒙漢皆不能利用的地界，是漢民出邊耕種的最北界，也是查禁的重要地段，地理作用以及政治地位極其重要。這只能說明：乾隆八年（1743 年）勘界前，不存在黑界地；在嘉慶年間，因為黑界地是蒙旗的自我限制，對漢民開墾關係不大，所以此階段編修的志書多從漢民所開墾的土地著手，並詳細描述這個範圍，黑界地並未引起重視。由於準格爾旗重定黑界地，以及道光九年皇帝禁墾黑界地的諭旨，道光二十一年（1841）所修的志書《神木縣志》、《榆林府志》以及道光二十二年（1842 年）所修的《懷遠縣志》必然重視黑界地，所以專門記載了對黑界地的規定。

（1）準格爾旗的黑界地原寬 10 里，牌界地共 40 里

乾隆五十八年（1793 年）成書的《府谷縣志・兵志》載，「黃甫口外，南自邊牆起至，北古城（今府谷縣古城鄉駐地）牌界止，長四十里；……清水口外南至邊牆正口臺起至北哈拉寨（今府谷縣哈鎮駐地）牌界止長四十里，東至大岔起西至石窯溝止，寬四十里；孤山口外南自邊牆馬廠村起至北堡卜兔溝門（府谷縣趙五家灣後溝門村）界牌止長三十里；木瓜口外南自邊牆安家山起至北姬家窯子牌界止，長四十里，東至石窯溝止至西掛牌堰止，寬四十里；鎮羌口外南自邊牆蛇溝峁起至北塔兒把（塔兒貝，今神木縣大昌汗鄉他壩村）界牌止長一百里，東自寺兒溝起至西吳灣止，寬五十里」〔註159〕。鎮羌口外耕種的是郡王旗的土地，民國《陝綏劃界紀要》載塔兒貝離長城 63

〔註158〕康熙《延綏鎮志》、雍正《神木縣志》因撰寫較早；乾隆《延長縣志》、嘉慶《洛川縣志》、嘉慶《續修中部縣志》、雍正《宜君縣志》等主要涉及延安地區且編纂時間較早；乾隆《綏德州直隸州志》、嘉慶《葭州志》因當時不轄沿邊諸縣，姑且不論。然而乾隆《府谷縣志》（乾隆四十八年，1783 年）、乾隆《靖邊縣志》（乾隆抄本，具體撰寫年月不詳）、乾隆《懷遠縣志》（乾隆十四年，1749 年）、嘉慶《定邊縣志》（嘉慶二十五年，1820 年）以及嘉慶《重修延安府志》（嘉慶七年，1802 年，時轄定邊、靖邊二縣），也沒有出現黑界地的記載。

〔註159〕乾隆《府谷縣志》卷 3《兵防》。

里，因為郡王旗在乾隆八年劃界，以距邊 50 里作為夥盤地，所以，這裡的「一百里」顯然有問題，當然也不能排除因為是這裡的「一百里」是從鎮羌堡到處於夥盤地西北角塔兒把的斜線距離。在乾隆八年定界時，準格爾旗的五堡中，孤山堡以距邊 20 里劃界、皇甫川、清水河、木瓜園 3 堡以 30 里劃界，而鎮羌堡口外租種的是郡王旗蒙地，是以 50 里劃界的。5 堡的牌界都比原來夥盤地寬度多 10 里。這說明牌界地包括夥盤地，且黑界地為 10 里。

貽谷放墾時，準格爾旗放墾該段夥盤地——「續報南面牌柵地」，「該旗（準旗）南面所有原租給民人耕種、邊牆周圍四十里許寬、牌柵內地一段」〔註160〕，「白界地即牌界地」〔註161〕。這裡都說明準格爾的牌界地（實際是夥盤地）已經到了 40 里。

這也是為什麼道光二年（1822 年），確喇西將蒙旗牧場、耕地、閒散地與黑界地進行區分，言準旗大小官員放墾「永不得耕種之封禁之地十里地，及二十里地黑石牌地方」〔註162〕。這裡的「十里封禁之地」即黑界地（蒙譯漢過程中，數字一般很少出錯）。同時，準格爾旗貝子一直辯稱「世代沿牌子界居住，開墾一、二里或七、八里謀生者，人數眾多」〔註163〕，而判決確喇西案件後，「司員、盟長等呈稱，可留二三里，或七八里空閒地，餘則墾種」。

〔註160〕《墾務大臣札仰該局派員會同準旗派出交地人員前往該旗寬牌柵內驗明接收具報》，光緒二十九年十一月廿九日，《清末內蒙古墾務檔案彙編》（綏遠、察哈爾部份），第 526 頁。《墾務大臣據詳查準旗所報地畝未經定局各將前案札知該局即便遵照》，光緒二十九年十二月初九日，《清末內蒙古墾務檔案彙編》（綏遠、察哈爾部份），第 527 頁。

〔註161〕《墾務大臣批林毓杜稟議覆開放準旗牌界地事分別批示附稟》，光緒三十三年四月（日不詳），《清末內蒙古墾務檔案彙編》（綏遠、察哈爾部份），第 537 頁。

〔註162〕《臺吉確喇西所屬旗蒙古申冤向理藩院狀告準格爾旗大小官員之訴狀》（道光二年三月二十二日 p116～121）。另參看：《神木理事司員衙門為確喇西狀告管旗章京巴拉丹一案札準格爾旗協理臺吉等文》（道光二年三月初八日 p114～116）；《神木理事司員衙門為再次會審確喇西和巴拉丹一案札準格爾旗貝子、協理臺吉蘇榮等文》（嘉慶（應為道光）二年四月初九日 p133～137）；《綏遠將軍謹奏審理確喇西狀告準格爾旗全體官員案件的審判情況之奏摺（神木衙門轉發準格爾之理藩院下發的黏貼）（道光四年日不詳 p326～343）。

〔註163〕《準格爾旗衙門為勘定邊界，設立牌界之事呈神木理事司員衙門文》（道光十四年二月初三日 p104～105）；《準格爾旗為辦理黑牌子界地事致神木理事司員覆文》（道光十四年二月二十四日 p18～20）；《神木理事司員衙門為勘界立黑牌子之事札札薩克貝子察克都爾色楞等文》（道光十四年二月二十九日 p2～6）。

這都是處於 10 里內，只是準旗當時沒有劃界檔案、同時農業相對發達使然。

（2）郡王旗、札薩克旗的黑界地也是 10 里，牌界地共 60 里

光緒二十七年（1901 年），郡王旗呈報神木理事司員衙門：「我旗南邊的黑界地寬一、兩里不等，而且很早以前就規定蒙、漢人等均不可在此開墾。」〔註164〕文中只是給出了郡旗黑界地的寬度，說明了「很早以前」，沒有說明具體時間。上文已經說明，嘉慶六年（1801 年）二月，郡王旗與準格爾旗相互控告對方，「越界耕種黑牌子界地」〔註165〕，道光六、七年以及道光十三年的兩則郡王旗檔案已經說明郡王旗已經對黑界地的管理有了一定司法程序。下文，筆者再利用蒙漢史料對此研究。

根據《神木縣志》卷首《分管夥盤地圖》（見圖 4-3）、卷 1《疆域・山川》（有「傍界」、「牌界」字樣）以及《清宣統三年郡王旗與札薩克旗轄區南部份界圖》〔註166〕（見圖 4-4）等資料可以看出：道光二十一年（1841 年）神木縣的牌界地範圍：東北界孫元家梁（孫家梁）〔註167〕、房子溝（《分界圖》中漢譯爲「沙日巴太」，即有泥濘的地方）兩岸、與牸牛川（《分界圖》中漢譯爲「寶哈河」）匯合處，沙河岔北 45 里（今神木縣孫家岔鎮駐地附近）」〔註168〕、肯

〔註164〕《鄂爾多斯札薩克多羅郡王濟農額爾恒畢力格、暫管印協理臺吉布仁吉日嘎拉、協理臺吉貢都桑布呈神木理事司員衙門文》（光緒廿七年八月），《鄂爾多斯左翼中旗（郡王旗）札薩克衙門檔案》（1649～1949），513-2-1625。

〔註165〕《盟長喇什達爾濟爲會同辦理爭奪旗地事札準格爾旗貝子色旺喇什等文》（嘉慶六年二月初六日 p138）。

〔註166〕《準格爾旗南界圖》（原圖無日期，通過其檔號考察，當爲宣統三年），《鄂爾多斯左翼中旗（郡王旗）札薩克衙門檔案》（1649～1949），513-2-1994。原圖無標題，筆者加。

〔註167〕「孫元家梁，距縣城一百一十里，永興堡邊牆九十里，郡王旗夥盤，直北地盡處，即牌界，與府谷錯壤」。道光《神木縣志》卷 1《疆域・山川》。

〔註168〕「屈野河：一名窟野，由口外入境，其源一自郡王旗打拉杭臺地方發源，東入榆林壕水十里，西入討索兔溝水，名牸牛川，又一百三十五里，東入房子溝水進牌界，又四十八里，至沙河岔，合沙河川。一自郡王旗烏蘭郫兒地方發源，二百里西入忽機兔溝水，又五里東入哈拉卜哈溝水，又四十五里進牌界，名沙河川。又四十五里至沙河岔合牸牛川爲屈野河，東入黃羊城溝水，西入可可五素溝水。又二十里，東入楊家城北草地溝水，又三十里，由五盧口進邊牆。」「沙河川，距縣城九十里郡王旗夥盤地，發源界外爲烏蘭郫兒地方，二百里，西入忽機兒兔溝水，又五十里進牌界爲沙河川，又四十五里至沙河岔，合牸牛川爲屈野河」。（道光《神木縣志》卷 1《疆域・山川》）《神木縣志》將烏蘭木倫河與牸牛川交匯處叫「沙河岔」，沙河岔北 45 里約當今孫家岔鎮駐地以上叫烏蘭木倫河、以南叫沙河川。

的令梁（今神木縣孫家岔鎮肯鐵令河，蒙文的意思就是「界河」）、色令井子（今神木縣大保當鎮索令井子村）、超害梁（今神木孫家岔鎮超害梁村）及相鄰的五原城（今神木孫家岔鎮超害梁村附近）、紅水泉（今神木店塔鎮沙溝掌附近〔註169〕）、小寶當（今神木縣大保當鎮小保當村）〔註170〕南的「臭柏掌沙梁」〔註171〕。這些地名大略與邊牆距離相當，大略處於同一條直線。其中，大、小寶當在夥盤地外，與榆林縣屬「巴子梁」和神木屬「臭柏掌沙梁」相鄰，分處於今大保當鎮駐地和所屬的小保當村，是烏審旗和札薩克旗夥盤地的分界線。同時，討索兔溝是「神木、府谷分管郡王旗游牧地界」。

〔註169〕 「紅水泉距縣城九十里，札薩克旗傍界，沙磧下，出泉數股，水底紅石相映，其色嫣然，蒙古人謂之哈潦五素，譯言暖水也。蒙俗遇疾，則於山水中浴之，可以治病，謂之坐水。」「可可五素川（考考烏素河），距縣城六十里郡王旗夥盤地，源出札薩克旗傍界之紅水泉，東南流入屈野河」。（道光《神木縣志》卷1《疆域‧山川》）考考烏素河發源處爲沙溝掌，當爲紅水泉。

〔註170〕 「小保當，距縣城一百四十里，札薩克旗傍界夥盤地，極平衍，周數十里可以漑水種田」。（道光《神木縣志》卷1《疆域‧山川》）

〔註171〕 「臭柏掌沙梁，距縣城一百六十里，高家堡邊牆六十里，五勝旗夥盤地，西與榆林縣夥盤地接界」。（道光《神木縣志》卷1《疆域‧山川》）

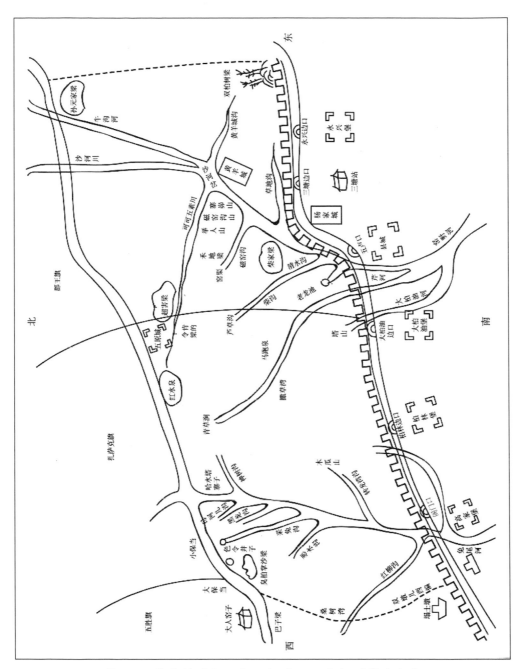

圖 4-3　神木縣道光二十一年（1841 年）夥盤地分佈

資料來源：道光《神木縣志》卷首《分管夥盤地圖》

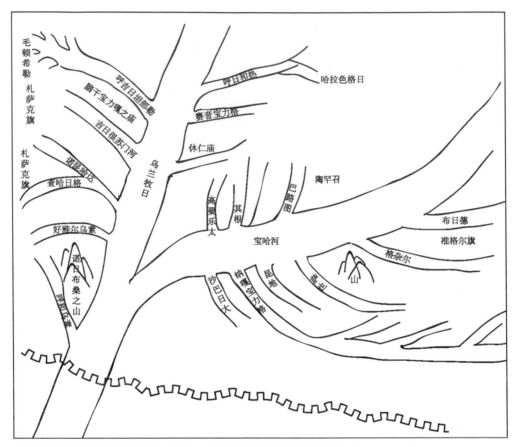

圖 4-4　宣統三年（1911 年）郡王旗與札薩克旗轄區南部分界
資料來源：《鄂爾多斯左翼中旗（郡王旗）札薩克衙門檔案》（1649～1949），內蒙古
　　　　　檔案館，檔案號 513-2-1994

　　民國八年（1919 年），陝蒙勘界糾紛，神木縣知事李榮慶踏勘神木牌界地，
「喬傢伙盤即舊牌界」、「活雞兔溝，即新界牌」。考察其行程，發現喬傢伙盤
即今神木孫家岔鄉喬家火盤，而活雞兔溝即今陝、蒙分界〔註 172〕。相鄰喬家
火盤村，有排界村和黑界村。署神木縣知事文昺在查閱了道光《神木縣志》
後對道光二十一年的牌界地並進行了評論，「神木臨界（夥盤地），東至郡王
旗特牛河西石板爾泰溝（石板太溝，應是今神木縣老高川鄉石板太村南面的

〔註 172〕《查界委員、神木縣知縣會呈文》，民國八年十二月十八日，《陝綏劃界紀要》
　　　　　卷 1「陝綏劃界紀要敘」。其路過的地名還有碾房灣（今神木店塔鎮碾房灣
　　　　　村）、馬家蓋溝（今神木店塔鎮馬家概溝）、寸草溝（今神木孫家岔鄉寸草壕）、
　　　　　活綠色太灣（今神木孫家岔鄉活落色太灣）、五成公（今神木中雞鎮武成功）、
　　　　　蘇雞河（今神木縣中雞鎮束雞花村）。

一條小河）。東南大榆樹梁，西曆札薩克臺吉旗，至五勝臭柏掌沙梁迤西巴子梁，共二百五十餘里各等」〔註173〕，同時期的另一篇呈文介紹：「查現今神木屬夥盤地界址，東至府谷交處孫家梁，東南雙柏樹梁，西至榆林屬大寶當、巴子梁，西南塌土墩，東西寬二百五十餘里，北至東勝縣糧地。」〔註174〕可知神木縣牌界地的東北界在民國10年沒有變化、西北界也沒有多大變化，只是中間的部份發生了很大變化。這也說明，至民國時，神木縣境內，有兩次劃界，第一次是乾隆八年劃界的牌界「即雍正八年界」叫「舊牌界」，而「活雞圖溝以南土地」爲續展界形成的叫「新牌界」。

　　需要說明的是，道光《神木縣志》對「牌界」和「夥盤地」分得十分清楚，但是夥盤地只有距離縣城的距離，沒有距離邊牆的距離。而神木縣城「北至五盧口邊牆，與蒙古郡子旗夥盤地交界十里」〔註175〕，同時也參照民國《陝綏劃界紀要》中村莊距邊牆裏距。據筆者多次實地考察，神木縣城北面唯一的大路即沿烏蘭木倫河河谷北行。道光《神木縣志・山川》載：沙河岔，距縣城「四十五里」，郡王旗夥盤地，是「牸牛、沙河兩川合流處」，同時，牸牛川「東入房子溝水，進牌界，又四十八里，至沙河岔合沙河川」，即此處「牌界」距離邊牆58里。沙河川（即烏蘭木倫河），「又五十里進牌界爲沙河川，又四十五里至沙河岔，合牸牛川爲屈野河」，即此處「牌界」距離五盧口邊牆爲55里。可見，神木縣的牌界地爲60里應在允許的誤差範圍內。

　　而其他城堡外的夥盤地，如馬跑泉（今神木中雞鎮馬跑泉）距縣城70里，即距五盧口邊牆60里，但《陝綏劃界紀要》言距最近的邊牆40里。傍界的紅水泉（今神木店塔鎮沙溝掌附近）則距離縣城90里、肯的全梁（今神木孫家岔鎮超害梁村）距縣城80里，這三處都處於神木縣城西北，尤其是後兩個，相聚不太遠，其距邊牆的垂直距離當爲60左右。同時「採兔溝，距高家堡六十里」、傍界的「臭柏掌沙梁，距高家堡邊牆六十里」，從《神木縣志》附圖看，他們都位於在札薩克旗的夥盤地內。

　　爲什麼神木縣邊外的夥盤地和牌界地相距這樣近，且牌界地寬爲60里，而之前劃定的夥盤地卻爲50里？唯一的解釋就是50里夥盤地侵佔了10里黑

〔註173〕《署神木縣知事文崐呈文》（中華民國八年五月十五日），《陝綏劃界紀要》。

〔註174〕《查界委員巫嵐峰、署神木縣知事李榮慶會呈文》，民國八年十二月十八日，《陝綏劃界紀要》。

〔註175〕道光《神木縣志》卷1《疆域》。這與康熙《延綏鎮志》卷1《地理志》神木縣「北至大邊四十里」不同。

界地，致使在 60 里牌界地內黑界地很少。即上文光緒二十七年（1901 年），郡王旗呈報的「我旗南邊的黑界地寬一、兩里不等」。

　　郡王旗 10 里黑界地出現後，應該在咸豐初年就被侵佔，僅剩下 1～2 里。咸豐初年，郡王旗派員前往牌界地，詳察「漢人田地之北的堆子，蒙古民田之地南界的堆子，並加土修復」，顯然就是修復黑界地的南界和北界的堆子、鄂博。可以發現，漢民田地和蒙民田地相隔很近，黑界地寬度大概是一至二里。如：「漢人岳錢之田的北部至（蒙人）朝克圖之南田的南邊堆一堆子」、「……位於沙日巴太河（房子溝）的漢人吝敖之田北的堆子至中奈之田南的老西好凹地設一堆子，修復這六個堆子，交給蘇納木看管。位於沙巴日太河（房子溝）以南的漢人楊世達之田北堆子至毛薩拉之田南設一石堆；位於沙巴日太河（後掉 2 字，估計是「南面」）的漢人熙海號之田北堆子至沙巴日太河北面的寶日哈都堆一石堆，位於寶哈河（特牛川）東的漢人王熙固之田北堆子至朝格軍孟山之田南的破窯之上設一土堆，修復這六個堆子，交給巴德瑪色楞、雲木色楞看管；位於寶哈河（特牛川）以西的漢人曹極之田北的堆子至查干巴日之田南的巴彥寶立格設一堆子」〔註 176〕。顯然，漢民田地和蒙民田地之間相隔不遠，否則不可能並列說「漢人之田北」、「（蒙人）中奈之田南」；如果相隔太遠，在漢民田北和蒙人田南設立兩個堆子也沒有劃界的意義。此外，本來房子溝就可以作爲溝南、北的漢蒙墾地的分界線，但是郡王旗還專門在溝南、溝北設置了堆子。房子溝作爲界河，又與道光《神木縣志》和《清宣統年郡王旗與札薩克旗轄區南部份界圖》相符。這也說明，直至清末，郡旗「1～2 里」黑界地作爲蒙漢農地的分界線，在概念上一直存在，直到民國九年此處「草牌地」放墾（下文詳述）。

　　我們還可以通過下面一則檔案說明，自咸豐初年郡王旗黑牌子地部份被侵佔後，僅剩 1～2 里。道光六年（1826 年），郡旗「因開墾黑界地，對章京柱木道爾吉等十四人行鞭刑，並把開墾的牌界地恢復原狀，修復地標堆子，出具甘結，下不爲例。章京柱木道爾吉等人所開墾之地雖與黑界地相接，但有明顯的界限。據查：之前，我處多次檢查，沒有任何越界事。而且前不久，我旗協理貢其格和神木理事司員所派劉鍾一起到牌界地查看，共同確定：除

〔註 176〕　《郡王衙門委派歡津巴德瑪色楞、臺吉阿拉畢達爾前往牌界地，詳察漢人田地之北的堆子，蒙古民田之地南界的堆子並加土修復》（咸豐初年四月廿四日），《鄂爾多斯左翼中旗（郡王旗）札薩克衙門檔案》（1649～1949），513-2-672。

了札蘭納木吉拉開墾幾頃外，在牌界地無此類事。……之前催頭趙中年、吳俊德等人幾次誣陷我旗梅林納木吉拉等二十七人偷墾黑界地，我旗正盡力查清事實。此次，明有神木理事司員衙門出具的牌界地證明，但趙中年等人不理衙門，陷害蒙人。」〔註177〕章京柱木道爾吉等人因爲開墾黑界地被漢官牌頭告發受到處罰，但是郡王認爲柱木道爾吉開墾的是黑界地外（即牌界地外）的蒙地，「所開墾之地雖與黑界地相接，但有明顯的界限」，而且蒙官之前已經和神木司員派員一同查看，除了札蘭納木吉拉開墾少量黑界地外，沒有人耕種「牌界地」，所以郡王認爲牌頭屬誣告。而梅林納木吉拉等人偷墾黑界地的事情正在查處。但是按照上文中咸豐初年郡王旗派員前往牌界地的檔案，黑界地的查禁權應該屬於蒙旗和神木司員，道光《懷遠縣志‧邊外》對此也有記載，「黑界地（應該是黑界地的北界），又謂之牌界，以每堆有牌，編號志地，蒙員收掌查界，則植杆掛之也」，漢族牌頭僅對夥盤地有查禁權。這只能說明，郡王旗的黑界地寬度很小，漢族牌頭在稽查夥盤地時看到，順便告發，否則不可能去十里外甚至更遠的蒙地上去查禁。

　　在道光十八年（1838年），皇帝下旨禁墾準旗黑界地，嚴查陝蒙沿邊黑界地；道光十九年，準格爾「復設」黑界地後，各旗對黑界地的範圍、法律地位和查禁力度有所加強。雖然抵擋不住私墾，但在法律上要求嚴加查處。道光二十年（1840年），盟長準發神木理事司員衙門禁文給郡旗：「今年二月廿三日收到神木理事司員衙門禁文：牌界地以外的地全屬蒙古人牧場，嚴禁漢人越界擅自開墾。但近期（貴旗）越界開墾的人很多，而且蒙漢串通，蒙人放地開墾的人也較多，主要緣於貴旗不嚴懲違法者。」〔註178〕所以，在法律上，如果朝廷不允許放墾，黑界地的範圍和地位不能改變。

（3）烏審旗的牌界地內的黑界地在道光十七年被開墾

　　由於烏審旗在乾隆八年劃界時越界不遠，所以按照實際耕種面積，分爲新界、舊界，即「二三十里」舊界按舊的稅賦收租，舊界外以「舊年種熟之地爲界」，加重賦稅，所以無法判斷黑地界的範圍，但初設時理應也是10里。

〔註177〕《鄂爾多斯札薩克多羅郡王巴佈道爾吉、協理臺吉因牌頭誣陷所屬旗民擅墾黑界地呈神木理事司員衙門文》（道光六年十二月初三日），《鄂爾多斯左翼中旗（郡王旗）札薩克衙門檔案》（1649～1949），513-2-931。

〔註178〕《盟長札薩克多羅郡王貝勒索諾木喇布齋根敦札札薩克多羅郡王額爾恒畢力格管印協理臺吉貢楚克道爾吉文》（道光廿年三月初一），《鄂爾多斯左翼中旗（郡王旗）札薩克衙門檔案》（1649～1949），513-2-1073。

道光《懷遠縣志·邊外》對此有記載。該書還記載:「道光十七年（1837年），復於牌界以內地畝，報招內地民人租種，每頃每年租銀五錢，糜子五斗，獲利更多，蒙漢兩益」,「有所謂黑界者，定例以五十里立界，壘築石堆或土堆以限之，謂之黑界。言不耕之地，其色黑也。又謂之牌界，以每堆有牌，編號誌地，蒙員收掌查界，則植杆掛之也。」這說明:黑界位於夥盤地外，黑界地與夥盤地合稱牌界;黑界地北界，即牌界的北界，五十里範圍內都設定了地標——牌子，這就是牌界地名稱的來源，黑界地由蒙員查界管理;道光十七年在報墾了「牌界以內地畝」——烏審旗黑界地，黑界地的賦稅大大低於前兩次開墾的夥盤地，所以蒙漢兩利;同時這次招墾是經過朝廷同意的，因為這個時期正在查禁完準格爾黑界地，不可能私墾，否則成書於道光二十一年的《懷遠縣志》也不可能記載。在民國《陝綏劃界紀要》中烏審旗夥盤地開墾有專門的「道光十八年」始開墾的村莊。

我們姑且認為烏審旗在乾隆八年沒有越界，夥盤地寬度為20～30里，之後將黑界地招墾，即新的夥盤地寬度為30～40里，那麼按照重新設置黑界地極可能以 50 里禁留地為北界，即牌界。這樣可以判斷新的黑界地為 10～20里。

貽谷放墾時，烏審旗報墾靠近邊牆的屬地:「東界至札薩克旗，西界至鄂托克旗，北界至舊牌子，均以土堆為記，南界至長城邊城，東西長約四百二三十里，南北寬約三四十里至七八十里不等;……另有新牌子地一段一併報墾，計南界舊牌子，北界新牌子，東界至札薩克旗，西界至鄂托克旗，均以土堆為記，南北寬約十餘里，東西長約四百二三十里」,即舊牌界地和新牌界地〔註179〕。這裡的新牌界地位於舊牌界地北，且長度一樣，「寬 10 里」,顯然是多次展界後的設定新黑界地，只是後來又被開墾了。

由於史料有限，對鄂托克旗黑界地的範圍沒有直接記載。鄂托克旗與烏審旗在乾隆劃界時，邊界劃定規則一樣，且兩旗相鄰，其黑界地與烏審旗應大略相同。札薩克的黑界地寬度應與郡王旗相同。

〔註179〕 《貽谷批胡懋錤等呈烏審旗報墾新舊牌子地勘驗收竣札飭該局遵照》,光緒二十九年七月（日不詳）,《清末內蒙古墾務檔案彙編》（綏遠、察哈爾部份）,第 586 頁。清末及民國文獻多引此，如金天翮等輯:《河套新編》,民國十年;張鼎彝輯:《綏乘》卷 10《略一·墾殖略》,上海泰東圖書局印行，民國九年;民國《綏遠通志稿》卷 38（下）「墾務」。

2、黑界地等相關概念

　　通過以上分析，可以進一步確定黑界地以及相關概念的出現時期、空間分佈、法律地位等：

　　第一，夥盤地是位於長城外農民夥聚開墾的土地。清前期，陝蒙交界五旗六縣夥盤地主要經歷了三次大規模的劃界，其範圍各不相同。康熙五十八年（1719 年）各旗以距離長城北「二三十里」劃界；雍正九年（1731 年）各旗以「五十里」定新界；乾隆八年（1743 年），準格爾旗仍以「二三十里」劃界，郡王、札薩克兩旗以「五十里」劃界，烏審、鄂托克兩旗以當時耕作的範圍劃界，即「二三十里」之外實際耕種的範圍劃界。除準格爾旗外，其他四旗按照康熙五十八年（1719 年）舊界和乾隆八年（1743 年）新界而區分爲界內、界外，分別收稅賦不同的租賦。儘管在乾隆八年劃界時，郡、札二旗長城北五十里界內，尚存蒙人開墾地和游牧地，還有留存至清末的昭廟地，以及不能開墾的土地，此時新界以南至長城的土地不應等同於夥盤地，但是，仍不妨將此「新界」定義爲新夥盤地和舊夥盤地，如此定義更加準確。因朝廷允許的招墾和蒙漢民私墾加劇，夥盤地的範圍也不斷北擴。因此，區分新界、舊界更應具體分析。

　　第二，黑界地是在乾隆八年（1743 年）陝蒙勘界後，隨著蒙人農業發展而自然出現的、位於牌界地北界、蒙旗南界的新的蒙漢農墾區分界帶。約出現在於乾隆二十七年（1762 年）前後，至乾隆六十年到嘉慶六年（1795～1801年）劃定北界並備檔（準旗無檔案）。黑界地是蒙旗土地，是蒙旗對所轄土地的邊界區域的隔離地帶，法律上禁止漢民私墾和蒙民放牧耕種。初設黑界地，各旗寬度都是 10 里。乾隆末年至嘉慶初年，各旗都出現了侵佔黑界地的情況，至道光 9 年（1829 年），各旗重新設置了黑界地，其中郡王旗爲「1～2 里」，札薩克旗應與郡王旗相同，烏審旗應爲「 ·二十里」，鄂托克旗同烏審旗。由於準格爾旗黑界地的特殊性，直到道光十九年才設置爲「10～15 里」。新設的黑界地除了能夠明確的郡王旗是 1～2 里外且處於原來的禁留地外，其他的旗大略都是以禁留地爲北界。儘管道光十八年（1838 年）諭旨嚴禁私墾、派員嚴查。但是因朝廷允許的招墾和蒙漢民私墾加劇，黑界地禁墾的禁令早已打破，但是在法律上，部份旗的黑界地作爲獨立的地域概念一直存在至清末貽谷開墾。

　　禁留地雖然是準格爾、烏審旗、鄂托克旗在道光初年重新劃定旗牌界地

的北界，但是根據準格爾旗初設牌界 40 里、郡王旗、札薩克旗初設牌界 60 里看，禁留地與牌界地已經沒有太多關聯。可以判斷，禁留地僅僅作為清初的概念，與牌界地沒有必然聯繫。

第三，位於南側的夥盤地和位於北側的黑界地共同組成了牌界地，「白界地」、「白接地」可能是其變音。清末準旗牌界地放墾，即明確說明「白界地即牌界地」〔註180〕。按牌界地五十里範圍而言，應該就是清初的禁留地。從現有的蒙漢文獻看，嘉慶初年，在黑界地劃界的同時，以離邊五十里劃定為牌界地。牌界地的北側界限與黑界地的北側界限相同，在此設立堆土砌石稱為「牌界」。現有記載黑界地及其相關文獻的漢文史志中，以道光二十至二十一年（1840～1841 年）纂修的《榆林府志》、《神木縣志》和《懷遠縣志》為最早，但是三書中沒有「牌界地」、「黑界地」概念，僅以它們的共同北界——「牌界」和「黑界」來說明，之後的漢籍史書傳抄過程中，也未區分，使得當代研究爭議不斷。因為，牌界地可能出現在嘉慶初年，牌界地內有禁墾的黑界地和寬度不一的夥盤地，所以此階段文獻中出現的「新界、舊界」應是康熙、乾隆兩次劃定的夥盤地，不是後來出現的「牌界地」，故不能理解為「新牌界」和「舊牌界」。現存較早的史料中，沒有出現「白界地」的概念，有些學者沒有認真區分，僅僅根據「黑界地，不耕之地，其色黑也」這一黑界地的外部形態，來說明白界地就是「耕種過了的土地，不是黑色的，是白色的」，顯然是錯誤的。

第四，準格爾旗的黑界地有特殊性，在道光十九年重新劃定後，黑界地和牌界地互不統屬，且位於牌界地北，「牌界地」變成了「夥盤地」的代稱。在乾隆末，準格爾旗夥盤地寬 20～30 里，黑界地寬 10 里，黑界地位於夥盤地的北側，共同組成了 40 里牌界地。道光十九年後，夥盤地寬 30～40 里，黑界地寬 10～20 里，此時將夥盤地混用為「牌界地」，所以「牌界地」與黑界地成為並列地域且位於黑界地南。如道光十五年（1835 年），神木同知言，「據查，所謂二三十里舊牌界地，實指康熙五十八年欽差侍郎都混奏准之牌界地，已過多年。故理應查明原牌地地名，以免差生疑誤。」〔註181〕道光二

〔註180〕《墾務大臣批林毓杜稟議覆開放準旗牌界地事分別批示附稟》，光緒三十三年四月（日不詳），《清末內蒙古墾務檔案彙編》（綏遠、察哈爾部份），第 537 頁。

〔註181〕《神木理事司員為勘定黑牌子界地之事札準格爾貝子察克都爾色楞文》（道光十五年十一月初七日 p225～227）。

十六年（1846 年），神木同知言，「查案，乾隆八年奉旨勘定邊界以來，貴旗邊界之二十、三十里之內，民人可以耕種。二十、三十里之外，定爲黑牌子界地，爲蒙古游牧之地。今新定律例，禁止蒙古、民人私行越界開墾甚嚴。」〔註182〕顯然，民人可以開墾的「二三十里」爲「舊牌界」，「舊牌界地」外是黑界地。而清末貽谷放墾時，黑界地和南側的牌界地更是並列起來，準旗先後放墾，其中，「牌界數倍於黑界」，「牌界……北與黑界接壤」〔註183〕。

在咸豐四至七年（1854～1857 年）中，準旗貝子每年都向神木司員出具甘結，對黑界地的寬度、地理位置都做了明確說明：咸豐四年，「我旗十里、二十里牌子地邊界處舊有黑界地（《準格爾旗檔案》譯文爲：本旗牌界地方圓十里、二十里地方，均有原先所設黑牌子界地。故，照例查禁十里，十一二里，或十五里寬之黑牌子界地，並命達慶嚴加看守，嗣後不准有私行墾種，爲此出具甘結」〔註184〕。咸豐五年，「在本旗十里、二十里牌界地邊界處有原先所定黑界地一塊。現將遵命封禁黑界地十里寬、或十一里寬、或十五里寬，交付達慶等管轄。往後不得開墾土地」〔註185〕咸豐七年，「我旗十里、二十里牌子界地內種田之漢民們在春季出牆，秋季入牆內，具照例執行外，少許做小買賣之漢民討回舊帳後仍須回牆內。至今無久居之漢民之事一併具明保結，爲此呈奏」〔註186〕。上面三則檔案是同一人翻譯，應沒有翻譯文字上的問題，他們共同印證了準格爾旗黑界地的特殊性。

這一點，在貽谷放墾時也提到，「準格爾旗札薩克呈報該旗南界地即黑界地，其四至是：南邊與原放牌柵地連接，西邊與水坑博羅鄂博、札薩克旗、郡王旗連界，北邊是本旗蒙古游牧之地與戶口地連界，東邊至黃河止」，「橫

〔註182〕　《神木理事司員覺羅桂爲派官員會同巡查越界墾種之事札鄂爾多斯準格爾貝子察克都爾色楞文》（道光二十六年七月二十三日 p224～225）。

〔註183〕　《墾務大臣批林毓杜稟議覆開放準旗牌界地事分別批示附稟》，光緒三十三年四月（日不詳），《清末內蒙古墾務檔案彙編》（綏遠、察哈爾部份），第 537 頁。

〔註184〕　《準格爾旗貝子爲黑牌子界地事諮榆林延榆綏知府衙門文》（咸豐四年四月 p90）。哈斯巴根譯並提供，同時該文存《準格爾旗檔案》中，括號內即此書翻譯。

〔註185〕　《札薩克貝子札那格爾迪、協理臺吉等爲黑界地事宜致榆林延榆綏道員知府衙門之文》（咸豐五年六月初二日，p11），哈斯巴根譯並提供。

〔註186〕　《鄂爾多斯札薩克固山貝子升一級札那格爾迪協理臺吉等爲奏報黑牌子界地內無漢民居住事宜呈駐神木辦理蒙古民人事務理事司員衙門之文》（咸豐七年秋 p139），哈斯巴根譯並提供。

亙二百一十里，寬廣七八里及十里不等」〔註187〕。

準格爾旗黑界地爲什麼特殊？其原因在於該旗有三大特點：一是唯一在乾隆八年劃界時，仍以康熙五十八年舊界「離邊二三十里」劃界的旗；二是該旗在與陝北交界的鄂爾多斯5旗中農墾是較發達的旗；三是該旗地理環境特殊。「準格爾旗黑牌子界地溝壑甚多，……（儘管民人）租種此地已有多年，因雇工不明地界，故延伸至此。」〔註188〕特殊的地理環境，決定時有越界耕種黑界地的事情發生，黑界地容易被開墾。顯然這裡的「十里」應該是乾隆年間的準格爾旗黑界地的寬度。「原本有一座黑牌子」，由於準格爾旗農業比較發達，沿著黑界地北側（牌界地北側）耕種，「世代沿牌子界居住，開墾一、二里、或七八地謀生者，人數眾多」，慢慢10里黑牌界就模糊了。所以，道光二年（1822年）確拉西說蒙旗官員私墾了的黑牌地爲10～20里。道光五年（1825年）神木理事司員因確喇西案件而勘定的「一二里，或七八里」符合原有的黑界地的標準。需要注意的是：這裡可以看出，準格爾旗的牌界地寬爲40里。

第五，夥盤地是漢民採取春出冬回的「雁行」方式到蒙地開墾暫時夥聚之地。所以廣義的夥盤地包括兩種形態。一種是民人私墾的蒙地，包括蒙旗官員、普通蒙古自有耕地的私放和民人偷耕、搶耕等形式。因違背法律開墾，其發展過程和數量無法具體衡量。另一種形式就是朝廷允許開墾的土地，即狹義的夥盤地，主要位於長城以北的土地。其過程能夠通過幾次大的放墾具體衡量。爲了研究方便，下文的夥盤地指狹義的夥盤地。

舊牌界和新牌界是個相對概念，必須根據當時的語境進行判斷。

3、對漢文史料的辨析

上文我們分析了五次劃界以及各縣夥盤地的具體情形，理解到夥盤地出現的時間，尤其重要的是「夥盤地」是個「帶」，「牌界」是條「線」，「牌界地」才是「帶」。基於此，現存的府、縣志相關內容都可以得到理解，由於著眼的區域不同，而且同書的內容似乎不是同一個人寫的，必須甄別。

（1）道光《神木縣志・蒙地》關於黑界地記載的辨析

「……其準噶爾、郡王、札薩克、五勝、鄂套五旗地，南自邊牆直北五十里，有沙者以三十里爲界，無沙者以二十里爲界，謂之

〔註187〕《內蒙古中西部墾務志》第2篇第6節《準格爾旗的報墾與丈放》。
〔註188〕《神木理事司員衙門爲已完結民人耕種黑牌子地一案札準格爾旗協理臺吉文》（道光二十一年八月二十八日 p109～111）。

夥盤，准令民人耕種，仍歸蒙古收租。夥盤地外，在五十里之內，或三十里或二十里，謂之黑界，蒙古、民人皆不准租耕。黑界以外，則爲游牧地矣」。

雖然沒有具體說明黑界地的時間，卻易理解爲乾隆八年劃界時立刻安排了黑界地。但是，說明了夥盤地、黑界地、蒙古游牧地由長城向外的排列，同時說明了黑界地的法律地位「蒙古、民人皆不准租耕」。

（2）《神木縣志・疆域附牌界》關於黑界地記載的辨析

「黑界即牌界，謂不耕之地，其色黑也。定議五十里立界，即於五十里地邊，或三里或五里壘砌石堆以限之。此外即係蒙古游牧地方。神木牌界東至郡王旗犉牛河西，什板爾泰溝東南大榆樹梁：西曆札薩克臺吉旗，至五勝旗臭柏掌沙梁迤西巴子梁，共二百五十餘里。夥盤，民人出口種地，定例春出冬歸，暫時夥聚盤居，因以爲名。……而凡邊牆以北，牌界以南地土，即皆謂之夥盤，猶內地之村莊也。」

由於神木縣外郡王旗、札薩克旗劃界的特殊性，於「五十里」禁留地邊外立界，即黑界地的北界，但是同書《疆域・山川》記載的內容不同，而且這裡面用詞「定議」，顯然與實際並不相同。但是它不僅說明了神木縣以 50 里定界的事實以及夥盤地、黑界地、牌界的區位，還說明了黑界地，禁止蒙古放牧、民人耕種，長期棄耕、棄牧，土壤富含腐殖質而呈黑色，並以此爲名；乾隆八年（1743 年）定界後，長城邊外 50 里都劃歸爲新的夥盤地，即在黑界地的北側設定界牌，「即於五十里地邊，或三里或五里壘砌石堆以限之」，這些「石堆」是夥盤地的北界、即黑界地的南界。

需要說明的是，道光《神木縣志》係多人輯成，該書前後內容也有矛盾，如該書傍界的臭柏掌沙梁，在卷首《分管夥盤地圖》中劃爲札薩克旗夥盤地，而卷一《疆域・山川》認爲它是「五勝旗夥盤地，西與榆林縣夥盤地接界」。

（3）道光《榆林府志・疆界附邊界》關於黑界地記載的辨析

「按，邊外有所謂夥盤、黑界者，民人出口種地，定例春出冬歸（先議秋歸，後改冬歸），暫時夥聚盤居，故謂之夥盤，猶內地之村莊也；又定例五十里立界，壘砌石堆以限之，謂之黑界，即牌界，言不耕之地，其色黑也。界內准民人租種，界外爲蒙古游牧之所」。

著眼於各縣整體情形，其敘述方式也有所不同。其關於夥盤地的記述與

道光《神木縣志》、《懷遠縣志》相差無二。但將夥盤和黑界合起來說，而將牌界單說；同時，牌界或黑界的「界內准民人租種，界外為蒙古游牧之所」重點強調了牌界或黑界內外的法律關係，尤其是界外的法律關係。但是籠統地說界內准民人耕種，顯得不太嚴謹。

（4）黑界地是「帶」，「牌界」或是「帶」或是「線」

道光《神木縣志·蒙地》：「夥盤地外，在五十里之內，或三十里或二十里，謂之黑界，蒙古、民人皆不准租耕。」這裡的「黑界」可以理解為「黑界地」。《神木縣志·疆域附牌界》：「黑界即牌界，謂不耕之地，其色黑也。……而凡邊牆以北，牌界以南地土，即皆謂之夥盤」，這裡的「黑界」可以有兩重理解，「不耕之地，其色黑也」，則理解為黑界地；「牌界」，應理解為「黑界的北邊線」這條線。相應的，第一個「牌界」只能理解為一條線，而第二個「牌界」既可以理解為一條線，也可以理解為一個面，即「牌界地」。《榆林府志·疆界附邊界》中「定例五十里立界，壘砌石堆以限之，謂之黑界，即牌界。（，）言不耕之地，其色黑也。界內准民人租種，界外為蒙古游牧之所」，這裡的「黑界」，如果「即牌界」後斷句為逗號，則和《神木縣志·疆域附牌界》論述一樣，根據前後文，可以同時理解為線或面；如果「即牌界」後斷句為句號，顯然指的是線。但是「界內」的「界」則應理解為「黑界地南側邊界」，「界外」則理解為「黑界」或「牌界」這條線或者面皆可。

道光《懷遠縣志·邊外》中「道光十七年，復於牌界以內地畝，報招內地民人耕種。……有所謂黑界者，定例五十里立界，壘築石堆或土堆以限之，謂之黑界。（，）言不耕種之地，其色黑也。又謂之牌界，以每堆有牌，編號誌地，蒙員收掌查界，則植杆掛之也。」顯然，這裡的兩處「牌界」都是線，而「黑界」則和《榆林府志·疆界附邊界》一樣，因斷句的逗號和句號不同，有兩種解釋。

4.4　清道光十八年後黑界地的變遷

道光十八年（1838 年）諭旨嚴禁私墾，派員嚴查。自此，在法律上，各旗黑界地作為獨立的地域一直存在，直至清末貽谷開墾。在此過程中，各旗黑界地有什麼變化呢？清末貽谷放墾時，黑界地怎麼放墾？作為一個完整概念，須對各旗黑界地的演變有整體認識。同時在民國年間，陝蒙交界地區放墾的地段較少，也一併說明。由於黑界地的變遷與夥盤地的北擴及牌界地的

嬗變有緊密聯繫，筆者將另設專章研究。下文僅對清道光十八年後各旗黑界地的變遷情況作出簡要敘述。

4.4.1　準格爾旗黑界地的變遷

通過準格爾旗已漢譯檔案來看，從道光十八年至光緒三年（1838～1877年）六月，準旗黑界地都以「十至十五里」為界，嚴格查禁。雖然這項法令一直沒有廢除，但私墾潮難以阻擋，即使在重設準格爾旗黑界地的道光十八年（1838 年）當年，還發生了三百漢民私墾的事情〔註 189〕。到了光緒三年（1877年），準格爾旗黑界地私墾事實上已經達到一定規模。「查卑旗南界黑牌子地於光緒三年間，因遭災歉，救養窮苦，臺吉人等賠還債累，業將此地開放，忽於光緒三十一年間，經前欽差大臣貽（谷）將此地畝放與民人」〔註 190〕。筆者認為，光緒三年這次放墾，仍是蒙旗招徠民人私墾。一是同年六月準旗管理黑界地的達慶還向神木衙門彙報了所轄邊界鄂博修理的情況，「上報依然管理著這些地方之事」〔註 191〕，似乎當時並沒有放墾；二是放墾的原因中有「臺吉人等賠還債累」，朝廷是不會因蒙旗債務而同意放墾，這一點在前面準格爾檔案中充分說明；三是即使官方放墾，肯定有相關官方文件記載，但是當時的官方文件對此也沒有任何記載，而直至宣統三年（1911 年）才披露。

然而，到了光緒十年（1884 年），準旗因災放墾部份黑界地，卻獲得了朝廷允許，並記錄在案：「該旗迤南，有無主牧場一塊，以之墾荒成熟，收租散賑，庶資接濟。……勘明準格爾貝子旗請開墾耕種之地，東西八十餘里，南北十里、五里寬窄不一，除山石水渠之外，可耕之地六百餘頃。原有設立封堆，成為界限，係閒曠牧場，實與游牧無礙。」〔註 192〕這次開墾的黑界地範

〔註 189〕《盟長端多布色楞為懲治開墾黑牌子界地人員事札札薩克貝子察克都爾色楞及協理臺吉等文》（道光十八年十月二十九日 p476～480）；《神木理事司員衙門為查禁黑牌子界地事札準格爾旗貝子察克都爾色楞及協理臺吉等文》（道光十九年三月十五日 p51～52）。

〔註 190〕《綏遠城將軍堃岫據準旗呈請將黑牌子地租發給該旗並墾轅前墊該旗銀兩是否還清請查核》（宣統三年九月初二），《清末內蒙古墾務檔案彙編》（綏遠、察哈爾部份），第 556 頁。

〔註 191〕《達慶寶魯德為修理邊界鄂博事宜呈准格爾旗衙門》，光緒三年六月十五日 p198，哈斯譯並提供。

〔註 192〕《綏遠城將軍豐紳光緒十年四月二十六日奏則》，中國科學院地理科學與資源研究所、中國第一歷史檔案館編，《清代奏摺彙編——農業‧環境》，商務印書館，2005 年 8 月。

圍不大，長度僅「八十餘里」。

需要強調的是，民國八年陝蒙劃界糾紛所成的《陝綏劃界紀要》，因劃界時各縣「縣署檔案屢經世變無存，惟稽諸邑志」〔註193〕，所以實地踏勘並徵詢基層官員，可能存在一定的誤記，使用時需要認眞甄別。比如，民國《陝綏劃界紀要》記載：府谷縣皇甫口外夥盤地是在「乾隆八年（1743 年）」放墾的：皇甫川口外有 20 個，其中 18 個距邊 35～40 里，2 個距邊 50 里，分別是水頭溝（水頭溝）和大石塔拉（大塔村），都位於今天的準格爾旗沙圪堵鎮，在府谷縣古城鎮北面。清水堡口外有 44 村，其中 34 個村莊位於距邊 35～40 里之間，10 個位於 48～50 里。孤山堡口外有 5 村，都距邊 35～40 里；木瓜園口外有 19 個村莊，距邊 31～40 里，都是設於「乾隆八年」；「孤山牌界地外」還有叫「黑界地」的地塊，內有村莊 36 個，距邊 33～50 里，其中「乾隆八年」放墾的有 6 村。上文已經明確，在乾隆八年陝蒙定界時，準格爾旗的夥盤地寬 20～30 里，其中孤山堡因北面沒有沙子所以以 20 里作爲界限，而相鄰木瓜園等城堡都因有沙擴大種植面積而以距邊 30 里劃界。根據距邊距離判斷，乾隆八年不可能開墾這些地段並形成村莊。而到了道光十九年後，官方正式確定了以古城——哈拉寨——堡卜兔溝門——塔兒把的這條新的夥盤地北界後，5 堡放墾的村莊都處於此線以北，也不可能因開墾成爲村莊，最有可能光緒三年（1877 年）之後逐步形成的。

光緒十年（1884 年）後，準格爾旗陸續放墾的黑界地，「寬十里、五里不等」，至貽谷放墾時，黑界地已私墾殆盡。貽谷放墾時文獻中關於準格爾旗「黑界地」、「南界地」，就是指的這一塊地段。光緒三十一年（1905 年），準格爾旗札薩克呈報該旗南界地（即黑界地），其四至是：「南邊與原放牌柵內地連界（界牌溝），西邊與水坑博羅鄂博、札薩克旗、郡王旗連界（討害臺），北邊是本旗蒙眾游牧之地與戶口地連界（押林溝），東邊至黃河止」，「橫亙二百一二十里，寬廣七八里及十里不等，其地甚多深溝大壑，亂石磑沙，以古城川迤西至水坑博羅鄂博之地，梁峁山坡皆堪耕種，間亦有沙，尚屬無多，古城川迤東至黃河畔之地，中間荒沙居多，未能樹藝，然坡溝窪熟地料復不少，總而計之，墾熟

<hr />

〔註193〕見《查界委員、神木縣知縣李榮慶呈文》（民國八年十二月十八日）；《委員巫嵐峰、代理靖邊縣知事崔銘新呈文》（中華民國九年二月十六）；《神木縣知事呈文》（中華民國八年五月十五日）；《委員巫嵐峰府谷縣知事孫士彥會呈文》（中國民國八年十二月三十日），見《陝綏劃界紀要》。

之地約有三四成，計可放地三四千之譜」〔註194〕，「因黑界地早被丹丕勒盜放，民戶交租於蒙旗，盡爲丹丕勒侵蝕，專擅利益已多年」〔註195〕。

而且，道光十九年至光緒三十一年（1839～1905年），準格爾旗黑界地整體範圍沒有變化。首先，寬度「七八里至十里不等」與道光十九年所設相同，只是私墾的長度有所增加，由道光十九年「八十餘里」到了光緒三十一年的「二百一二十里」。其次，黑界地內的地形地貌沒有變。黑界地內「甚多深溝大壑」，與道光二十一年（1841年）「巡查各地，準格爾旗黑牌子界地溝壑甚多」〔註196〕的描述一致。再次，與該段牌界地的相對位置及數量沒有變。上文已經分析，準格爾旗的黑界地位於牌界地以北。光緒二十九年（1903年）八月初三，準格爾旗貝子報墾牌界地（牌柵地、白界地），「該旗南面所有原租給民人耕種、邊牆周圍四十里許寬牌柵內地」〔註197〕。「白界地即牌界地」，「牌界數倍於黑界」，「牌界四至：東至黃河，西抵郡旗，南至河曲、府谷兩縣之邊牆，北與黑界接壤，東西二百餘里，南北四五十里不等」，該地「自康熙年間招內地民人租種，……此地民人互相售賣，相沿日久，私費不資。」〔註198〕這裡的牌界地就是康熙五十八年、道光八年重定、民人可以開墾的夥盤地，而黑界地位於牌界地以北。

需要說明的是，民國八年（1919年）時，府谷管轄的夥盤地「內有黑界十里，係光緒三十一年領照認墾，歲租由縣代徵，每年約收一千六百餘

〔註194〕《內蒙古中西部墾務志》中準格爾旗相關記載，又其四至：「東到黃河畔，西至討害臺，南至界牌溝，北至押林溝，東西長二百五十餘里，南北寬十餘里，指給委員開墾。」見《神木廳立剛查明準旗因鬧墾局派兵嚴拿槍斃人命燒房屋勘明大概情形》（光緒三十一年十二月初四），《清末內蒙古墾務檔案彙編》（綏遠、察哈爾部份），第1193頁。

〔註195〕《貽谷爲準格爾旗墾務甫經開辦，蒙員聚眾阻擾，攻搶局所，據實奏請嚴懲一摺附朱批》（光緒三十一年九月初八日），《清末內蒙古墾務檔案彙編》（綏遠、察哈爾部份），第1076頁。

〔註196〕《神木理事司員衙門爲已完結民人耕種黑牌子地一案札準格爾旗協理臺吉文》（道光二十一年七月十二日 p90～91）。

〔註197〕《墾務大臣札仰該局派員會同準旗派出交地人員前往該旗寬牌柵內驗明接收具報》（光緒二十九年十一月廿九日），《墾務大臣據詳查準旗所報地畝未經定局各將前賚札知該局即便遵照》（光緒二十九年十一月初九日），《清末內蒙古墾務檔案彙編》（綏遠、察哈爾部份），第526～527頁。

〔註198〕《墾務大臣批林毓杜稟議覆開放準旗牌界地事分別批示附稟》（光緒三十三年四月（日不詳）），《清末內蒙古墾務檔案彙編》（綏遠、察哈爾部份），第537頁。

兩。」〔註199〕這應該是道光十九年（1849年）所定的古城——哈拉寨——堡卜兔溝門——塔兒把把這條新夥盤地的北界外、除孤山堡草牌外叫「黑界地」地塊外的整個準格爾旗黑牌子地，因孤山堡外是郡王旗地界。

4.4.2　郡王旗黑牌界的變遷

　　光緒二十九年（1903年）貽谷放墾時，烏審、鄂托克、札薩克旗先後報墾靠近邊牆的熟地，但郡王旗沒有。「查該旗（郡王旗）地界，南靠邊牆，與烏審、鄂托克、札薩克等旗相同，現在各旗均將附近邊牆一帶地畝呈報放墾，該旗與各旗事同一律，何得將南界相連熟地隱匿不報？」〔註200〕郡王旗貝子稱，同治二年（1863年），回民起義時，因郡旗未能湊足軍費，「彼時官等將地指與民人私招墾種以來，本旗蒙等妄為效尤，與民串通，種致逼近札薩克王我衙署營盤」，要求封禁〔註201〕。可見，郡王旗黑界地此時已經「暫招漢民活租墾荒」〔註202〕。「雖有封閉之時，其實無礙承租之事」，至光緒三十年時（1904年），「統計活租之地，東西約六七十里，南北約二百餘里」〔註203〕。而到同治年初，郡王旗該段黑界地已經有名無實、私墾怠盡。

　　這段地段位於烏倫木倫河以東，所以《清末光緒年間鄂爾多斯七旗放墾圖》（見圖4-5）沒有標明放墾地段。直到民國7年（1918年）才開始放墾，「本旗（郡王旗）有前清私放蒙地一段，名為草牌地，東至準格爾旗，西至札薩克旗，南至神木、府谷兩縣，北至本旗及東勝縣，計長二百餘里，

〔註199〕　《委員巫嵐峰府谷縣知事孫士彥會呈文》（中國民國八年十二月三十日），《陝綏劃界紀要》。

〔註200〕　《郡王旗土斯拉齊臺吉布楞（仁）吉爾格勒願將巴音（彥）孟克地報墾一半》（光緒二十九年六月廿八日），《清末內蒙古墾務檔案彙編》（綏遠、察哈爾部份），第455頁。

〔註201〕　《札薩克多羅郡王特古斯阿拉坦胡雅克圖呈本旗巳呈報開墾兩段地，將所剩地作為本旗有牧場懇請欽憲將游牧地內民人遷出》（光緒二十九年六月二十八日）；《貽谷批據報郡王旗隱報南界一段熟地嚴飭該旗土斯拉齊迅將熟地報墾合行札飭包局知照》（光緒二十九年七月十七日），《清末內蒙古墾務檔案彙編》（綏遠、察哈爾部份），第456頁。

〔註202〕　《鄂爾多斯郡王旗協理臺吉補音吉爾格朗敬陳管見十款請採擇事》（光緒二十九年七月），《清末內蒙古墾務檔案彙編》（綏遠、察哈爾部份），第450頁。

〔註203〕　《貽谷批鄭天馥光道會稟郡王旗蒙地俟二三年後再行封閉札該旗暨包局遵照並諮陝西撫查照》（光緒三十年十二月初六日），《清末內蒙古墾務檔案彙編》（綏遠、察哈爾部份），第472頁。

寬數十里或百餘里不等」、「札薩克旗亦有此項地畝，較郡旗之地尤多。」
民國 9 年放墾，郡王旗草牌地——「阿吉蠻梁地」及鼠會河（書會河）西
添報沙地一段，共 553 頃，按三等九則丈放〔註204〕。民國 10 年，陝北榆
橫府神靖定沿邊六縣爭存會對此次報墾十分不滿，「此次勘收郡王旗舊草牌
地畝，酌定押荒等則五種水地，每頃洋二百元，約地一百五十頃，其餘旱
地每頃定爲三十元者……夫以一旗得價，已賣之地無端動以十餘萬元之重
利，與之平均享受」〔註205〕。

　　需要強調的是，光緒三十二年（1906 年）閏四月，郡王旗報墾牌界地。
原檔爲：「案查光緒二十九年，南面邊牆外黑牌子地呈報歸入開墾，札飭前來」
〔註206〕，這裡第一次出現了郡王旗「邊牆外黑牌子地」的說法，但光緒二十
九年（1903 年）貽谷札飭郡王旗報墾的是「速將南界熟地盡數報出，以便一
律開辦」〔註207〕，並沒有「邊牆外黑牌子地」的說法。該地四至爲：「南面神
木邊牆，東南沙爾葛城邊牆，北面本旗起，光緒二十八年由部具奏開放之地
南界（忽雞兔溝），東面準格爾界，西面札薩克公旗界，此項地東西寬一百餘
里，南北長一百六七十里不等」。郡王旗認爲，該地段已經於「康熙、雍正年
間報部，兩次放給民租種」〔註208〕，陝西地方官查實，此地「已奉旨展界爲
漢民租種，並無蒙民居住」〔註209〕。

　　這裡又涉及到郡王旗究竟幾次展界以及新舊牌界的問題。「查郡王、札薩

〔註204〕《民國年間伊克昭盟七旗墾務》，《內蒙古中西部墾務檔案》。

〔註205〕《陝北榆橫府神靖定沿邊六縣爭存會呈文》（中華民國十年二月二十二日），
　　　　《陝綏劃界紀要》。

〔註206〕《札薩克郡王爲呈報黑牌子地歸入開墾辦理》（光緒三十二年閏四月初八
　　　　日），《清末內蒙古墾務檔案彙編》（綏遠、察哈爾部份），第 494 頁。

〔註207〕《郡王旗土斯拉齊臺吉布楞（仁）吉爾格勒願將巴音（彥）盂克地報墾一半》
　　　　（此標題有誤）（光緒二十九年六月廿八日），《清末內蒙古墾務檔案彙編》（綏
　　　　遠、察哈爾部份），第 455 頁。

〔註208〕《札薩克郡王爲呈報黑牌子地歸入開墾辦理》（光緒三十二年閏四月初八
　　　　日），同時參見《貽谷爲郡王旗呈報加添開墾旗南地一段所留之地請禁私種願
　　　　隸五原廳管轄分行綏遠將軍等處查照》（光緒三十一年二月二十三日），《清末
　　　　內蒙古墾務檔案彙編》（綏遠、察哈爾部份），第 494 和 479 頁。《貽谷爲陝西
　　　　撫詡札委延榆綏道總辦伊盟八旗墾務札飭西盟墾務總局查照》，《內蒙古中西
　　　　部墾務志》第 1 章《郡王旗的報墾與丈放》。

〔註209〕《貽谷爲陝西撫詡札委延榆綏道總辦伊盟六旗墾務札飭西盟墾務總局查照》
　　　　（光緒三十一年十二月廿六日），《內蒙古中西部墾務志》第 1 章「郡王旗的
　　　　報墾與丈放」。

克兩旗地勢迤邐相連，兩旗放墾之地均在南境，至忽機圖溝（忽雞兔溝）而止，溝以南自康熙、雍正至光緒年間迭次展界，地畝俗稱新、舊牌子地，其南界悉接邊牆」〔註210〕。這裡說明郡王旗自康熙五十八年勘界後，先後經歷了雍正展界、以及光緒年新展界。民國五年潘復的《河套調查報告書》附圖《前套墾地圖》是清末放墾時地圖〔註211〕（見圖4-5），圖中很明確的載明郡王旗「康熙年舊牌子」，「雍正年展界地」和「光緒十八年（1892年）展界」共兩次展界，可以輔證。前兩次展界，上文已經論述，但是光緒十八年的展界，沒有直接的文獻記載。同時上文根據民國八年（1919年）查界委員巫嵐峰等人踏堪神木牌界，「喬傢伙盤即舊牌界」、「活雞兔溝，即新界牌」。得出：神木縣境內，雍正第一次劃界的牌界叫「舊牌界」，而「活雞圖溝以南土地」為光緒十八年（1892年）第二次展界形成的叫「新牌界」。

對於郡王旗報墾的牌界地，光緒三十二年（1906年）九月十二日，墾務總局派姚學鏡履勘，回報：「查得該旗續報墾地一段，南至邊牆，北至該旗新展界，東至準旗，西至札旗」，「詢諸土人，證以輿論，僉謂此地係康熙、雍正等年奉官展界者，非私墾可比。其地東段，南至邊牆，北至展界，東至準旗，西至烏蘭木倫川，……；西段，東至烏蘭木倫川，西至札薩克界，南至邊牆，北至新展界，山峰小而沙磧多，無可耕之地。惟靠近邊牆左近一帶，地近陝邊府谷，耕種多年，地質較優」，姚學鏡履勘奏摺中對郡王旗牌界地勘察非常詳細，這裡的「展界」為雍正年第一次展界，而「新展界」為光緒十八年第二次展界。「卑府查郡旗所報黑牌子地……，其中輾轉售賣繆轕殊多，……查此項牌界地與烏審旗情形相同，俟烏審辦有端倪，再行核辦」，貽谷批覆：「著暫緩辦。至收租不易應由該旗自理。」〔註212〕姚學鏡履勘奏摺中根據郡王旗奏摺，第二次提及郡王旗的「黑牌子地」，至此，文獻中沒有出現。

〔註210〕《山西、陝西兩省巡撫會奏·擬在該兩旗適中平衍之地增建東勝廳，以晉省磺口通判移駐，俾資控馭》（光緒三十二年十二月十八日），《內蒙古中西部墾務志》第1章「郡王旗的報墾與丈放」。

〔註211〕潘復：《調查河套報告書》，民國十二年，北京京華印書局，伊克昭盟檔案館藏。從形成看，潘復主要沿著對黃河後套進行調查，未到陝蒙交界。其附圖《前套墾地圖》應是清末貽谷時墾務局所藏檔圖。

〔註212〕《姚學鏡稟西盟務總局為報郡王旗黑牌子地係乾隆年官放地取租不易屬收頭舞弊》（光緒三十二年九月十二日），《清末內蒙古墾務檔案彙編》（綏遠、察哈爾部份），第502頁。

可見，郡王旗的「黑界地」分爲兩段，一段在烏蘭木倫河以西，已在乾隆八年第一次展界後私墾，光緒十八年（1892 年）由官方第二次展界並放墾；一段在烏蘭木倫河以東，在乾隆八年展界後私墾，光緒三十二年（1906 年）擬定官方放墾。光緒十八年（1892 年）第二次展界後，新的「舊界地」當爲乾隆八年第一次展界形成的牌界地，新的「新牌子」即此展界後的新增的牌界地〔註 213〕。《河套調查報告書》附圖《前套墾地圖》（見圖 4-5）對此區分得非常詳細。

4.4.3　札薩克旗黑界地的變遷

神木縣北臨札薩克、郡王和準格爾旗。神木縣夥盤地在開墾後，至民國初年，先後展界四次，「自前清康熙三十六年經松貝勒奏請開墾後，康熙五十八年勘界一次，乾隆八年展界一次，咸豐、光緒時代界務亦漸次展寬。」〔註 214〕康熙五十八年的勘界和乾隆八年的展界，上文已詳細論述；咸豐年十年（1860 年）展界內容，則僅存於檔案。時陝西巡撫譚廷襄奏：

「鄂爾多斯蒙古阿唐亥阿嗎等處地方毗連榆林府屬神木縣，乾隆八年（1743 年）奏明以五十里爲界，五十里外作爲蒙古牧場。嗣因產生藥草，牲畜食之往往倒斃，該蒙古遷居別處將地日久荒蕪。……經該旗墾請展出租給民人耕種。……勘得阿唐亥阿嗎等處地畝東至郡王、札薩克兩旗交界，西至五勝、札薩克兩旗交界之巴亥布拉克，北至薩巴克圖托老亥，南與神木縣民人所種該旗夥盤地畝毗連。東西計一百餘里，南北計三十餘里，內除沙岡水渠而外，實在可耕之地共八百五十牘，每牘以三頃合計，共地二千五百五十頃，其中肥瘠不一，按上中下三等酌擬科租。」〔註 215〕

從該奏摺看，與神木縣接壤的札薩克旗在咸豐十年（1860 年）申請了展界。此界「南與神木縣民人所種該旗夥盤地畝毗連。東西計一百餘里，南北

〔註 213〕金天翮等輯：《河套新編》，民國十年。神木縣新舊牌子地範圍：「光緒二十九年所報之舊牌子地，其地南界邊牆，北界牌柵，東至札薩克，西至鄂托克，長四百餘里，寬八十餘里，又新牌子地一段，其地南界舊牌子，北界新牌子，東界札薩克，西界鄂托克，長四百一二十里，寬十餘里」。

〔註 214〕《神木縣知事爲呈報事》（中華民國八年五月十五日），《陝綏劃界紀要》卷1《陝綏劃界紀要敘》。

〔註 215〕《署陝西巡撫譚廷襄咸豐十一月三十日奏則》，中國科學院地理科學與資源研究所、中國第一歷史檔案館編，《清代奏摺彙編──農業・環境》。

計三十餘里」，因蒙旗遷徙，「日久荒蕪」，定然包括該旗「一、二里」黑界地。從道光《神木縣志》所附「分管夥盤地圖」所示（見圖 4-6），其東北界當為「可可五素河」（今考考烏素河）旁的「超害梁」（今神木孫家岔鎮超害梁村）及相鄰的五原城（今神木孫家岔鎮超害梁村）〔註216〕、肯的令梁（今神木縣孫家岔鎮肯鐵令河，蒙語的意思即「界河」）、色令井子（今神木縣大保當鎮索令井子村）、西南界為小寶當（今神木縣大保當鎮小保當村）。此線當為最初札薩克旗黑界地南界，而此次展界「三十餘里」，可見札薩克旗在咸豐十年時，夥盤地已有八十餘里。

清末貽谷開墾時，札薩克旗放墾所謂「黑牌子地」，此「黑牌子地」實際上是指「黑牌子迤北之地」。光緒二十九年（1903 年），札薩克旗頭等臺吉沙克都爾札布靠近邊牆的熟地，「東界自喀拉牌柵達布速克托羅蓋起，至西界喀拉牌柵巴亥布拉克止，大約寬一百里、一百餘里不等；北自喀拉牌柵起，至南界邊牆止，一百五十餘里長，此內雖微有沙灘，而年久租給與民人耕種，成熟之地亦屬不少」〔註217〕，該奏摺沒有出現「黑牌地」字樣。隨後，貽谷派人勘界回報：「計東界至郡王旗止，西界至烏審旗止，北界至喀拉牌界止，南界至邊牆止，東西寬約百餘里，或七八十里不等，南北長約一百二三十里，此地距陝西榆林府所屬之神木縣相近」〔註218〕，全文亦沒有「黑牌子」字樣。這裡實際勘驗的寬度由彙報的「一百里、一百餘里不等」更正為「七八十里至一百餘里」，當為咸豐年十年（1860 年）展界後的牌界地。

光緒三十年（1904 年）九月初七日，伊克昭盟正副盟長為慈禧太后獻地祝嘏，報墾地畝「黑牌界以北地」：「將兩旗公中之地，北起阿拜素，南止巴蓋補拉克，長七八十里，二三十里、四五十里地方歸官放墾，應得押荒銀兩盡數報效」〔註219〕，「該旗牌子地內前經租給民人耕種，並未收過押荒，又無

〔註216〕 雍正《神木縣志》卷 3《古蹟》：「五原城在城東北六十里」。道光《神木縣志》卷 2《輿地下‧古蹟》：「五原城，在縣西北邊牆外，超害梁西山頂，距城九十里。……今為蒙古札薩克旗夥盤地」。

〔註217〕《頭等臺吉沙克都爾札布呈札薩克旗報墾長寬百餘里一塊，其餘留作游牧，懇請欽憲體恤貧蒙眾》，光緒二十九年六月二十二日，《清末內蒙古墾務檔案彙編》（綏遠、察哈爾部份），第 558 頁。

〔註218〕《墾務大臣貽谷批據董琨呈札旗報墾地界情形已驗收飭包局隨時詳度次第開辦》（光緒二十九年八月二十四日），《清末內蒙古墾務檔案彙編》（綏遠、察哈爾部份），第 561 頁。

〔註219〕《內蒙古中西部墾務志》第 1 章《札薩克旗的報墾與丈放》。

發給部照」，此段「熟地，北界黑牌子迤北五里、十里不等，東面郡王旗地界，往西郡王等烏審貝子旗地界止，七十里八十里，將此地四至注明，亦願呈報開墾」〔註220〕，第一次出現了「黑牌子」。但仔細閱讀原檔，此「黑牌子」當爲咸豐年十年（1860年）展界後新夥盤地外、新出現的「黑牌子」，即新的蒙漢農業分界線，估計也是私墾形成，所以沒有發給部照。

光緒三十二年（1906年），墾務總局在阿退廟（伊金霍洛旗旗新街鎮札薩克鎮阿退廟）設置烏札分局，因其「距舊牌子（係光緒十八年放墾後形成的牌界）民居較近」，先行勘丈「黑牌子迤北之地」〔註221〕，從五月十二日開繩丈放至十二月底全部丈竣，共丈地「上地二百一十頃一十六畝六分，中地一十二頃三十六畝四分，下地四十一頃七十七畝七分，沙城下地三百四十三頃五分，共地一千六百零八頃二分」，但該地卻以「札薩克黑牌子地」命名〔註222〕。而之前札旗所報的靠近邊牆的熟地，因札旗堅持加租，一直未勘丈，據墾務調查局宣統元年（1909年）閏二月的調查，「南邊牆熟地曾派委員董琨勘收，迄今仍屬畫餅。」〔註223〕如果認爲「黑牌子」是清末的牌界地，即靠近邊牆的熟地，顯然不對；而單獨將「黑牌子迤北之地」命名爲「黑牌子地」，又顯得不嚴謹。此處的「黑牌界」當爲咸豐年十年（1860年）札旗展界後新夥盤地外、新出現的「黑牌子」，絕非道光年間的「牌界地」。

札薩克草牌地是在民國9年（1920年）放墾的。札薩克旗「西南區荒地一段」——草牌地比郡王旗的還多，同時札薩克旗添報了草牌地北面的10頃

〔註220〕　《墾務大臣貽谷批伊盟副盟長札薩克旗公沙克都爾札布呈報黑牌子地迤北地一段亦墾開墾札包局派員履勘查照》（光緒三十一年十二月初四日），《清末內蒙古墾務檔案彙編》（綏遠、察哈爾部份），第564頁。

〔註221〕　《烏審、札薩克墾務分局具文申報於四月十五日在阿退廟設局開辦》（光緒三十二年閏四月十五日），《清末內蒙古墾務檔案彙編》（綏遠、察哈爾部份），第568頁。

〔註222〕　《墾務調查局調查札薩克分局丈放地畝及徵收各款並開支報解等項數目清摺》（宣統二年十一月十九日）；《貽谷開呈任內伊烏各墾局共丈放歸墾局應收地數並已未徵押荒銀數》，《清末內蒙古墾務檔案彙編》（綏遠、察哈爾部份），第581～583，1260頁。《謹將伊烏兩盟各墾局自各局開辦起均截至三十四年四月十一交卸前一日止，共丈放歸墾局收地數並已徵未徵押荒銀數分晰開列清摺呈請聖裁》，貽谷：《蒙墾續供》，《近代中國史料叢刊續編》第十一輯（沈雲龍主編，文海出版社有限公司印行）；民國《綏遠通志稿》卷38下「墾務」。四則史料對鄂爾多斯清末開墾數據完全一致，且都是以「札薩克黑牌子」命名。

〔註223〕　《內蒙古中西部墾務志》《札薩克旗的報墾及丈放》。

「巴汗柴達木灘地」，兩段地中共有可墾地 370 頃、烏審旗的草牌地因爲「多沙漠，土質較劣」，所以以二等六則丈放〔註224〕。

4.4.4　烏審旗黑牌界地的變遷

　　烏審旗與懷遠（今橫山縣）、榆林（今榆陽區）、靖邊三縣交界。懷遠縣在清代先後修撰兩部縣志，即乾隆十二年（1747 年）本和道光二十二年（1842年）增修本。道光本在「邊外」一節中增修：「道光十七年（1837），「復於牌界以內地畝報，招內地民人租種，每畛每年租銀五錢、糜子五斗，獲利更多，蒙漢兩益。如有復租者，官爲嚴追；有剝盤蒙古者，援遠年債務一本一利之例，速爲判結，則相安無事，可長享其利也」〔註225〕。同年，蒙古貴族在「沿邊蒙地重疊石、立界，招內地人民移墾」〔註226〕；民國《陝綏劃界紀要》中懷遠縣五個邊堡所轄口外夥盤地，皆明確記載「道光十八年」（1838 年）放墾的村莊。乾隆《懷遠縣志》附圖《懷遠縣治全圖》中，長城外有一道折線，注記「北至邊牆十五里」，道光《懷遠縣志》增補的《懷遠縣水道圖》、《懷遠縣上原圖》中，此線仍未改變，在線外增加了「榆林界」字樣，可見該線是懷遠縣與蒙旗及周邊縣的分界線，容易得出這就是乾隆時該縣夥盤地的北界。同時，道光《懷遠縣志》增補《懷遠縣邊口圖》中，有了明確的「界牌」，增補《五堡口外牛畛夥盤圖》（見圖 4-6）中，顯然是道光十八年後續界後的夥盤地。總之，烏審旗「黑界地」至道光十八年（1838 年）已被私墾。

　　同治十一年（1872 年）前，烏審旗因欠民人債務，私自放墾牧場。至光緒四年（1878 年），債務還清，遂驅逐漢民。郡王旗蒙文檔案對此有記載：「漢人匡慶思、韓慶同、盧克市、趙楠等人上報債務糾紛案，雙方兩造後，判定在同治十一年至十五年還清所有的債務，了結此案。（後文不清）同治十一年至光緒初年，本旗已經還清所有債務，因此蒙眾要求趕走漢人、恢復牧場。之後，光緒四年我旗趕走漢人到長城以內，封禁土地。但現在那些漢人又回到我旗東境、西南境，擅自開墾牧場，懇請嚴處，爲此呈報。」〔註227〕

〔註224〕《內蒙古中西部墾務檔案》《民國年間伊克昭盟七旗墾務》。

〔註225〕道光《增修懷遠縣志》卷 4《邊外》；乾隆《懷遠縣志》卷 3《邊外》。

〔註226〕光緒《靖邊縣志稿》卷 3《實業志》。

〔註227〕《札薩克多羅郡王、濟農額日恒畢力格臺吉呈盟長兼副盟長頭等臺吉等貝勒文》（光緒十一年正月廿日），《鄂爾多斯左翼中旗（郡王旗）札薩克衙門檔案》（1649～1949），513-2-1415。

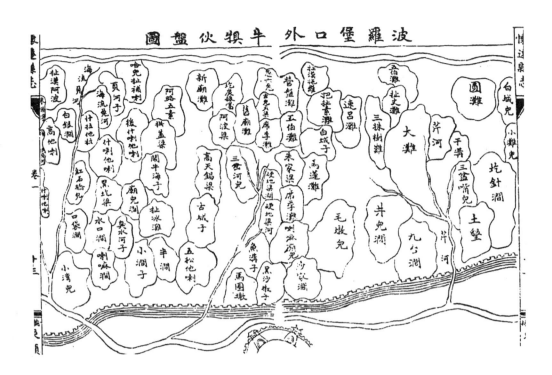

圖 4-6　懷遠縣道光年間夥盤地分佈

資料來源：道光《懷遠縣志》卷首《邊外夥盤地圖》

　　貽谷放墾時，烏審旗報墾靠近邊牆的屬地：「東界至札薩克旗，西界至
鄂托克旗，北界至舊牌子，均以土堆為記，南界至長城邊城，東西長約四
百二三十里，南北寬約三四十里至七八十里不等；……另有新牌子地一段
一併報墾，計南界舊牌子，北界新牌子，東界至札薩克旗，西界至鄂托克
旗，均以土堆為記，南北寬約十餘里，東西長約四百二三十里」，即舊牌界
地和新牌界地〔註 228〕。舊牌界地寬度「三四十里至七八十里不等」，新牌
界地「十餘里」，這與乾隆八年（1743 年）出現的新界（新夥盤界）和舊界
（舊夥盤地）顯然不是一一對應的概念。之後兩則史料更是說明此點，盟
長、烏審旗札薩克察克都爾色楞又稱：靠近邊牆的舊、新牌界地，都是熟
地，「伏查原放此地時，全係本旗不肖官員私放，並無給與有印執照，豈得

〔註228〕《貽谷批胡懋鉽等呈烏審旗報墾新舊牌子地勘驗收竣札飭該局遵照》（光緒二
　　　　十九年七月（日不詳）），《清末內蒙古墾務檔案彙編》（綏遠、察哈爾部份），
　　　　第 586 頁。清末及民國文獻多引此，如金天翮等輯：《河套新編》，民國十年；
　　　　張鼎彝輯：《綏乘》卷 10《略一·墾殖略》，上海泰東圖書局印行，民國九年；
　　　　民國《綏遠通志稿》卷 38（下）「墾務」。

為憑，即或有另立白紙放出之地，亦係長租，並非斷賣與民」〔註229〕，同時協助烏審旗墾務的榆林知府劉恩燾稱：「烏審旗報墾地畝附近秦邊皆係榆林府所轄」〔註230〕，可以看出，只有靠近邊牆的土地才是朝廷允許的夥盤地，而新牌地是私墾的結果。有史料載明：光緒二十六年（1900年），烏審旗札薩克賣掉保當（今神木大、小保當），用以支付洋堂賠教款；「光緒二十七年（1901年），又賣掉了「南邊從東到西一二十里的一長條地方賣出去頂了賠教款」〔註231〕，如此史料屬實，那麼新牌界可能就是此區域；而舊牌界當為康熙至道光年間的朝廷允許的夥盤地。烏審旗新、舊牌地因獨貴龍運動而暫緩開辦。

順便提及，烏審旗的夥盤地到民國初年放墾。同時民國 9 年，烏審旗放墾了「邊牆迤北草牌地」2154.60 頃，添報的旗西南界「奢納烏素河南地一段」，因為路途遙遠，「未及收界」，因為草牌地「多沙漠，土質較劣」，以二等六則丈放〔註232〕。

4.4.5　鄂托克旗黑界地的變遷

鄂旗與靖邊、定邊兩縣接壤。現存史料中，康熙、乾隆劃界至清末貽谷放墾，期間沒有朝廷允許的放墾活動。僅有以下一則私墾記載：「回民起義後，董福祥（回民）成了滿清的功臣，也成了寧夏吳忠堡（現吳忠市）的豪門巨族。董在光緒初年就以極低的價格，從鄂旗王爺手裏購買了長城興武營以外的第一、第二兩大段土地，面積共有九百多平方華里」〔註233〕。此當包括屬於烏審旗的黑界地，其中第一段與陝西定邊縣接壤。

靖邊縣所屬牌界地，因為「蒙地沙多土少，草場不旺，往往夏月非霜，水亦絕少，行數百里偶見一水，其味苦城，不能灌田，蒙民漢民均屬奇少」，

〔註229〕《貽谷札飭該局一面先盡放烏旗所報地畝一面就近照所呈派員清理妥為議辦即使稟核》（光緒三十一年二月十四日），《清末內蒙古墾務檔案彙編》（綏遠、察哈爾部份），第 592 頁。

〔註230〕《貽谷札委新授榆林府知府劉恩燾襄辦烏審旗墾務》（光緒三十一年五月十一日），《清末內蒙古墾務檔案彙編》（綏遠、察哈爾部份），第 595 頁。

〔註231〕查漢東編寫，艾吉姆漢譯：《烏審旗史》，載於《伊克昭文史資料》第 11 輯，2001 年，第 284～289 頁。

〔註232〕《內蒙古中西部墾務檔案》《民國年間伊克昭盟七旗墾務》。

〔註233〕劉映元：《章文軒統治鄂托克旗二十年》，1965 年 5 月撰寫，政協內蒙古委員會文史資料研究委員會編：《內蒙古文史資料》第十四輯，1984 年 12 月第一版，第 164～183 頁。

所以，從乾隆八年劃界至光緒貽谷放界前，「烏審、鄂套旗邊地共有種地漢民一千三百五十九戶，共男女大小三百七十二口，均在界內，共種蒙地五萬六千四百九十一垧」，僅紅柳灘、小橋畔一帶「地頗沃衍」，光緒八年（1882年）天主教建堂後，至貽谷放墾前，購買蒙地「小橋畔起至城川口止，共推種蒙地四千七百三十五垧，……又另開城川蒙地五百垧」〔註234〕，此顯然是黑界地；定邊縣北到城川口的大片膏腴之田，也被這些傳教士買去了多半。當地有識之士對此情景驚呼：設不嚴重交涉，數十年後，漢蒙耕地恐盡歸入外人勢力範圍〔註235〕。這些開墾的地畝也是鄂托克旗的黑界地。光緒二十六年（1900年）七月爆發了「三邊教案」〔註236〕，鄂托克、札薩克兩旗賠款九萬八千兩。除已付三萬四千兩外，尚欠六萬四千兩，後天主教堂強迫鄂托克旗邊牆外土地抵押給教堂，作爲賠款抵押。這片土地西起白泥井，東至伊當灣，東西長約三百六十里，南北寬約七十二里，面積約二萬五千九百二十方里〔註237〕。至民國初年，鄂托克旗「東西長約一百里，南北寬約七十里，均爲教堂地」，另外，南至靖邊橫山、西至小橋畔，東至榆林、北至烏審旗，東北斜長約三百里，南北寬約八十里，亦雜有三分之一教堂地，簡直形成了陝北、伊南特別教區〔註238〕。可見，在貽谷放墾前，鄂托克的黑界地已經得到了一定程度的開墾。

　　光緒二十九年（1903年）六月十三日，鄂托克旗放墾南面臨近邊牆的牌界地。「本旗游牧之南、年久種熟之地一段，東界烏審旗相連之（柴濟）城，西至巴漢馬申，長二百里，南北寬三十里，四十五里不等」〔註239〕，該地段「向係民人耕種成熟，而地內並有蒙古人等各自耕種零星地址」〔註240〕，但

〔註234〕〔清〕丁錫奎：《詳報查勘蒙地並繪圖貼說由》（道光二十五年前後），光緒《靖邊志稿》卷4《藝文志·近來稟稿》。

〔註235〕民國《續修陝西省通志稿》卷28。

〔註236〕《教案合約》（光緒二十六年七月），載《收回三邊土地意見書》第8～10頁，《文獻輯錄》第850～851頁。

〔註237〕西北大學歷史系編：《舊民主主義革命時期陝西大事記述》，西安陝西人民出版社，1984年，第120頁。

〔註238〕丁治國：《伊南邊區調查報告》，內蒙古大學藏蒙藏委員會檔案。

〔註239〕《貽谷札飭托克梅楞額爾德尼等仰侯派員會同前往該旗勘驗報墾地畝》（光緒二十九年六月十三日），《清末內蒙古墾務檔案彙編》（綏遠、察哈爾部份），第621頁。

〔註240〕《西盟墾務局飭局詳報鄂旗報墾西南熟地一段先查明有無鞗轄再驗收》（光緒三十一年八月）；《包頭墾務局轉詳欽憲勘驗鄂托克旗報墾地段並呈地圖稿》

是因為界內有教堂，其中，「城川，其地民教雜居，中多繆轕」〔註241〕，所以先查明再驗收。經過查驗：「據稱此段係舊牌子地，其座落毗連陝甘兩省，從寧夏府屬靈州安定堡界起，而花馬池，此毗連甘省地界也。由此向東南為陝西定邊縣界，而靖邊縣界，至寧條梁，此毗連陝省地界也。自乾隆四年，經欽差理藩院大臣柳，杭錦旗盟長七旺巴勒珠爾放給民人開墾，劃界立堆」，從其範圍看，應是乾隆八年所勘定的舊界和新界，還應包括黑界地。但是到了勘界時，「民人有寨堡鋪戶，安家種地至冬不歸，……初到其地，見民居密處，幾似內地」〔註242〕。

（光緒三十九年七月十八日），《清末內蒙古墾務檔案彙編》（綏遠、察哈爾部份），第 629 和 622 頁。

〔註241〕《貽谷札飭常文俊等馳赴鄂旗辦理勘收丈放事宜札飭該旗派員會同指交驗收放墾外飭該局查照》（光緒三十一年（1905 年）正月三十日），《清末內蒙古墾務檔案彙編》（綏遠、察哈爾部份），第 626 頁。

〔註242〕《西盟墾務總局詳報常文俊驗收鄂托克旗報墾並呈圖說稿》（光緒三十一年十二月二十一日），《清末內蒙古墾務檔案彙編》（綏遠、察哈爾部份），第 629 頁。